吴小安 主编

全球中国

区域国别学的跨学科探索

生活·讀書·新知 三联书店

Copyright © 2025 by SDX Joint Publishing Company.
All Rights Reserved.
本作品版权由生活·读书·新知三联书店所有。
未经许可，不得翻印。

图书在版编目（CIP）数据

全球中国：区域国别学的跨学科探索 / 吴小安主编. -- 北京：生活·读书·新知三联书店，2025. 7. -- ISBN 978-7-108-08074-5

Ⅰ．D81

中国国家版本馆 CIP 数据核字第 2025S7T195 号

责任编辑　陈富余
装帧设计　康　健
责任印制　李思佳

出版发行　生活·讀書·新知 三联书店
　　　　　（北京市东城区美术馆东街 22 号 100010）

网　　址　www.sdxjpc.com
经　　销　新华书店
印　　刷　河北鹏润印刷有限公司
版　　次　2025 年 7 月北京第 1 版
　　　　　2025 年 7 月北京第 1 次印刷
开　　本　880 毫米 × 1230 毫米　1/32　印张 10.625
字　　数　249 千字
印　　数　0,001－3,000 册
定　　价　79.00 元

（印装查询：01064002715；邮购查询：01084010542）

目　录

序　言 ……………………………………………………………… 1

第一部分　跨学科的探索

中国区域国别学：全球视域与亚洲研究脉络下的理论探讨 …… 3
近代通商口岸与区域国别问题研究——以汕头为中心 ………… 31
区域国别研究与中国视角——关于"族群""社区""文化"的
　人类学研究 …………………………………………………… 54
区域国别研究：从服务国家战略需求到建构自主知识体系 …… 84
"科学"与"政治"之间：20世纪国际非洲研究的知识生产 …… 109

第二部分　历史学的探讨

试论中国的区域国别研究：路径选择与专业书写 ……………… 145
我们需要什么样的区域国别研究——基于美国实践的省思 …… 161
国别思维与区域视角 ……………………………………………… 177
区域国别视野下的中国东南亚史研究 …………………………… 196

1

第三部分　圆桌讨论与个人访谈

《区域与国别之间》导读：兼论中国区域研究的热潮与
　学科构建……………………………………………………215
融通——区域与国别、中国与世界、世界史与中国史………246
实现交叉融合的、具有中国元素的区域国别学探讨…………264
百年大变局下的区域国别研究对华侨华人研究意味着什么？…295
田野与星空：访华侨大学吴小安教授…………………………305
华侨华人是区域国别研究的独特视角…………………………317
中国区域国别学学科建设需要警示的三个基本问题…………322

作者介绍……………………………………………………………329

序　言

本书是在一个特殊的节点以一种特别的方式集体完成的专业尝试。特殊的节点，既有个人的元素，更有国家的背景。一方面，这是我离开北大、加盟华侨大学创建华侨华人与区域国别研究院前后的主要学术关怀；另一方面，研究院以华侨华人为独特视角的区域国别学定位，恰逢国家设置区域国别学为交叉门类的一级学科。鉴于此，本书问世，可谓水到渠成。全书由三部分组成，从不同维度揭示了成书过程的不同阶段与不同方式。

第一部分是跨学科的探索。2022年6月，华侨华人与区域国别研究院揭牌典礼前后，在我与清华大学历史学系主任仲伟民教授的一次电话交谈中，他特别提到《清华大学学报》（哲学社会科学版）将会刊发区域国别学论文，于是我们一拍即合，当即达成了由我再次组织一个专栏的约定。是次五篇专栏论文组稿特别注重跨学科与跨地域的背景，特别注重中青年学人参与。随后我分别邀请了人类学、政治学、中国史和世界史的学人准备论文，主题涵盖中国、东南亚、北美和非洲等不同区域。

第二部分是历史学的探讨。2021年5月，拙著《区域与国别之间》在科学出版社举行新书发布会，会后中国社会科学院中国历史研究院杨艳秋研究员以《史学理论研究》主编身份邀请我组织一个"区域国别学"专栏,并要求年底完成组稿。于是我分别组织了有关中国史、美国史、东南亚史和华侨华人史等的四篇论文,从历史学的不同领域探讨区域国别学究竟为什么、应该是什么等问题。

第三部分是圆桌讨论与个人访谈。七篇头脑风暴式文章与上述专栏专题论文体裁完全不同,更具个性与感性、随机性与专门性、互动性与批判性。它们分别是科学出版社、清华大学、南京大学、中国人民大学、华侨大学和《中国社会科学报》组织的专题研讨,结合个体研究经历从不同维度阐释中国区域国别学的理论与实践、经验与教训。

毋庸赘言,本书是广大同人团队合作、共同努力的结晶。除期刊论文作者的通力合作外,这里需要特别感谢参加相关圆桌论坛讨论的中山大学刘志伟教授、清华大学仲伟民教授和达巍教授、复旦大学任晓教授、厦门大学郑振满教授、香港城市大学杨斌教授的真知灼见;感谢清华大学李宇晴博士、王霆懿博士和熊星翰博士组织的圆桌讨论与提问;感谢南京大学王婉璐博士和中国人民大学柴英博士的专业访谈;感谢分别以杨艳秋研究员和仲伟民教授为首的《史学理论研究》和《清华大学学报》(哲学社会科学版)编辑部团队的给力支持!

本书是华侨大学高层次人才科研启动项目"全球华人与区域国别研究:族群、文化与历史的比较视野"(项目编号:22SKBS001)的阶段性研究成果,衷心感谢华侨大学慷慨给予的研究资助。借此机会,特别感谢华侨大学徐西鹏书记、吴剑平校长、何纯正副书记和王丽霞副校长等校领导对于我的大力支持与呵护关心。时在北大历史学系攻读博士学位的陈非儿同学负责整理了《融通——区域与国别、中国与世界、世界史与中国史》圆桌讨论文稿；办公室王爽老师协助进行了烦琐的文档编辑整理，这里一并致谢。

是为序。

吴小安

2024年7月
于纽约州伊萨卡

# 第一部分

跨学科的探索

中国区域国别学：全球视域与亚洲研究脉络下的理论探讨

吴小安

把全球视域与亚洲研究脉络相提并论，强调历史性的和比较性的透视，应该是考察中国区域国别学的一个基本理论关怀。换言之，全球视域与亚洲研究脉络，应该成为中国区域国别学的两个重要国际参照。围绕区域研究与区域国别学、跨学科与中国区域国别学，以及东南亚研究与华侨华人研究三组重要主题，结合自己的观察与思考，笔者尝试进行一些初步的理论探讨，以请教方家。

一、全球视域与亚洲研究脉络

公元前138年，西汉张骞率领一百多人的使团从西安出使西域，是古代中国第一次由陆路向西打通西亚和欧洲通道的伟大创举，史书称为"凿空"。[①]1405年，郑和沿中国东南沿海，经南海，从东往西下西洋，史书称为"郑和下西洋"。1492年，哥伦布率船3艘、水手90余名，从西班牙巴罗斯港出发，横跨大西洋，发现新大陆，是西方，也是人类由海路对于世界、对于地球的"凿空"，

[①] 荣新江：《从张骞到马可·波罗：丝绸之路十八讲》，南昌：江西人民出版社，2022年，第29—58页。

史书称为"地理大发现"。1793年,英国政府派遣马戛尔尼使团访华,礼仪之争成为中西社会制度与政治权力关系的内在性差异焦点。1840—1842年的鸦片战争,中国人被西方的坚船利炮震醒,然后是一系列中国屈辱战败与自强变法革命的近代史,折射的是中西之间现代化与科学技术进步的根本性差距。2013年,中国从国家层面正式提出以互联互通为链接的、以历史上陆上和海上两大商贸文化路线为框架的"一带一路"倡议。"一带一路"与"全球南方",彼此支撑、相互辉映,几乎"全覆盖地叠加在一起"。截至2022年8月,全世界150多个国家、30多个国际组织与中国签署了"一带一路"合作文件,促成了3000多个合作项目,带动了上万亿美元规模的投资。[①]改革开放后二十多年,中国人只有向外移民和对内请进来两种选择,几乎不会想到21世纪初中国海外人才回流和中国资本大规模走出去。中外之间,东西之间,天人之间,人们对人类和国家的认识都是一个漫长的、渐进的和革命性的过程。即使今日,也很难说很多中国人对外部世界的认识就是世界的本真和全部,反之亦然。政治经济发展、科技文化交流与文明互鉴,相互交织,彼此关联,早已经构成人类社会和平与发展的主旋律。

无论战争与和平的视角,还是知识生产和智识创新的辩证性与工具性,又或者现实生活政治经济社会文化发展的需要,任何一个国家和文明都不可能闭关自守,更何况他山之石,可以攻玉。人类知识谱系中,本土研究总是优先于域外研究,人文学科通常先发于社会科学,大国研究始终比小国研究受到重视,周边邻国关系往往

[①] 黄仁伟:《"一带一路"倡议的十大战略创新》;荆鸣、方晨宇:《十年共建成就熠熠生辉》,《世界知识》2023年第19期,第15页。

优于边远国家关系。反过来,我与他、内与外、近与远、人文与科学、理论与实用、传统与创新等,都是辩证统一的;跨学科交叉、新兴学科既是基于各个传统专门学科的厚实底蕴,又是源于各专门学科的发展与不足。现代历史发展进程中,中国与世界,或者世界与中国,近代历史上,每一次重大变局与权力关系的深刻变化,都是范式转移与重新叙事的动力源泉,正如人类社会战争、革命、瘟疫与技术进步成为重塑世界格局的重要推动力一样。世界百年未有之大变局背景下,全球中国与区域国别学成为我们当下讨论的问题核心,同样应该不会是例外。这里,范式转移至少有三点重要含义:其一,历史方面,中国在世界历史上的发展变化,特别是18世纪末之前与之后的发展反差;其二,从汉学到中国研究的相应转移;其三,当下全球中国的发展、全球南方的发展与人类已有的社会科学理论和范式之间的不适应、不协调。

在区域国别学里,全球视域与亚洲研究脉络是两个彼此关联的根本性维度,前者关乎全球地缘战略大格局,后者关乎本国和本地区最直接的地缘政治经济与学术文化传统。美国是全球超级大国,美国的区域研究是美国中心的,关怀重点依次是美洲、欧洲、亚洲等;中国是世界大国,中国区域国别学是中国中心的,关怀重点依次是亚洲、欧美和非洲等。全球视域与亚洲研究脉络的双重背景,对于彰显中国特色的重要性与必要性,方法论意义上,应该更是无法避免的。对于区域研究而言,90年代初开启的全球化进程,其意义在于把"民族国家"的单元放在"全球"层面上考察。[1] 同样

---

[1] Peter van der Veer, Area Studies in a Changing World, *What about Asia? Revisiting Asian Studies*, Josine Stremmelaar and Paul van der Velde eds., Amsterdam: Amsterdam University Press, 2006, pp. 31-41.

地，对于21世纪初新一波区域研究而言，不仅全球视域下跨区域的比较研究，而且国际学术研究范式也已经把地区的区域研究及其学人分别变成了国际化的研究领域和学术共同体。①

中国区域国别学是新世纪新时代背景下中国学人从中国视角与学术传统出发，在借鉴国际学界已有的区域研究成果的基础上，以学科交叉融合为方法论特征，对全球南方与西方国家进行系统研究的、整体性的、创新性的学问。通俗地概括，中国区域国别学就是培养"懂语言、通国别、精领域"的复合型专门人才；这不仅是针对教学和人才培养而言，更是对于研究与专业学人而言。中国区域国别学，既不是国际上"区域研究"的重复与翻版，也不是就吸收国际区域研究大量值得借鉴的优秀成果而言，而是有着鲜明的时代性与深刻的人类社会变革，以及中国特色的学术传统、话语体系与理论关怀的学科。这应该成为我们讨论的一个最根本性的智识判断。经过十余年的学科建设和广大学人的共同努力，中国区域国别学已经取得了可喜可贺的进步，出版了一批很有见地的论著和教材，②

---

① Ariel I. Ahram, Patrick Köllner and Rudra Sil eds., *Comparative Area Studies and Cross-Regional Applications*, New York: Oxford University Press, 2018.

② 有关最近著作参见罗林主编：《区域国别学：学科建构与理论创新》，北京：社会科学文献出版社，2023年；杨丹主编，赵刚、王展鹏副主编：《区域国别学：全球视野》，北京：外语教学与研究出版社，2023年；北京大学区域国别研究编委会主编：《区域国别研究的理论与实践》，南京：江苏人民出版社，2022年；王逸舟、张小明、赵梅、庄俊举主编：《区域国别研究：历史、理论与方法》，上海：上海人民出版社，2021年；王逸舟、张小明、赵梅、庄俊举主编：《区域国别研究和比较政治学：新问题与新挑战》，上海：上海人民出版社，2020年。有关最新教材参见张蕴岭主编：《国际区域学概论》，济南：山东大学出版社，2022年；赵可金主编，尹一凡副主编：《区域国别学》，北京：清华大学出版社，2023年；郭树勇主编：《新编区域国别研究导论》，北京：高等教育出版社，2019年。

涌现了一批以区域国别命名的新学刊。①

与区域国别学相关联，全球视域有两大维度的专门指涉：其一，是指近代以来地理的与世俗的世界历史发展的大进程、大框架与大视野；其二，是指国际知识生产的创新性、学术发展的国际化与相互交流，包括国际区域研究的学术史。如同（欧洲）殖民研究与（美国）区域研究不同性质的关系一样，亚洲研究的前身通常是指远东研究，此亦好比现代中国研究的前身是汉学研究的学科转型性质是一样的。对于中国区域国别学而言，亚洲研究至少有三大维度的专门含义：其一，亚洲研究既是一个大的框架，又是一个大的标签，是区分其他各大洲研究的划分标识和构成亚洲内部各重要区域研究的共同标识。如同区域研究的实质性体现在理论与方法论、国别研究与专题研究上一样，亚洲研究的实质性更多地体现在构成亚洲的各区域研究、国别研究与专题研究上。其二，指中国位于亚洲，是亚洲拥有最古老文明、面积最大和最重要的国家；中国研究是亚洲研究非常重要的组成部分，脱离亚洲研究脉络的中国区域国别学，既不现实，更不可能。这应该是中国区域国别学一个无法避免的基本出发点，这同拉丁美洲研究对于美国区域研究的意义是一

---

① 例如，北京大学区域与国别研究院主办的《区域国别研究学刊》，2019 年创刊，由商务印书馆出版，2019—2020 年各出版一期，2021 年转由江苏人民出版社出版，更名为《北大区域国别研究》，2021—2022 年每年两期，2023 年出版一期；清华大学国际与地区研究院主办的《区域国别学》，2022 年创刊，每年两卷，以书代刊，商务印书馆出版；中山大学联合香港中文大学等九所高校学术共同体创办的《区域史研究》，2019 年创刊，每年两辑，以书代刊，社会科学文献出版社出版；北京语言大学国别和区域研究院主办的《国别和区域研究》，学术期刊，2017 年正式创刊，季刊；北京外国语大学主办的《区域国别学刊》，学术期刊，双月刊，原刊为 2017 年创刊的《区域与全球发展》，2023 年改现刊名。

样的。其三，很大程度上，亚洲研究是层级的与权力关系的，是有组织科研、研究机构与课程设置的重要框架，但其本身并不能构成绝大部分研究者真实的经验研究操作与分析工具。如同欧洲研究、非洲研究与美洲研究一样，亚洲研究是相对于全球研究而言，虽然有对外和对内界定的结构性共同特征，但是同样也有相当大的差异性与复杂性；虽然探讨亚洲研究的整体性与亚洲内部各大板块之间的链接互动非常重要，但是亚洲研究覆盖范围太宏大、太广泛，需要做的细致厚实的基础工作非常多，后者的研究成为前者研究的前提。

谈及中国区域国别学的概念与概念化的问题，三个"关联的基础"非常重要。首先是体现在对国际区域研究概念与理论的系统审视关联基础之上，其次是建立在中国区域国别学系列原创性个案研究关联基础之上，最后是反映在中国区域国别学独特的学术话语体系与理论方法论关联基础之上。这是构成一个理论判断的逻辑常识。中国区域国别学中，对四个相互关联的核心概念与概念化的认知是对该学科为什么做、做什么、如何做、面向谁做等议题讨论的基本学理：其一是区域的概念；其二是国别的概念；其三是学的概念；其四是跨学科的概念。需要特别说明的是，文中笔者交替、关联使用"区域"与"地区"、"区域研究"与"地区研究"、"区域国别研究"与"区域国别学"、"国际区域研究"与"中国区域国别学"等几组密切相关却又不尽相同的重要概念，不是不加区分地使用，更不是进一步模糊与混淆，而是为了在特定历史、空间与文本脉络里，更清楚地辨析明了各自的关联与差异。

二、区域研究与区域国别学

（一）先谈区域研究

区域研究，作为新的研究范式，"二战"后冷战背景下主要在美国如火如荼地展开，然后在国际上盛行，迄今已经有近80年的发展历史。区域研究究竟是一个专门研究领域，还是一个学科，几十年前国际学界各学科领军学人已经进行了一系列开放、严肃和有益的探讨。除了中英文对专业概念存在的语言与文化符号的模糊及差异外，无论哪一种意见，与本文密切相关的两大鲜明共识与事实是：其一，区域研究是学科的交叉和融合，特别是几个主要学科的交叉和融合。其二，区域研究在国际上发展已经很成熟，学术上取得了很大成绩，一直在与时俱进地拓展和完善，包括学科的界定张力、跨学科的交叉融合等等，无论是共识或是分歧，合作或者竞争，各相关主要学科和主要地区研究学术带头人进行了持续的、系列的和有益的讨论。[①] 比较而言，国际区域研究的学术发展史，与

---

① Victor T. King, The Problem with Areas: Asia and Area Studies, *Bijdragen tot de Taal-, land-en Volkenkunde*, 2012, Vol. 168, No. 2/3, pp. 314-324; Filomeno Aguilar, Caroline Hau, Vicente Rafael and Teresa Tadem, Benedict Anderson, Comparatively Speaking: On Area Studies, Theory, and "Gentlemanly" Polemics, *Philippine Studies*, March 2011, Vol. 59, No. 1, pp. 107-139; Jing Tsu, New Area Studies and Languages on the Move, *PMLA*, May 2011, Vol. 126, No. 3, pp. 693-700; Peter J. Katzenstein, Area Studies, Regional Studies, and International Relations, *Journal of East Asian Studies*, February 2002, Vol. 2, No. 1, pp. 127-137; Lucian W. Pye, Asia Studies and the Discipline, *PS: Political Science and Politics*, Dec. 2001, Vol. 34, pp. 805-807; Chikwendu Christian Ukaegbu, Area Studies and the Disciplines, *Africa Today*, Jul. -Dec. 1998, Vol. 45, No. 3/4, pp. 323-336; Robert H. Bates, Area Studies and the Discipline: A Useful Controversy? *PS: Political Science and Politics*, Jun. 1997, Vol. 30, No. 2, pp. 166-169; Philip A. Kuhn, Area Studies and the Disciplines, *Bulletin of the American Academy of Arts and Sciences*, Jan. 1984, Vol. 37, No. 4, pp. 5-8; Werner J. Cahnman, Outline of a Theory of Area Studies, *Annals of the Associations of American Geographers*, Dec., 1948, Vol. 38, No. 4, pp. 233-243.

新中国成立、高等学校重组、照搬苏联学科设置模式和政治上重视亚非拉国家和地区等系列新的历史时期相对应,都是受大变局的深刻影响。20世纪五六十年代,中国开始设立一批外国问题研究所,主要以翻译与介绍为主。改革开放后的80年代,在北京、上海等中心城市和东北、西北、西南、东南、华南和中部等地区省份大学或社科院或专门院校,中国重建或重组了一批富有地域优势与学科特色的、以"国际问题研究"为共同标识的科研院所。虽然当时并没有明确以国际"区域研究"冠名,实际上这些研究所就是专门从事区域研究的。

一个重要悖论是,"区域国别学"被设为一级学科后,学界有一种明显倾向,即似乎一定要明确地贴上"区域国别"标签的研究院才是名正言顺的。这其实是误解。更有意思的是,反倒是原本专攻东北亚、东南亚、南亚、中亚、西亚、非洲、拉美等的研究院,或者国际关系学院,显得冷冷清清,甚至跟风另外专门挂牌"区域国别院",否则好像就不是做"区域国别"研究的似的。这应该更是误解。一个具有借鉴意义的有趣现象是,在国际上出版的英文著作,书名如果包括Area Studies("区域研究"),一般都是关于全球的或地区的"区域研究",或者是学科理论与方法论和学术史的著作,或者说是各不同学科的区域研究学人在同一平台上关于区域研究的跨学科经验探索,而不是某一具体的、实证的、深度的区域研究专题著作(monograph)。① 这一点,对于中国区域国别学关于学

---

① 最近一波讨论,参见 Ariel I. Ahram, Patrick Köllner and Rudra Sil eds., *Comparative Area Studies and Cross-Regional Applications*, New York: Oxford University Press, 2018; Katja Mielke and Anna-Katharina Hornidge eds., *Area Studies at the Crossroads: Knowledge Production after the Mobility Turn*, New York: Palgrave Macmillan, 2017; Edith W. Clowes and(转下页)

科理论和方法论与具体专题研究的不同性质的辨析，应该会有特别的启示意义。上述认知显著的模糊性与差异性，应该是源于国际学科与中国高校学科制内在的不同性质，前者是普世的专业学术智识分类范畴，后者是中国特色的学科组织与体制管理范畴。

在拙著《区域与国别之间》中，笔者写道："作为范式的传统标签，殖民研究是欧洲的，区域研究是美国的，地域研究是日本的，区域国别研究则是中国的。"[1] 究其实，笔者主要是为了强调传统标签的时间与空间的政治文化标识的差异。检视范式谱系的前世今生，并不等于说——实际上，笔者也没有说——美国的区域研究、日本的地域研究和中国的区域国别研究，在范式本身方面就没有共同性了。恰恰相反，从学术谱系和脉络角度审视，上述这些不同文化传统标签的研究范式中，其基本共同性到底在哪里？为什么会呈现如此相同与不同的特点？这应该同样是我们必须认真面对和严肃回答的根本性问题。

这里，笔者想进一步阐明的是，从历史进程与谱系发展视角来看，区域研究，对于美国而言，是另起炉灶，几乎从零开始的。区域研究后来发展成一种国际流行的研究范式，然而不同的是，战后几十年里，欧洲区域研究转型在政治上一直是挣扎、小心翼翼与曲折的：前一阶段主要是从去殖民化与去欧洲中心论，更从发展

（接上页）Shelly Jarrett Bromberg eds., *Area Studies in the Global Age: Community, Place, Identity*, DeKalb, IL: Northern Illinois University Press, 2016; Goh Beng-Lan ed., *Decentring & Diversifying Southeast Asian Studies: Perspectives from the Region*, Singapore: ISEAS Publishing, 2011; Wesley-Smith Terence and Goss Jon. eds., *Remaking Area Studies: Teaching and Learning across Asia and the Pacific*, Honolulu: University of Hawai'i Press, 2010。

[1] 吴小安：《区域与国别之间》，北京：科学出版社，2021年，内容简介部分。

研究与非西方研究等新框架标签寻求新庇护和新路径，后一阶段从后殖民、后现代和全球化等新范式中吸取新源泉和新动力。反倒是日本、澳大利亚、新加坡等地区，由于没有欧洲沉重的历史包袱，加之地缘政治经济形势需要，20世纪60年代后这些国家的区域研究开始如火如荼地展开，特别是区域研究与民族国家建设（nation-building）和区域安全暨经贸合作密切联动，一直做得有声有色。

（二）再谈区域国别学

"区域国别学"，无论是字面意义，还是客观存在，在中国已经是学科，而且是一级交叉学科设置。在中文与中国学术话语意义上，区域国别学包括三层含义：其一，区域；其二，国别；其三，"学"。若将"区域国别"并列为一个单元，则是两层含义。区域国别，或者说，区域与国别，又或者国别与区域，其实是光秃的、没有个性和内涵的分类名词组合体。如果说，它们具有学术与学科的内涵与意义，包括方法论的内涵与意义，这就是"学"的维度。为什么要用"区域国别"并列呢？这大概就是中国文化元素了（笔者特意不用"中国特色"，以示区分）。在"学"的意义上，区域国别辩证统一的关系是：区域是区域国别学的核心标识，是位于全球与民族国家之间的分类框架；国别是构成区域的内在要素与分析单元，是区域之所以构成区域的基本单位。

世界是整体的，也是板块的和分层的，是按照地理、族群、宗教、文明、政治和经济发展程度等不同维度分类的，同一性与差异性构成上述各种分类的一般原则与特征；反过来，它们彼此又构成了作为研究视角维度分析单元与身份认同的相互规定。上述分类、范畴与原则的边界，很多时候，既重叠又分离，有时候界限分明，有时候相互交叉。地理的、社会文化的与意识形态的规定往往成为区域政治经济共同体。地理层面,世界是由大洲和大洋构成的;权力关系层面,世界是由地区构成的,民族国家是构成世界的基本单位;在世界与地区之间,是超级大国与核心国家;在地区与民族国家之间,是核心国家与中小国家。世界的权力关系是关于世界是如何运作的,特别是关于组成世界的各个地区是如何运作的。作为地理的、物质的性质板块链接与作为政治经济一体化、社会文化身份认同的维度重叠,是地区或者地区主义,特别是全球化与国际化双重进程在超国家领土层面上的重要反映。所以,区域研究的一个非常明显的特征是:区域既是民族国家的地缘政治经济与社会文化的区域,又是构成世界整体各相关结构性板块中的地区;同样地,民族国家既是构成地缘政治经济与社会文化区域的民族国家,又是构成世界政治经济地图谱系中主权的民族国家;此外,无论是区域还是民族国家,都是构成全球视域下跨区域比较研究维度的分析单元和经验研究切入。

区域研究,有时候又称地区研究,是关于民族国家如何在区域内与区域外,以及区域与区域之间的框架内运作的研究。① 从近两百多年现代世界历史发展进程看,一方面是帝国与王国、殖民地与半殖民地、民族国家等基本层级单元,另一方面是地缘政治、地缘经济与地缘文化。两者相结合,构成现代世界秩序与国际政治权力关系的基本框架与重要动力。特别是"二战"后,随着帝国与殖民

---

① 彼得·卡赞斯坦:《地区构成的世界:美国帝权中的亚洲和欧洲》,秦亚清、魏玲译,北京:北京大学出版社,2007年,第1—42页;Peter Jackson, Space, Theory, and Hegemony: The Dual Crises of Asian Area Studies and Cultural Studies, *Sojourn: Journal of Social Issues in Southeast Asia*, Vol. 18, No. 1, April 2003, pp. 1-41。

地纷纷退出历史舞台，民族国家成为世界秩序和国际关系的最基本单元，超级大国、大国、核心国家与中小国家、发达国家与发展中国家等分类，与东西方文明、南北方经济等大的结构标识，构成了国际社会层级与权力关系的新分类标签。①

如同国际上区域研究中的一组英文概念area和region的关联一样，中国区域国别学对应的一组中文概念就是"区域"和"国别"。在中国区域国别学中，"区域"与"国别"概念是两个层级与属性明显不同的指涉，但在这个特别组合术语中，又是相互说明、彼此支撑而成为一个辩证统一的整体性概念的，如前所言，字面意思大致与国际上的"区域研究"相通。中文语境中，虽然存在"区域"与"地区"之分，但英文"region"的中文翻译很多时候是互通的，有时翻译为"区域"，有时翻译为"地区"。实际上，英文语境中，"area"和"region"的指涉是不尽相同的，前者同时包括社会文化的维度，后者主要是物质性质与政治经济的维度。不少学人，有时从两个概念组合的中文字面意义，而非作为区域研究范式的学理性与学术史脉络维度理解，这可能是当下中国学界对于区域国别学的认识出现明显分歧的一个重要因素。

国际上，不同学科的学人对于"区域"的理解与使用也是有差别的，人类学家与历史学家可能更偏向于使用"area"，政治学人与经济学人则倾向于使用"region"。虽然也有地理等维度，"area"同时具有超地理的、智识的，特别是文化人类学意义上的专门维度；"region"首先是物质性规定，特别是冷战时期的安全与国家

---

① 兹比格纽·布热津斯基：《大棋局：美国的首要地位及其地缘战略》，中国国际问题研究所译，上海：上海人民出版社，2007年，第26—71页。

安全的战略性概念，冷战后自贸区与社会经济发展超国家的组织概念和社会文化认同。区域的形成是地理的链接、国家的联盟、市场共同体和社会文化认同；超越民族国家的"地区"概念，或者"区域"概念，成为新的地缘政治、地缘经济与社会文化身份认同的重要单元与动力。如同大洲大洋和民族国家分类一样，区域国别是划分世界的一种中性范畴。整体而言，区域国别是构成世界的基本框架和单元；本质上，却是相对于中国之外看世界的一种知识论视角，换言之，是指以地缘政治经济文化板块为分析框架和标识的世界划分。更重要的是，区域研究中，民族国家通常是区域研究的基本分析单元。

那么，一个无法回避的基本问题是：如何认识"国别"？区域国别学中，国别与区域并列并用，具体界定与意义在哪里？在上述背景下，"国别"标签的工具性意义与陷阱又是什么？反过来，对应地审视与思考，窃以为，至少三个重要的界定共识是必须明确的：其一，可以把"区域"当作一种国别单位的关联和依托的参照暨框架。其二，"区域"作为一种学科分类空间的标识与关联，与世界和大洲等一二层级分类相对应，大致作为第三级空间界定，是具有简约明了而专门的方法论意义的。其三，在区域国别学里，一个不成文的重要共识是："国别"，是具有特定现实与智识的重要维度指涉的，或者指核心大国，或者指轴心中小国家，或者指相对重要的支点盟国。在"区域"概念框架下，"国别"作为分析单元，或者地方的选择或者个案研究作为指向国别研究的工具性选择意义，是具有一样的关怀的。两百多个国家和地区，如果"国别"充当与地区平行的学科界定的标签，就会让我们的核心参照标识更加扩大，更加难以辨识。

15

同样地，关于"学"与学科，厘清三组核心关系非常重要：其一，"学"与研究。分层看，"学"首先是学习，与研究相对应，"学"是研究的前提基础；学生主要是学习，与老师相对应，老师也始终需要学习；研究固然是创新，首先本身需要学习。平行看，"学"与研究是同质同义的，英文都是"study"即明证。专门看，"学"，相对而言指教学；是谓教学与研究的关系。其二，"学"与学科。作为某一领域的专门学问，"学"这一概念标识的使用，是严谨的，不是随意的；是相关专门知识的集成，不是朴素的；是超越的和有专业共同体共识的，是有专业标识和标准的。一般地，"学"有双重含义，既指教学，又指研究，特别是专门领域以专业为基础的某一学科的教学与研究；是谓"学"为学科的基石和前提。其三，学科与跨学科。"学"首先是学科的前提与基础，学科则是跨学科的前提与基础，跨学科是学科交叉与融合；学科是学术史更长久的科学分类，跨学科主要是20世纪中叶开始的科学探索；无论学科还是跨学科，都是教学与科研的基本关怀和发展大势，也是科研院所机构组织设置的原则指针和基石。[1]简言之，三个层级的关系是：第一组维度构成第二组维度的前提，第二组维度成为第三组维度的条件。

三、跨学科与中国区域国别学

（一）先谈跨学科

学科建设的与时俱进和学科之间的交叉融合是当代国际学界一

---

[1] 吴小安：《区域与国别之间》第一章和第七章；本尼迪克特·安德森：《椰壳碗外的人生》，徐德林译，上海：上海人民出版社，2018年，第四章和第五章。

个最鲜明的特征，而且发展趋势锐不可当、无法逆转；区域国别学恰恰是以学科交叉融合为最鲜明特色的学科定位。鉴于其一级学科的设置与交叉学科的定位，中国区域国别学虽然落后于国际学界几十年，然而它对国家发展的战略性意义，应该是不言而喻的，也是毫无疑义的。从梳理长时段的学术史脉络的角度，笔者专门讨论过国际旧区域研究与新区域研究。这里，需要特别强调的是，作为新世纪的、跨学科的中国区域国别学，既不是故步自封的，也不是闭关自守的，而是开放交流、兼容并蓄的。有鉴于此，一个亟待回答的基本问题是：与国际区域研究历史相比较，目前中国区域国别学究竟处于一个什么样的发展阶段和水平？这个基本判断应该构成讨论中国区域国别学的一个重要出发点。

区域国别学，作为学科的意义，不仅在于使中国更好、更全面地深入了解外部国家和地区的知识，而且在于更深入地把握。一方面研究民族国家在新的变动的、不同历史时期的发展特征，另一方面研究全球谱系下（空间的、族群的与文明的）不同地区与不同国家的相互关系，以及不同地区之间的异同性，对于我们理解当代人类社会的整体性与差异性是必不可少的。区域国别学是中国特色的，是当下中国关于域外国家在区域框架下、以学科融合为特征的学问。

中国区域国别学的核心意义具备如下三个鲜明的根本性特征：其一，以包括中国、亚洲、东方的全球南方的新经验和新研究，检视、丰富与完善以西方社会与文明为经验基础的人类社会科学发展的系统知识、概念、理论与模式，乃至经验与教训。换言之，中国区域国别学不仅服务于中国国家发展战略的需要，还服务于人类文明知识生产与理论体系的需要。其二，作为"他者"的与

17

"他山之石"的学问。中国区域国别学的独特性在于，西方国家、西方社会与西方文明的研究，对于中国而言，同样是非常重要的"他者"，是中国区域国别学研究的重要对象，而且与全球南方的研究对象一样重要。需要特别指出的是，这里所说的中国对于西方国家与社会的研究，不是指长期以来中国学界翻译引进大量西方人文社会科学的优秀成果，也不是指近年来由中国政府出资面向西方国家翻译介绍当代中国学人代表性优秀成果，而是中国学人自己深入西方国家和社会的、具有深刻中国元素的、面向国际专业学界的原创性系列研究成果。其三，以中国视角、中国学人和中国学术传统，结合国际学术研究主要先进成果而形成的创新性系列研究，积极与国际学界同人交流，不仅提升中国自主知识体系国际话语权，更重要的是，在文明互鉴中，相互交流、共赢发展。

当下中国一个基本学科生态判断是：跨学科融合或者交叉学科融合与区域国别学研究的双重使命同时并举；传统学科与时俱进建设与新兴学科建设同时并举，传统学科与社会科学发展的历史任务依然任重道远，依然在路上，没有完成。这里存在几个基本历史背景和前提：第一，跨学科有品质的融合，在中国，起步更晚——虽然口头宣言最近几十年比较多。所以，跨学科融合或交叉学科融合与区域国别学研究的双重使命同时并举。第二，同样，在中国，社会科学研究的起步也是非常晚的，虽然最近四十多年来中国的社会科学研究已经取得了长足的发展。所以，单一的社会科学学科与时俱进建设与新兴一级学科建设并举。第三，跨地区，是新时代，新方向，新趋势；不仅针对区域研究的问题与危机，而且是新形势下中国区域国别学的亮点。然而，中国区域国别学的基础比较薄弱，我们的区域国别学科不久前才开始起步，我们的研究才开始重新出发。跨地区视野下的区域国别学，应该是有一个厚实基础和基本前提的。所以，中国大学传统学科与社会学科的发展，在中国的历史建设依然任重道远，依然在路上，依然没有完成。

（二）再谈中国区域国别学

迄今为止，中国区域国别学概念化讨论主要是围绕学科设置论证这个中心议题展开的，而不是围绕区域国别学专题研究的核心层面。学科的设置，国家已经明确，在此已经没有讨论的必要。这里，于概念化的问题有意义的讨论应该是院所的设置问题。一般地，全世界区域国别研究院都是有限定词规定的原则的，几乎没有空泛的、光头的"区域国别研究院"。设置规定的原则，要么是加上"国际的""全球的"之类的限制词，要么加上专门"大洲的""地区的"这样的限制词。而且，不成文的规则也有二：其一，国别的专攻，至少是两个国别特色优势；其二，学科的专攻，至少是两个学科特色优势。

碰到的专业问题，最直接的通常有二：其一，中国区域国别研究是国际上的区域研究吗？如果是，为什么要加一个"国别"作为并列或限定成分呢？如果不是，到底是为什么呢？其二，中文"区域国别学"如何翻译成最不变味的英文呢？如果直译，明显变味，甚至令人笑掉大牙；如果意译，最后不还是成了国际上的"区域研究"吗？

区域国别学英文翻译的问题，反映出中国"区域国别学"面临的一个困境：如果直接用 area studies，那么不仅需要解释，为什么我们不直接用"区域研究"这个简明的术语，而要采用"区域国别学"这个很特别的术语；而且我们更需要解释，中国"区域国别学"为什么1980年后仍要从国家战略层面大张旗鼓地推进，如果不用 area studies，那么对比1980年以来国际的区域研究，新时期下中国"区域国别学"的创新点到底在哪里。

作为学科的"区域国别学"与作为对应专业机构的研究院所的命名与定位，又是一个容易引起争议，而且无法回避的重要专业问题。①实际上，讨论"区域国别学"术语英文翻译时，不可避免涉及的另外一个密切关联、容易混淆的问题是：实施"区域国别学"的学术机构到底应该如何明确各自的学术与学科定位、专业（国内外）学术分工与特色优势。除了中国与各国的政治经济关系指涉外，关于"区域国别学"，如下几个基本点维度规定问题的探讨，应该非常重要：

其一，与元概念、元理论、元方法论维度对应，区域国别的概念，首先应该是策略性、战略性或工具性的方法论概念，是用以更好、更全面、更科学地理解整体性、总体性、原理性的关于人类社会与世界的学问。如同区域国别学研究方法论特色"田野调查"一样，我们需要学理地、审视地使用，不能赶时髦、贴标签地套用。"田野调查"一词，就像区域的概念，或者区域国别的概念一样，目前学界用得太滥，太随意，太没有门槛，是令人痛心的。

---

① 吴小安、王霆懿、熊星翰：《〈区域与国别之间〉导读：兼论中国区域研究的热潮与学科构建》，《区域国别学》2022年第1期，第207—233页；吴小安：《试论中国的区域国别研究：路径选择与专业书写》，《史学理论研究》2022年第2期，第5—6页；吴小安：《华侨华人是区域国别研究的独特视角》，《中国社会科学报》2023年11月23日。

田野，英文是 field；田野调查，英文是 fieldwork；顾名思义，是指 research in the field，或者，work in the field。田野调查是收集第一手资料的最重要手段，一个不正常的悖论是：以前，当我们很穷，没有机会收集第一手资料的时候，我们以为能够有机会收集第一手资料就能够做好第一流的学问。如今，当我们有很好的条件收集第一手资料做研究的时候，我们不仅把自己认为的所有未见的资料理所当然地视为第一手资料，而且走捷径把对资料的直接汇编当作研究与结题的重要替代。

其二，在上述前提意义上，如果说地区国别概念具有内涵维度的标识意义，那么内涵维度则应该特别指向作为整体或总体构成的各大具体单元，包括大洲与大洋、地区与次地区、国家与次国家等不同层级的，相互区别又相互说明的系列规定，例如族群、宗教、文明、语言，以及国家层级的重要性与特殊性，等等。

其三，只有在上述两大前提下，我们探讨作为一级学科或者交叉学科的区域国别学，才真正具有根本性的学术意义与令人鼓舞的可行性和前景。在这个假定前提下，至少另外三个比较关联是必不可少的探讨：（1）作为交叉学科或跨学科，与其他单一学科的重要关联和张力；（2）与当代世界和当代中国发展的重要关联，特别是云计算、大数据、学科交叉与团队合作、全球治理、区域合作组织、经济一体化与人类命运共同体等大趋势、大发展；（3）在某一专门区域内区域与国别之间，或者区域与区域之间，作为组织学术科研的平台与实施科研项目的桥梁，如何处理单一学科与学科交叉、某一专门研究课题与区域国别学的学科框架之间的重要互动与张力的问题。

笔者曾经指出，中文字面学理理解里，区域与国别、区域研究

等存在多种误区。①这里,笔者想指出的是如下三种最容易混淆、最需要澄清的误区:

其一,以为区域国别是相互平行或连接的单元,其实是误解。区域与国别之间,其实是密切关联、相互规定、彼此支撑的辩证统一关系,不是平行关系,也不是连接关系。在区域国别学的现实图谱中,区域是国别的框架,国别是区域的构成;区域的形成,是以地理的、历史的、政治经济的和社会文化要素的共同性链接为支撑的。与历史上的帝国不同,区域是地理的、文化的和历史的"共同架构",不一定构成"联盟组织";区域组织是超国家的联盟,是当代国际关系与地区政治发展的产物,是地域政治经济组织。在区域国别学的研究实践中,一方面,是民族国家,而非区域,才是研究分析的基本单元,虽然区域大背景、大框架和大进程的依托是新的重要考量;另一方面,在全球学术研究分类管理图谱中,是区域,而不是国别,构成全球学术共同体凝聚的共同标识。

其二,汉学与中国研究的关系就是智识与文化误区的明证。就区域研究范式的参照而言,汉学不属于区域研究的范畴,因为其学科研究方法属于东方学的人文传统。中国研究则不然,是属于区域研究的范畴,社会科学研究的升级建构。相应地,两组关系需要明确。汉学,严格来说是指中国海外对传统历史地理与典籍文化的研究,最典型的是日本与欧洲的汉学。在中国国内,学界对此则称为国学。汉学研究不等同于汉学。顾名思义,汉学研究是对于汉学的研究,严格地说是属于汉学学术史与汉学评论的智识范畴。汉学研

---

① 吴小安:《区域与国别之间》;吴小安:《试论中国的区域国别研究:路径选择与专业书写》;吴小安:《华侨华人是区域国别研究的独特视角》。

究,另外一种通常的含义主要是与研究中心、研究所等实体专门机构联系在一起的,比如,汉学研究中心。这里,"研究",与其说是与"汉学"相关联,毋宁说更与"研究中心"相关联。问题是,日常的误读通常是"汉学研究"。这是问题的原因所在。另一个最能够说明这个问题的例子是所谓的"汉学院",人们很少称之为"汉学研究院"。

其三,中国的区域国别学一级学科四个交叉支撑学科,分别是世界历史、外国语言文学、法学和应用经济学。世界历史是中国特色的学科分类,一般指历史学。除了历史学,人类学、社会学、比较政治学、文学(包括文化研究)和地理学,对于区域国别学一直非常重要。以为国际关系学与国际政治学是做区域国别的相关专业,其实是误解。区域国别研究,国内外都不是它们碗里的菜。[①]外国语学院做区域国别,其实只对了一部分。国外的外国语学院是这样,国内的外国语学院,至少目前为止,几乎不做,或者大多没有任何实质性研究。中国把区域国别学作为一级学科设置的重要智识与学科考量,针对的正是当下外国语学院重语言、轻学科训练的长期结构失衡。

四、东南亚研究与华侨华人研究

(一)先谈东南亚研究

前现代时期,在亚洲区域内,东南亚长期受中国文明、印度文

[①] 吴小安:《中国特色的区域国别学与华侨华人研究》,《南京大学学报》2023年第4期,第81—83页;南京大学区域国别研究院编:《南大区域国别研究简讯》2023年第2期,第2页。

明和阿拉伯文明的深刻影响；16世纪开始，东南亚地区长期受欧美殖民主义的统治，是东西方文明的交汇地。鉴（之）于此，直到至少半个多世纪之前，本土的东南亚研究几乎就是空白，主要是域外大国，特别是欧洲殖民宗主国的历史记录与知识生产。"二战"后国际区域研究谱系中，东南亚研究是样板，是区域研究一马当先的和知识生产政治化的试验场，也是最活跃和最国际化的枢纽站；东南亚研究不仅吸引了欧、美、日、澳地区顶尖学府的顶尖人才，而且为东南亚地区培养了一大批新生代学人，后者成为东南亚地区东南亚研究的核心动力。

国际东南亚研究谱系里，美国几乎是从零开始，欧洲拥有长达几个世纪的研究历史，中国虽然与外界隔离，没有与区域研究正式对接，对于东南亚古代史料记载却最为丰富。一个明显的悖论是，从全球范围内的区域研究谱系看，权力关系的动力框架依然是围绕世界大国所在的地区，那里的区域研究始终是引领国际区域研究的智识中心。就亚洲研究而言，以中日为中心的东亚研究始终是亚洲研究中基础最深厚、队伍最庞大、势力最强大的。这同时也是全球区域研究谱系中知识生产的一个显著的根本特征。战后国际东南亚研究两次重要转型：其一是"二战"后英美霸权易手、全球冷战、地区热战的产物，知识生产与国家安全密切关联，民族主义、殖民地对宗主国霸权的反抗；其二是冷战结束后，后殖民主义思潮与全球反恐怖主义相互交织，南方对北方不平等的反抗，以及北方对南方发展不平衡的反弹。两波重大热潮，都是去霸权：前者是殖民地去殖民宗主国、美国去欧洲的霸权；后者是亚非拉南方去美欧智识霸权，新加坡和来自东南亚的区域研究者成为东南亚研究的生力军。①

战后国际东南亚研究的历史发展，在东南亚地区内，大致分为三个阶段：六七十年代为第一波，八九十年代为第二波，21世纪开始为第三波。相应地，人才队伍主要是三股力量：来自欧洲前殖民官员出身的学者、来自欧美大学非东南亚地区的教授和毕业生与欧美大学为东南亚本土地区培养的毕业生。这些核心力量的培养，与东南亚国家大学的建立，特别是东南亚研究院系与专门研究所的设立同步进行，成为东南亚地区内部推动东南亚研究的重要力量。在东南亚地区外，虽然美国是后起者与新一波区域研究的动力中心，但是欧美主要大学关于东南亚研究的合作却一直是很密切的，也是很有成效的，伦敦大学与康奈尔大学之间建立的长期合作机制即是明证。更重要的是，在更大范围内，欧美之间文明与智识传统、人才流动与交流合作，始终是畅通的与相互滋补的。从这个重要的国际维度看，上述因素对于美国区域研究的发展和国际化，应该都是非常重要的智识框架和动力源泉。

与区域外相比，区域内东南亚研究突出的不同特征是，一方面，它作为本国与邻国的研究始终最为重要；另一方面，本国之外的东南亚国家研究才是"东南亚研究"的系科范围。这与中国的东亚研究、亚洲研究、世界史研究情况非常类似。在中国，东亚研究基本是不包括中国研究的，亚洲研究的对象基本是中国之外的国

---

① Laurie J. Sears ed., *Knowing Southeast Asian Subjects*, Seattle: University of Washington Press, 2007; Josine Stremmelaar and Paul van der Velde, *What about Asia? Revisiting Asian Studies*, Amsterdam: Amsterdam University Press, 2006; Paul Kratoska, Remco Raben and Henk Schulte Nordholt eds., *Locating Southeast Asia: Geographies of Knowledge and Politics of Space*, Singapore: Singapore University Press, 2005.

家和地区,世界史研究也是如此。虽然当下学界已经对此有所警示和反思,做出有益的改变尝试,但是学术探索与改变之路,不容乐观,依然任重而道远。与美国东南亚研究相比,当初区域研究兴起时美国大学连教材几乎都是从零开始的;中国区域国别学虽然正式起步比较晚、研究起点比较低,然而研究条件和基础要优越得多。

对于中国东南亚研究而言,东南亚地区的特别意义在于:其一,悠久的历史文化与地缘政治经济的链接,陆上与越南、老挝、柬埔寨、泰国和缅甸是这样,海上与菲律宾、印度尼西亚、文莱、新加坡和马来西亚也是如此。其二,东南亚华人。其三,中国最大的贸易伙伴。其四,东盟在大国之间的重要性。亚洲之外在中美、中欧、中俄、中澳之间,亚洲之内在中日、中印之间,东盟具有举足轻重的、不可替代的战略重要性。

(二)再谈华侨华人研究

华侨华人是一个耳熟能详的政治性术语,也是一个相对性较强的专门名词;华侨华人不是一个泛指的中华族群概念,而是专门指保留中国国籍的、居住在国外的中国移民,以及获得外国国籍的、在住在国落叶生根的中国移民及其后裔。华侨华人研究,当然是以研究作为移民的华侨华人为主要内容的,既包括移民历史、社会文化调适、族群关系、政治参与和经济发展等相关专门课题,又包括他们与祖籍国中国、与住在国的国家与社会的双重轴心关系,同时还包括全球移民与全球各地区华人移民的比较维度。华侨华人在90年代华侨华人概念被正式使用之前,一般都泛称为华侨,或者海外华人。海外华人,主要集中在东南亚,而在北美,这一概念涉及的范围几十年前通常还包括台港澳地区。鉴(之)于此,作为一个重要专门领域，华侨华人研究主要与东南亚研究的兴起几乎是同步的；作为亚洲冷战背景下的国际汉学或现代中国研究，华侨华人研究与台港澳、闽粤侨乡研究迅速链接，成为华侨华人和海外现代中国研究的重要动力。

以学科范畴论，华侨华人研究，国际上一般主要包括两个维度：其一，作为移民研究的范畴。这是社会学的一个重要领域。其二，作为中国研究的范畴。这是东亚研究的领域，特别是海外中国研究的范畴。进一步延伸，华侨华人研究却远远超越了上述两大学科范畴。华侨华人研究涉及移民、族群、文化、商业网络与身份认同等很多重要领域，既是跨学科的，又是跨地域的，同时也是全球的和人类共同议题的。例如，作为区域国别研究的专门范畴，在东南亚，华侨华人研究已经成为东南亚研究的重要组成部分；在美国，华侨华人研究已经同时成为亚裔研究的重要组成部分。

不仅如此，由于与祖籍国中国的关系互动，由于在住在国地区的重要性（如东南亚和北美），华侨华人也始终是非常敏感的政治议题。目前，世界范围内华侨华人有6000万左右，一直是中国革命与国家发展、改革开放和现代化、中外文明交流互鉴的重要动力。例如，东南亚华人研究一直是东南亚研究的一个无法回避的课题，无论是国际范围的东南亚研究，还是东南亚地区内的东南亚研究。无论是历史学人，还是人类学家、社会学家、政治学家，或者经济学家，抑或汉学家，都不能把华侨华人研究排除在外。再比如，美国的华侨华人研究，既属于传统的东亚研究的范畴，又属于新兴热门的亚裔研究的范畴，同时属于移民、族群与跨文化研究等不同科系、学科交叉的专门领域。所以，作为区域国别学专门特色的重要领域，华侨华人研究具有独特的跨学科、跨地域和跨文化研

27

究的重大理论与方法论意义。特别需要指出的是，现代历史发展进程中，东南亚华人是东南亚地区形成与社会经济发展不可分割的重要组成部分；国际区域研究中，东南亚华人不仅是华侨华人研究最重要的动力源泉，而且被视为东南亚区域研究的重要组成部分。华侨华人研究与"二战"后的反殖民主义、新兴民族国家独立运动密切相关，也是在美国的区域研究兴起后不久开始兴起。这是华侨华人研究的第一个最重要的时期。华侨华人研究的另一个重要时期是20世纪80年代后至世纪之交，一直延续至今。这是全球化背景下华侨华人研究与跨国研究、网络研究、文化研究、身份认同研究密切关联的重要时期。[1]

五、余 论

本文认为，一方面，全球视域与亚洲研究脉络应该是我们探讨中国区域国别学的概念与概念化的重要框架，唯如此才能更好地彰显中国区域国别学的不同特色和意义，我们不能为中国区域国别学而中国区域国别学。另一方面，中国的区域国别学，当然是需要有中国特色的；中国特色的区域国别学，应该成为中国自主学术话语体系的重要试验场。与国际区域研究比照，中国区域国别学唯有建立在各相关研究领域厚实的基础上，才能做到对等与超越。作为余论，如下三个基本认知判断，无论成熟与否，可能值得与学界同人分享。作为几十年从事区域研究的一介学人，窃以为，这些认知判断应该不会是杞人忧天，更不会是妄自菲薄。

---

[1] 吴小安、黄子坚主编：《全球视野下的马新华人研究》，北京：科学出版社，2019年。

其一，区域国别学当下是显学，大有可为，但是我们依然处在中国区域国别学这座辉煌灿烂的智识宝库之外，还远远没有深入大厦内；对此，中国学人应该保持足够的清醒。都说区域国别学是"大国之学"，若是，则是指从事区域国别研究的主体国家学术关怀而言，而非现实中所谓大国治理的"霸权之学"。换言之，当下中国区域国别学更是全球发展之学、全球和平之学和文明互鉴之学，或者全球治理之学。这应该是当下中国区域国别学与当初国际区域研究初衷的一个最根本的不同点。国际上，区域研究一直是边缘地区与中间地带的整体性学问，而非中心和主流；必须承认，这是区域研究学科与知识霸权关系的一个长期生态。当然，与主流和霸权相比较，边缘性总是相对的和工具性的，同时也是会发生变化的，甚至是会转换的；这是边缘性与他者对于中心与主体再审视与再认识的方法论工具性意义之所在。中国区域国别学也不会是例外，对此学界应该保持高度自觉。

其二，有鉴于国际区域研究学术史的发展脉络，中国区域国别学，需要谨防两种极端智识论：一是吸取"欧洲中心论"的教训，谨防过分强调中国特色、中国视角和中国话语而不自觉地陷入"中国中心论"的吊诡和圈套。若不幸如此，这应该是严重违背中国区域国别学之初衷的。二是要借鉴国际，特别是欧美日区域研究积累的有益经验与先进成果，始终秉持开放互鉴与合作交流的多元包容文化学术传统，始终"预流"才应该是自主话语体系下中国区域国别学的学术初心。这应该成为中国区域国别学特色的专业共识。

其三，比照国际，中国区域国别学并不是孤立的中国学科建构与学术话语体系建设，而是世纪大变局下新一轮国际区域研究的主要组成部分。如果说，冷战中的国际区域研究为旧区域研究，冷战后全球化视域下的国际区域研究为新区域研究，那么，新世纪开始的中国区域国别学则应该是新一轮国际区域研究的新发展和新阶段。长期以来，国际区域研究的许多先进成果一直被翻译成中文出版，中国区域国别学实际上早已经成为国际区域研究的组成部分，当然也是中国区域国别学面临的重要挑战。新世纪中国区域国别学是否能够实现其既定的学术与学科使命，在国际上是否能够真正达到中国自主学术话语体系建构的预期目标，将取决于接下来中国区域国别学学科建设与中国新一代学人的区域国别课题研究是否能够高质量可持续发展。同样地，比照国内，我们应该清醒地认识到，中国区域国别学也不只是封闭的、孤立的、脱离中国人文学科与中国其他学科领域的学问，两者之间是相互成就、彼此支撑、相得益彰的，和中国与世界、世界与中国的关系密不可分的道理是一样的。

［原载《清华大学学报》（哲学社会科学版）2024年第3期］

近代通商口岸与区域国别问题研究——以汕头为中心

谢 湜 欧阳琳浩

"区域"和"国别"是较常用的研究手段和分析框架,两者虽然具有不同的内涵,但也存在一些重叠之处。作为人文地理单位,"区域"由人的活动构成,同时也因人的活动而发生变化。因此,如何看待"区域",自然要视人的活动和认知而定。随着近代以来民族国家的形成,国别的分野开始在人的活动中产生重要影响。在不同的人看来,区域和国别可能具有不同的意涵。对于当代研究者而言,按国别分类是常用的研究方法或视角。从研究者的身份出发,区域既有属于民族国家范畴之内的区域,也有属于民族国家范畴之外的区域。在国别方面,既有以美国为主导的区域研究范式,也有以中国为本位的"区域与国别研究"的指涉。[1]研究者有自身的身份认同自然无可厚非,中国的区域研究强调从中国的视角出发更是现实所需。然而,在研究过程中,研究对象的活动以及他们对区域和国别的认知同样值得我们重视。程美宝指出,"长期以来,从华人的视角出发,'华南—南洋'自成一域,闽粤人群活跃此间,不会时常感受到现实的异邦或己国的存在,自身亦会借着文字、礼仪和宗教在所属社群中建立对'中华'的认同"。[2]

---

[1] 吴小安:《区域与国别之间》,北京:科学出版社,2021年,第2页。
[2] 程美宝:《国别思维与区域视角》,《史学理论研究》2022年第2期。

从地域社会传统角度考察人群长期形成的区域国别认知，并不意味着淡化历时性的变化，譬如闽粤华人有关"区域"的这种认识，在近代随着中国通商口岸的开放也发生了变化。中国东南沿海地区因条约而开放的通商口岸，成为沟通海内外网络的重要节点，通过这些节点，中国沿海地区与海外各地在人员、物资、信息等方面的联系变得极为密切。更重要的是，闽粤华人直接介入了通商口岸近代都市化的建设历程，他们的区域国别认知在其参与城市空间再生产的过程中既发挥作用，又受到影响。就19世纪末至20世纪上半叶生活在闽粤地区的人群而言，他们很容易感受到自己生活在一个与海外世界紧密联系的网络之中。[1] 可以说，近代通商口岸的发展，以一种具体历史进程的方式，将"区域"和"国别"两个学理性范畴很自然地联结起来。近代闽粤人群对于区域的认知，超越了国别的界限，这种特别的国别区域认知如何在近代以来通商口岸的历史中呈现，通商口岸的社会文化又如何受到这种区域国别认知的影响，值得我们进一步探讨。基于跨地域人群这种特别的区域国别认知，本文试图以汕头为中心，探讨近代亚洲区域网络内通商口岸城市的作用和意义，以及区域网络及其中的人群活动如何对城市的发展和演变产生影响。

一、海外贸易传统与跨地域人群的国别区域认知

明清时期，中国东南沿海地区与东南亚各地延续了早已存在的

---

[1] 陈春声：《地方故事与国家历史：韩江中下游地域的社会变迁》，北京：生活·读书·新知三联书店，2021年，第384页。

贸易往来。闽粤海商集团的崛起，推动了15世纪初海外华商经贸网络的初步形成。①与此同时，由于明王朝的海禁政策而滞留在东南亚新兴贸易港口的中国商人群体，成为当地港口城市发展不可或缺的力量，他们的经贸活动也增进了中国与东南亚各地的联系。

16世纪中期以后，明王朝放宽海禁政策，允许海商从福建漳州海澄出洋到东南亚各地，这些海商以海澄、澳门、马尼拉、长崎等中继港为据点，足迹遍及菲律宾群岛、文莱、苏禄、摩鹿加以及中南半岛、马来半岛、苏门答腊、爪哇等地，将贸易圈扩大至东海、南海全域。②

17世纪中期，清廷采取"坚壁清野"的迁海战略，以求断绝沿海民众和郑氏政权之间的联系。到了17世纪80年代，由于对货币金属的需求、人民生计上的考虑以及财政上的理由，康熙皇帝下令开放海禁，至鸦片战争爆发前，清王朝的对外贸易基本形成了西洋来市、东洋往市与南洋互市的特征，尤其是其中的南洋互市，大量中国式帆船穿梭于南海各地，中国商人几乎成为这片海域的主导人群。③通过频繁的海上贸易活动，中国商人得以建立较为完整的贸易网络。来自闽粤地区的中国人，大部分聚居在西方人掌握的港口城市，如西班牙掌管下的马尼拉和荷兰人建立的巴达维亚。

17世纪至18世纪，中国的海外移民对东南亚的农业开发起到

---

① 庄国土、刘文正：《东亚华人社会的形成和发展：华商网络、移民与一体化趋势》，厦门：厦门大学出版社，2009年。
② 羽田正编，小岛毅监修：《从海洋看历史》，张雅婷译，台北：台湾广场出版社，2017年，第130—133页。
③ 陈国栋：《东亚海域一千年：历史上的海洋中国与对外贸易》，济南：山东画报出版社，2006年，第189—207页。

了积极作用。例如，爪哇岛较早地出现了中国人管理的甘蔗田，在此之后，爪哇东北部发展出由中国人经营的糖业。[①] 1740年至1840年，中国南方商人、矿工、工匠、造船匠、农民等有力地开拓了东南亚的经济边疆，这一百年的东南亚如今也被标志为"华人世纪"。[②]然而，这些居留海外的中国人并没有得到官方的认可。相反，明清时期官方并不同意自己的子民移居海外，未随船返航而居留异邦者往往被视为天朝弃民。居留在海外的中国人，虽然能接待中国来访的商人，但他们不能轻易回国，更得不到来自官方的支持。[③]可以说，明清时期中国人在东南亚的经济活动，本身是跨越"国家"界限的，他们所认知的区域也随着他们商贸网络的延伸而得以扩展。

值得注意的是，那个年代人们对"国外"的认识与今天相去甚远，如当时居住于中国沿海港口城市的闽南人，他们以方言为纽带构建合作网络，他们所关注的是某个地方能否做大生意，并不太在意那个地方在国家疆界的内与外。[④]明清时期的海外贸易传统、迁移文化以及由此形成的商业贸易网络，为近代以来广东、福建两地的百姓向海外移民及其社会网络的发展奠定了很好的基础。

同其他移民活动一样，中国东南沿海向外移民也受到包括移出地推力和移居地拉力在内等多种因素的影响，而既有移民网络的存在则提供了便利的基础。19世纪中叶以后，广东、福建地区经由香

[①] 岛田龙登编：《1683年：近世世界的变貌》，游韵馨译，新北：台湾商务印书馆，2022年，第68—69页。
[②] 安东尼·瑞德：《东南亚史：多元而独特，关键的十字路口》，韩翔中译，新北：八旗文化出版社，2022年，第284页。
[③] 陈国栋：《东亚海域一千年：历史上的海洋中国与对外贸易》，第26—27页。
[④] 孔飞力：《他者中的华人：中国近现代移民史》，李明欢译，南京：江苏人民出版社，2018年，第30页。

港、厦门、汕头的海外移民数量呈现出爆炸式的增长,很大程度上是由于该地区具有长期移民和与外国人交流的传统,以及由此建立起来的联系和网络,这些联系和网络使他们能够利用不断变动的太平洋经济所带来的机遇,并形成了应对经济变动的经验和手段。[①]中国传统的海外移民模式,依赖于前人构建的商贸模式,一些商贸网点在移民网络中发挥着重要的作用。这些移民网络一般由具有共同方言、共同血缘宗亲及同乡地缘的关系构成。这种模式随后受到了洋行的挑战,后者建立了由他们直接主宰的移民网络,他们直接进入中国招募、运载和雇用华工。[②]19世纪下半叶,中国海外移民从厦门出发,前往南洋各地的有137万人,从汕头出发的约有150万人。[③]这些移民大量涌入东南亚各地,使海外华人社会进一步扩大和复杂,且出现多元的分化。

值得注意的是,这种变化在某些方面仍延续着明清时期的传统。中国人的群体意识是按照一套基于亲族、籍贯、方言、宗教信仰之类的标准建立起来的。[④]这些标准也成为海外华人构建社会组织的基础。早期的海外华人由于在侨居地受到各种限制,他们往往组织地缘性的会馆、血缘性的宗亲会、业缘性的行会,这些组织都有着浓厚的地域性色彩。[⑤]如英属马来亚早期华人社会历史发展的

---

① Adam McKeown, Conceptualizing Chinese Diasporas, 1842 to 1949, *The Journal of Asian Studies*, 1999, Vol. 58, No. 2, pp. 306-337.
② 孔飞力:《他者中的华人:中国近现代移民史》,第105—106页。
③ 庄国土、刘文正:《东亚华人社会的形成和发展:华商网络、移民与一体化趋势》,第43页。
④ 金耀基:《中国社会与文化》,香港:牛津大学出版社,2013年,第84页。
⑤ 颜清湟:《海外华人的社会变革与商业成长》,厦门:厦门大学出版社,2005年,第4页。

典型特征和动力之一,便是以方言和"帮"相互依托的华人秘密社会与其他社会经济组织。[①]这种特征也影响了后续海外华人社会的发展和演变。当19世纪下半叶大量移民涌入之后,东南亚各地原先已经"克里奥尔化"的华人社会未能将其完全吸纳,这些新移民构成了与原乡维持紧密联系的社会群体,不仅强化了他们的侨居心态,也促使他们更趋向于保持自身的文化。[②]在这个意义上,这些新旧移民基于原乡文化认同和社会联系构成的空间样态,也是一种"国别区域"的表现形式。

与此同时,新兴轮船航运业的发展,一方面使得人员和信息的流动更为方便和迅速,一方面使得新移民汇往家乡的钱款及其与家人的通信更加安全和便捷。这些人员和信息的流动,以及汇款的流通,也明显地受到地缘性、血缘性、业缘性等地域性组织的影响。有趣的是,正是在这些地域性因素的影响之下,跨地域、跨国界之间的交流得以更好地实现。随着各方面交流的日趋密切,其范围和网络进一步强化和扩大,这不仅重构了海外华人社会,同时也使移民移出地的闽粤地区形成了侨乡社会。

作为经营华侨汇款的主要金融机构,侨批局在东南亚地区的华人聚居地和国内侨乡地区大量出现。例如,据1946年的调查统计,潮帮侨批局在海外有451家,分布于泰国、新加坡、马来西亚、印尼等地,在潮汕地区则有131家,遍及各县及其下属乡村。[③]由此可见侨批业空间分布之广及覆盖面之全。侨批局的营业范围具有显

---

① 吴小安:《区域与国别之间》,第143页。
② 孔飞力:《他者中的华人:中国近现代移民史》,第171页。
③ 饶宗颐主编:《潮州志·实业志·商业》,汕头:潮州修志馆,1949年,第75—76页。

著的地方性特征。不管是东南亚的侨批局，还是中国国内的侨批局，皆按国内的地域特征分为潮州帮、梅属帮、琼州帮，以及福建帮等几大帮别，各大帮之下又按国内的县份划分为若干小帮，各帮侨批局的业务范围皆以本县本乡为主。①这些以特定区域为营业范围的侨批局，带动了资金和信息在国内外的迅速流通，使分处国内外两端的海外华侨华人与家乡亲属得以紧密相连。这便是陈春声和戴一峰等学者在讨论侨批局时所说的"乡族纽带"和"地域性"，②而这种建立在乡族纽带基础上的地域性商业特征，又恰恰是以跨地域的空间特征作为表现形式的。

在这种情况下，移居海外的移民可以说是家庭乃至家族在空间上的延伸，他们仍通过多种方式参与国内的家族和家庭事务，而在海外出生的华侨华人在国内家族亦有继嗣之权。③此外，"两头家"的习俗在一定程度上也折射出海外移民家庭的跨国性意义，他们深知自己的生活横跨国内外两地，他们在两地所组建的家庭，不仅是其国内家庭在国外空间的延伸，也可以说是其国外家庭在国内的重叠，他们在国外出生的儿女，也有不少回到国内生活并接受教育。以上这些情形，无疑反映了有海外移民成员的家族和家庭在日常生活中所进行的跨越区域国别的实践。

除了家庭和家族事务，许多海外移民还广泛参与侨乡社会的地方事务，他们在侨乡的交通运输、市政建设、新式教育等公共事业

---

① 姚曾荫：《广东省的华侨汇款》，重庆：商务印书馆，1943年，第18页。
② 陈春声：《近代华侨汇款与侨批业的经营——以潮汕地区的研究为中心》，《中国社会经济史研究》2000年第4期；戴一峰：《网络化企业与嵌入性：近代侨批局的制度建构（1850s—1940s）》，《中国社会经济史研究》2003年第1期。
③ 陈春声：《地方故事与国家历史：韩江中下游地域的社会变迁》，第346—386页。

的现代化中发挥了重要的作用,促进了侨乡社会的国际化和地方化。[①] 这在广东、福建两省的通商口岸和市镇表现得尤为明显。例如,晚清民国时期汕头大峰祖师信仰的普及以及存心善堂的运作,不仅呈现了海外移民与原乡地域社会的互动,更体现了具有跨国活动性质的华侨和商人在侨乡的社会事务和公共管理中扮演的重要角色,以及他们在地方社会权力格局中具有的重要地位。[②] 可以说,通商口岸作为区域网络中的重要节点,是海外移民出洋和归国的必经之地,既为他们提供了移民的必要条件,也成为他们投资、消费、参与公共事务等多项跨国实践的重要场所。在此过程中,近代通商口岸在区域国别中的地位和意义也得到进一步彰显。

二、近代通商口岸经贸活动的区域国别特征

明清时期的海外贸易虽然使广东、福建两省的华商活动范围以及地方百姓的认知范围扩展至南海各地,并促使航行于南海各贸易据点的中国式帆船织就了华商的网络,然而,彼时的商贸往来和人员流动,仍受限于季风的交替,其规模还较为有限。跨越区域国别的活动和认知,基本局限在与商贸活动相关的人群当中,其影响并不广泛。

19世纪以后,西方各国加大对东南亚殖民地的开发。由于当时西方各国禁止黑奴贸易,殖民地开发者转而向中国寻找劳动力。

---

① 郑振满:《国际化与地方化:近代闽南侨乡的社会文化变迁》,《近代史研究》2013年第2期。
② 陈春声:《地方故事与国家历史:韩江中下游地域的社会变迁》,第329—345页。

他们最初只是在沿海地区劫掠人口或非法招工，后来借由战争使其在中国招募劳工合法化。由于清政府在两次鸦片战争中战败被迫割让及租借香港地区和开放厦门、汕头等通商口岸，深刻影响了近代中国大规模的海外移民运动。大量移民经由香港和厦门、汕头前往海外各地和往返国内外之间，一方面促进了这些港口城市的发展，另一方面也加深了原先的区域国别之间的关系，拓展了移民流动的区域范围。

　　香港作为"自由港"，对近代通商口岸的发展具有重要意义。香港在开埠初期发展有限，仅是作为规模不大的货物转口港，尚未发挥出洋港口的作用。淘金热开始之后，香港一跃成为重要的旅客转口港，逐渐成为全球移民中心，涉及移民、金融、汇兑、信贷等方面的制度和机构逐步建立并完善。[①] 此后，香港成为重要的移民、贸易的中转站乃至亚洲金融中心，其经济动向与中国，尤其是华南地区密切相关。[②] 冼玉仪通过对香港历史的研究，提出了"中介之地"的概念，用以概括包括香港在内的这类出洋港口、中转站以及移民工作和居住之地，因为它们是人和资金、货物、资讯等往来流动的枢纽，各类具有跨国性质的社会网络在此并存、重叠，在移民过程中发挥了左右大局的作用。这里的社会组织不仅为移民提供各种服务，如住宿、职业机会、财政援助、宗教活动等，往往还决定了航运路线、汇款渠道、货物和文化产品的市场、资金来源以及投

[①] 冼玉仪：《穿梭太平洋：金山梦、华人出洋与香港的形成》，林立伟译，香港：中华书局（香港）有限公司，2019年，第56—116页。

[②] 滨下武志：《香港大视野》，马宋芝译，香港：商务印书馆（香港）有限公司，1997年，第43—70、95—120页。

资地等。①

汕头虽不是香港那样的自由港，然而，汕头的开埠促进了韩江流域与国内外各地形成广域的贸易关系。汕头成了区域内货物、资金的枢纽，同时也是移民移出的原乡与移居地之间的中转站，且与中国香港、新加坡这样的全球移民中心紧密相连，为移民提供包括住宿、就业、贷款等多种服务，也为移民及其家属提供汇款的服务。

汕头开埠以后，其商圈范围得到扩大，除了韩江流域以外，如江西的南昌、瑞金、赣州，福建的连城、建宁，湖南的长沙，几乎都在汕头的商圈范围之内。在贸易方面，汕头的进出口市场范围在国内主要包括北方的牛庄、天津、烟台，长江中下游的上海、汉口、镇江，东南沿海的宁波、厦门、福州、广州、琼州以及台湾各港，在境外则主要有中国香港、新加坡、马来西亚半岛、泰国和越南，以及英美等地区和国家，②在这些范围中，输入地以中国香港为主，新加坡次之，越南、泰国等国又次之，输出地以新加坡最多，中国香港、西贡次之。与国内各地的贸易，输入地以上海、烟台、牛庄最多，天津、厦门、福州次之，输出地以上海占最大部分，厦门、福州、宁波、天津等地次之。③汕头与这些地方的联系，显示了汕头作为网络节点的重要作用，而对于韩江流域而言，汕头促进了该地区小区域内的城乡在空间上的连接，并通过汕头与海外产生联系。相比于货物的流转，韩江流域的海外移民更体现了汕头

---

① 冼玉仪：《穿梭太平洋：金山梦、华人出洋与香港的形成》，第392—393页。
② 范毅军：《对外贸易与韩江流域的经济变迁》，台湾师范大学硕士学位论文，1981年，第22—27页。
③ 萧冠英：《六十年来之岭东纪略》，广州：中华工学会，1925年，第1页。

在区域国别中的重要意义。

经由汕头出洋的海外移民主要来自腹地的潮汕和梅州地区，包括潮安、潮阳、澄海、揭阳、饶平、惠来、普宁、丰顺、陆丰、海丰、兴宁、蕉岭、梅县、诏安、大埔、永定等县。① 这些地方的移民出洋主要包括由客头招募、由洋行招募以及自行移民几种方式。一些与移民相关的机构和行业也纷纷在汕头设立，如汽船公司、船头行、客栈、客头等。

汽船公司经营轮船航运，其代理店大多数是在汕头的洋行。船头行是汽船公司与旅客和货物之间的中间商，其经营者大多数是汽船公司及其代理店的买办。船头行主要出售船票，通常在汽船公司及其代理店收取船费的5%再额外加价一至二元，或包下船舱，以旅客数发行船票，有时直接将船票售予移民或转交客头代向客栈推销。客栈和客头在整个移民过程中扮演着重要的角色，客头与客栈关系甚为密切。一般而言，每一家客栈都有有固定关系的客头，多至数十名，少至二三名；客头通常在其故乡招募为谋生而准备迁往海外的移民，引导这些移民前往东南亚各地，并帮他们筹集旅费、垫付安家费或寻找工作；客栈则通过与客头的密切联络为移民提供住宿，收取住宿费，有时也先从船头行处购得船票再加价三至四元卖给客头，而移民的住宿费和零用钱有时也由客栈垫付，或由客栈借款给客头，每四个月和客头进行结算并收取一定利息；客栈中有和客头共同投资分担客头业务者，也有兼营客头业务者；在融资经营客头业时，客栈背后往往有船头行的支持，包括包船费和长期借贷等；客头在汕头有八百多人，客栈在汕头有六十多家，主要为嘉

---

① 萧冠英：《六十年来之岭东纪略》，第96页。

应州、大埔、丰顺等地的移民提供住宿,汕头的客栈经营者多为客家人。① 这些移民机构和行业的存在,使汕头成为这一时期韩江流域向海外移民的重要地点,它们之间的协作和联系,一方面扩大了移民的规模并改变了移民的性质和方式,另一方面也促进了汕头通商口岸的发展。

如上文所述,19世纪中期以后的新移民,与家乡保持着密切的联系,有的甚至还频繁往返海内外从事商业活动。更重要的是,他们将在侨居地赚得的钱寄回给留居国内的眷属,与他们互通音讯。经营这些汇款和家书的是与移民密切相关的侨批业,其发展进一步加强了汕头在区域国别中的地位和作用。从南洋寄回国内韩江中下游地区的侨批,包含批款(汇款)和批信(家书),在批信通过近代邮政系统寄往国内的同时,批款则通过比较复杂、曲折的寄送途径,经过不止一次的外汇兑换和结算,其间还可能转换为贸易资金、金融资金、投资等多种可被利用的形式,其后再到达汕头的侨批局,最后由负责派送的批局送到移民在国内的家属手上。② 在此过程中,香港往往起着关键性的作用。香港是南中国的汇兑中心,经由香港处理汇款可以获取较大利益,不少侨批局委托香港的客栈、银号、南北行代为办理汇兑,一些大的批信局更在香港设立处理汇款的中间店。③

---

① 杨建成主编:《侨汇流通之研究》,台北:中华学术院南洋研究所,1981年,第25—39页。
② 陈春声:《地方故事与国家历史:韩江中下游地域的社会变迁》,第349页;滨下武志:《近代中国的国际契机:朝贡贸易体系与近代亚洲经济圈》,朱荫贵、欧阳菲译,北京:中国社会科学出版社,1999年,第240页。
③ 杨建成主编:《侨汇流通之研究》,第91—92页。

这种汇款方式既与侨批业本身的经营方式有关，也跟汕头与海外的贸易和汇兑网络有关。经营侨批业的商号，大抵兼营其他生意，甚至有时侨批业只是其附带的业务。一些商号除了经营侨批业之外，还包括贩卖农产物、经营棉布类产品、批发化妆品和杂货等，他们有的以中国为据点，在南洋各地设立分店或代理店，也有以南洋为据点而在中国各地设分店和代理店的。① 在各类商号的经营下，货物的流转与资金流转及汇兑关系密切。汕头的进口货品大多数购自上海和香港，而出口的土产多运销南洋各地，同时南洋各地的产品亦以香港为销售综汇之地，汕头、香港和南洋各地的汇兑则因此形成了反方向的三角关系，即南洋各埠将资金汇还给汕头的商人时，常支付香港的汇票以清账，而香港的汇票也多由运销南洋各地的出口商转售给银庄，再由银庄出售给进口商。② 作为韩江流域枢纽港的通商口岸汕头，是该地区与香港和南洋各地贸易的重要节点，在贸易和汇兑网络中起到了关键性的作用。

从19世纪后期到20世纪初期，世界各国的轮船公司纷纷在汕头、香港之间开辟往来航线，这一航线带来的商业利益巨大，也引起了中外各航运公司在货运、客运上的经营竞争。例如，20世纪20年代初期，在复杂的国内外环境共同作用下，汕香航线的客票价格曾出现较大波动。对于汕香航线兴起的机缘及客运价格竞争的成因，黄晓玲进行了较为集中的讨论。她认为，自欧战结束后，英、美、德等航运强国的轮船从战场上强势"回归"，各国积

---

① 杨建成主编：《侨汇流通之研究》，第85页。
② 杨起鹏：《汕头银业史略及其组织（下）》，《银行周报》1929年4月23日，第13卷第15期。

极发展造船业，战后欧美经济的反动，使得欧美各国国内商品需求下降，造成货运上供过于求，客运的经营反而势头向好，客运业遂成为各国航运业争夺之重点。在广东省内，潮汕地区政局动荡，战火四起，当时陈炯明有意经营与港英政府的关系，汕头地区反而与香港联系更密切。19世纪末东南亚等地的排华行动，向世界更大范围扩展，导致国外新移民法令的实施，特别是对护照使用的新规定，限制了潮汕地区华工的直接输出，香港的中介地位由此更加凸显，其在招募华工出洋、回国方面的便利性被拔高。多方因素的作用共同推动了汕香间航运客票的连续波动。①

通商口岸经贸活动的区域国别特征，还体现在口岸与腹地的人群迁徙及资本、信息的流动中。汕头与韩江流域腹地各县的买卖双方，既通过汕头输入国外货物，也经由汕头将各县的土产销往国内外各地。汕头腹地各县的海外移民，既通过汕头搭乘轮船前往海外各地，也经由汕头返回家乡，其寄出的汇款和家书也经由汕头送达家乡的亲属。腹地的人口、资源和文化也随着这种交互过程被牵引到通商口岸的城市营建和社会构建中，贸易网络、移民网络、金融网络在汕头重叠与交织。货物、人员和资金的不断流动，也加强了区域国别的交流与联系，甚至进一步扩大了区域网络。流域空间多重网络中货物、人员和资金的流动，也随着时间的推移将不同的要素沉淀在汕头这一通商口岸的发展中，可以说，流域空间的区域国别特征，进一步塑造了汕头的都市化景观。

---

① 黄晓玲：《20世纪20年代汕香间航运客票价格的波动及其成因初探》，《学术研究》2019年第9期。

三、通商口岸都市化营建中的区域国别景观塑造

如上所述,近代通商口岸本身具有不断变动的区域属性,它可以是腹地流域内的一个港口城市,在近代城市化进程中成为城乡移民迁移的终点站;它也可以是一个与世界联结的通商口岸,成为腹地海外移民通往外部世界的起点,也是他们回国的第一站;它还是一座桥梁,将其腹地的区域与海外更广阔的地域联系起来,既连接着区域与国别,也处在区域与国别之间。这种区域国别特征,随着不同人群在通商口岸城市中的活动而逐渐沉淀下来,并反映在城市内部空间之中,包括城市的街区构成、人群分布、建筑景观,乃至城市中的权力结构、社会样貌和人居环境。

汕头开放通商以后,西方各国的势力相继进入。英、美、德等各国商人开始在此经营开办洋行、船务、贸易以及招募移民等业务。这些洋商的国家政府,如英、美、法、德、日、挪威等十几个国家亦先后在汕头埠及其旁边的崎碌和对岸的礐石等地设立领事馆。早已在潮汕地区传教以及筹划开辟传教领地的传教士们,也在汕头及其周边开展传教活动,并建立教堂、创建医院。如美北浸礼会传教士耶士摩,19世纪60年代末便在汕头觅地兴建教堂,其后又将兴建教堂之外的用地转为自己的地产,并经营地产事业。[1]

在西方势力不断扩张的同时,中国本土商人也在汕头与他们展开角逐。在汕头开埠前夕成立的漳潮会馆,某种程度上反映了漳州商民和潮州商民在此地平分秋色的区域贸易局面。此后,随着漳州

---

[1] 李期耀:《差传教会与中西互动——美北浸礼会华南差传教会研究(1858—1903)》,山东大学历史文化学院博士学位论文,2014年,第190—207页。

商人在汕头逐渐式微，由潮汕商人组成的万年丰会馆成为此地最有势力的商业组织。万年丰会馆主要分为两个部分，其中一部分以海阳、澄海、饶平为代表，另一部分以潮阳、普宁、揭阳为代表。[①]与潮汕商民一样，韩江中游地区的客家人也开始在汕头发展势力。1882年前后，韩江中游的客家人在汕头设立八属会馆，该会馆属于广东的嘉应、兴宁、长乐、平远、镇平、大埔、丰顺和福建的永定八个地区的商人、居民和回国移民，建造会馆的资金也由回国移民和在汕头的客家店主捐赠。[②]除此之外，汕头还有广州地区商民建立的广州会馆，后来会馆附近还建有广州旅汕学校和广州旅汕女学两所学校。

这些洋行、教会教堂、会馆的存在，以及它们在汕头的分布，一定程度上体现了汕头的区域特征、区域空间关系及其地方权力格局。1893年潮海关的汕头口地图呈现了当时汕头埠内部的空间关系，其中较重要的信息是绘出了当时汕头埠南北两边分别分布着洋人屋宇和华人屋宇（如图1所示）。图中标示为洋人屋宇的大多是各国商人设立在汕头的洋行及货栈，它们占据着汕头埠南岸靠近深水港之地，沿岸建造码头和货栈，几乎垄断了汕头港通往国外各地的轮船航运；标示为华人屋宇的主要位于汕头埠中部和北部，靠近汕头通往腹地的内河航运，大多是本土商人的店铺。

漳潮会馆原本地处汕头深水港临岸，汕头开埠后洋行、传教

[①] China Imperial Maritime Customs, *Decennial Reports (1882-1891)*, I -Statistical Series: No. 6, Shanghai: The Statistical Department of the Inspectorate General of Customs, 1893, p. 537.

[②] 中国海关学会汕头海关小组、汕头市地方志编纂委员会办公室编：《潮海关史料汇编》，1988年，第27页。

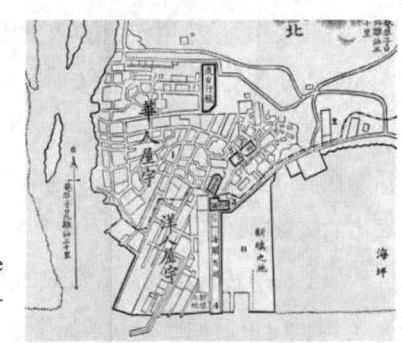

图1　汕头口地图（局部）
资料来源：China Imperial Maritime Customs, *Decennial Reports (1882-1891)*, Ⅰ-Statistical Series: No. 6。

士、本土商人相继填海造地，潮汕商人在新填地上建造万年丰新会馆，临近内河出海口及深水港航道。19世纪80年代才开始发展势力的客家人，在当时并未占有汕头埠核心地区临近海岸的土地，而是选择接近崎碌的地方建造会馆。不过，不少客家人选择靠近各洋行码头的地段经营客栈，这是因为客栈与移民出洋业务密切相关，而客家八属地区与汕头相距较远，通常不能当天往返，出洋旅客往往需要在汕头等待船期。由此看来，汕头开埠之后，由于对外贸易和轮船航运迅速发展的关系，能否获得临海地段对于活跃于此的中外商人至关重要。洋人凭借条约之便，占据了汕头口岸临海的有利位置，潮汕商人也利用靠近汕头的地理优势在此地发展势力，开发西南面临海的核心地段，客家人需取道汕头与海外联系，但又深处韩江中游，未能占有汕头早期开发的先机。可以说，汕头口岸内部这种空间分布情况，一定程度上体现了汕头与西方各国、腹地潮汕和梅州的区域空间关系。

虽然外国商人占有先机，但他们在汕头的发展较为有限。随着货物、人员、信息的流转，以及汕头在跨区域跨国界中的地位日益凸显，韩江中下游地区潮汕人、客家人以及他们中前往海外的移民，将汕头作为他们生活和谋求发展之地。在他们的努力之下，汕头的城市功能日趋完善，逐步向近代城市转变。更重要的是，这些来自韩江中下游的人群本身便具有某种区域国别属性，他们的各类活动在城市空间的发展过程中逐渐形成各种要素，从而塑造了汕头城市的区域国别特征。

如上文所述，由潮汕人组成的万年丰会馆在汕头有较大势力，直至19世纪中后期已控制了汕头港贸易的一切细枝末节，甚至包括与"市政"相关的公共事务。[1] 20世纪以后，随着官方政策的改变，汕头的商业组织逐渐完成从会馆到商会的过渡，晚清到民国时期的汕头商会，仍与万年丰会馆相似，以海澄饶和潮普揭两派互争雄长。[2] 从1906年至1946年，汕头商会的领导人基本由这两派商人轮流担任，他们经营的行业主要是汇兑庄和轮船行。汇兑庄是近代汕头资本最为雄厚的行业，运销业次之。[3] 此外，运销业还与侨批业、出口商、抽纱行，同为近代汕头的四大行业。[4] 这些由潮汕人主导的行业都与区域贸易和跨国贸易有关，主要分布于汕头"四永一升平"及其以北地段，它们的发展深刻影响了汕头西部和北部的街区样貌以及业态分布。如20世纪初，汕头出口商组织开发土地，建造大批货栈，发展到分为南商、暹商等公所。[5] 其中南商指

---

[1] 钟佳华：《清末潮汕地区商业组织初探》，《汕头大学学报》1998年第3期。
[2] 陈海忠：《近代商会与地方金融——以汕头为中心的研究》，广州：广东人民出版社，2011年，第121页。
[3] 饶宗颐主编：《潮州志·实业志·商业》，第80页。
[4] 饶宗颐主编：《潮州志·实业志·商业》，第72页。
[5] 汕头市地方志办公室编：《汕头市区房地产志》，未刊稿，1992年，第8页。原稿"发展到分为南商、暹商、南郊、和益等公所"可能有误，其中南商亦称南郊，于光绪年间组织南商公所。见饶宗颐主编：《潮州志·实业志·商业》，第80页。

的是将潮汕土特产出口到南洋各地的出口商，后来专营出口泰国的商号从中独立出来，成立暹商公所。这不仅意味着汕头出口行业的扩大，也意味着汕头与腹地及海外在物资、资金方面关系与交流的加深，以及区域空间关系的变动。

在潮汕人掌握汕头商业话语权的同时，客家商人也参与到汕头的地方事务当中，尤其体现在现代化建设方面。如修建于1906年的潮汕铁路，从倡议兴建到投资建设，主其事者张煜南和张鸿南兄弟，便是嘉应州的著名侨商；又如福建永定县的著名侨领胡文虎，在汕头投资建有虎标永安堂制药坊及其营业部、《星华日报》报馆、虎豹印务公司，他还捐建了汕头医院、市立一中图书馆等一些早期现代化的市政设施。①

虽然这些商人有潮汕地区和客家地区的地域之分，此外也还有广府地区的商人，不过他们的竞争、协作促进了汕头的迅速发展，他们的各类活动和资金加强，为后续汕头的大规模建设奠定了基础。

1925年以后，汕头为解决各银庄滥发纸币的问题，推行币制改革，实施保证纸币办法，其中要求发行纸币的银庄须有不动产做保证。这对于经营银庄并发行货币的潮汕商人来说影响甚巨，他们由此竞相投资汕头的地产事业。值得注意的是，这些潮汕商人具有密切的海外关系，不少银庄都有海外的分号或联号。因此，不少海外移民也趁机将资金投资于汕头的房地产。②

---

① 陈春声：《近代汕头城市发展与韩江流域客家族群的关系》，《潮学研究》2011年新1卷第3期，第7页。

② 谢雪影编：《潮梅现象》，汕头：汕头时事通讯社，1935年，第63页。

与此同时，1926年以后，由于汕头市政当局城市改造计划的实施，以及潮汕和梅州两地农村治安不佳的缘故，大量潮汕人和客家人迁往汕头安家。其中不少殷富之人更是在汕头竞购土地，广建屋宇，作为安居之所和投资之用。①当时汕头腹地的经济大多仰赖海外侨汇，这些殷富之人应该有不少是华侨家庭。除此之外，20世纪20年代末由于国际银价下跌，南洋华侨受金贵银贱风波的影响，也被迫将资本转移到国内，投资于房地产以便保值。②韩江中下游地区旅居南洋的华侨，也利用已有的社会经济网络将资本转移至国内投资地产，以便规避风险。有趣的是，当汕头地方货币制度出现问题和时局不稳定的时候，韩江中下游地区的移民及其家眷多将资金转移至海外寻求保障。

随着城市规划的实施及房地产市场的繁荣，汕头的房地产空间分布进一步表现出明显的区域国别特征。在汕头核心区的"四永一升平"街区内，地产业主大部分来自澄海、潮阳、潮安等地，与海外业务密切相关的汇兑庄、侨批局也大量聚集于此。这种情形一方面缘于潮汕等地人士在汕头的商业活动和地产投资，一方面也基于汇兑庄和侨批局之间的内在联系。此外，侨批局的空间分布也与华侨地产存在部分的相关性，尤其是经营泰国侨汇的侨批局，其周边分布着大量泰国华侨的地产。③值得进一步指出的是，海外移民投

---

① 杨起鹏：《十七年汕头市商业颓败的几个原因》，《潮梅商会联合会半月刊》1929年5月16日第7、8期合刊，第3页。

② 赵津：《中国城市房地产业史论（1840—1949）》，天津：南开大学出版社，1994年，第105页。

③ 谢湜、欧阳琳浩：《民国时期汕头城市商业地理的初步分析——以侨批业为中心》，《近代史研究》2019年第3期。

资于汕头的房地产遍布汕头整个核心区，在空间上呈现总体分散、部分集中的特征。这些房地产的业主大多来自中国香港地区，以及印尼、泰国、马来西亚、新加坡等地的居民、华侨、归侨、侨眷，其中以中国香港地区、印尼、泰国的占大多数，此外，还有少数业主来自越南、毛里求斯、英国、美国、加拿大、南非、澳大利亚等地。[①] 这些房地产的空间分布特征，呈现了不同区域、国家的人群在汕头城市内部投资经营的状况，而这些投资经营活动，也体现了通商口岸与海外之间的区域国别问题。

对于活跃于此的人群而言，区域国别具有两层含义。首先，区域国别有时候是生产、投资、营业的网络上的意义，比如与国内外不同地区的贸易、行情交换以及资金转移，这反映的是区域国别之间的物资、信息和资金的交流。其次，对于部分人群而言，他们本身，乃至其家族，具有跨越区域国别的属性，他们处在不同的区域国别之间，获得了不同的身份，而他们也利用跨越不同国别的身份，在不同的区域范围内，以及在不同的国家间游刃有余，一方面理解和适应他们所处的不同社会和环境，一方面去生活、经营和拓展自己的事业。可以说，正是通过这些人群的经营活动，通商口岸才凸显了其特有的区域国别意义。

四、结　语

长期以来，华南地区与东南亚各地一直有着频繁的贸易往来。

---

① 欧阳琳浩、谢湜：《海外移民与近代汕头城市的发展及空间转变——基于HGIS的考察》，《广东社会科学》2023年第3期。

对于活跃在南中国海的闽粤人群而言，华南和南洋自成一域。近代以后，随着中国被迫开放，东南沿海的通商口岸和香港成了沟通海内外的重要节点。贸易的发展和出洋人数的迅速增长，不仅扩展了原先的区域网络，同时也使闽粤地区与东南亚各地进一步形成了紧密的移民、商业、金融等多重跨越国别的网络，闽粤地区历史上长期形成的海外贸易传统以及跨地域人群的国别区域认知，造就了通商口岸时代特质化的"国际贸易"形态。通商口岸和南中国海周边地区各港埠的新旧移民社会，基于原乡文化认同以及血缘、地缘和业缘交织而成的空间关系，塑造了各个区域的跨地域、跨国别社会形态。

闽粤侨批业及相关的金融汇兑业的经营方式，促使货物和资本在区域与国别中的流动呈现出双向乃至多向、交互并且叠合的空间特征，并催生出香港作为活跃的亚洲金融汇兑中心的兴起。这是近代中国东南通商口岸历史变迁的一个重要面向，也是近代通商口岸经贸活动区域国别特征的集中体现。

近代通商口岸既是其腹地的货物、人员流动的枢纽，具有连接腹地各地的区域特征，也是其腹地与海外产生联系的门户和中介之地，具有连接海外各地的跨区域特征。不同的商业网络、贸易网络、金融网络、移民网络，以及货物、人员、信息在此汇集和分散，使近代通商口岸折射出不同尺度的空间关系。这些空间关系并非一成不变，随着这些通商口岸在不同时期的变化，以此为中心所形成的区域以及扩展的区域也在不断变动，其空间关系亦随之而变。

通商口岸不仅是腹地土货输出的集中地，也是国内外进口商品的汇集地；不仅是移民出洋的起点，也是移民归国的第一站；不仅是海外侨汇和信息的集散中心，也是华侨的投资和消费场所。活跃于这些通商口岸的人群，他们的经营和投资活动与海外世界密切相关。对于他们来说，区域国别可以是生产、经营意义上的区域国别，也可以是他们本身乃至家庭和家族不同成员跨区域和跨国实践上的区域国别，而近代的通商口岸，正是他们为适应不同区域国别中的社会经济环境和政治文化环境而开展投资经营活动和跨国实践的重要场所。正因如此，近代通商口岸既凸显了其区域国别的意义，其空间内部也形成了独特的区域国别特征。

在近代通商口岸的都市化历程中，大量新式建筑、新的商业街区的营造，在视觉上最具冲击性，这批建筑有不少延续至今，为我们追溯都市景观变迁提供了重要的空间坐标。以骑楼兴建为例，在近代中国城市发展进程中，骑楼为南方地区许多城市开展市政建设时所采纳，并广泛运用于城市规划及道路建设。这些骑楼及骑楼街，大多分布于与华侨有关的城市和市镇。这一方面缘于华侨为地方建设提供了直接性和间接性的资金，另一方面也由于华侨为民间带来了东南亚城市的思想观念和生活理念，一些骑楼的修建也在此影响下形成中西合璧的风格。

骑楼和新式马路的修造，是一种全新的城市地方感创造的空间过程，华侨及侨眷在其积极参与投资和建设的城市中生活、经营、消遣，赋予城市街区以新的商业意义、社会意义和文化意义，强化了侨乡都市的地方感。当我们在区域空间观察人群流动的动向，由人群动向分析区域国别的交错，从区域国别的交错理解生活世界，就可以理解经历半个世纪变迁之后，通商口岸城市所呈现的貌似无地方性又具有时代性的都市现代化景观。

［原载《清华大学学报》（哲学社会科学版）2024年第3期］

区域国别研究与中国视角——关于"族群""社区""文化"的人类学研究

梁永佳

一、"中国视角"与区域国别学的自主社会科学体系建构

区域国别研究已经成为区域国别学。这意味着它不再是一个汇聚各个学科的交叉平台,而是要建设自身的认识论和方法论。不少学者认为我国的涉外数据规模庞大,难以建成一个单独学科,只能综合众多社会科学、人文学科、自然科学知识。[①] 这当然有道理,但是"学科交叉"不等于"交叉学科",一个学科要提供不同于其他学科的知识。何况,若论数据,中国史这样的一级学科或许更交叉、更庞杂。

说区域国别学是一个学科,是说它应该有自己的认识论和方法论,有自己的研究对象,提供"自成一类"(sui generis)的知识。福柯说 discipline 既是"学科"又是"纪律",是说"知识/权力"必然纠缠难解。[②] 福柯要大家解构,我倒建议反过来看:既然

[①] 例如,王缉思:《浅谈区域与国别研究的学科基础》,见《区域国别研究学刊》第1辑,北京:商务印书馆,2019年;张蕴岭:《国际区域学思考(一至六)》,《世界知识》2021年第4、6、8、10、12、14期;赵可金:《国别区域研究的内涵、争论与趋势》,《俄罗斯研究》2021年第3期。

[②] Michel Foucault, *Power/Knowledge: Selected Interviews and Other Writings 1872-1977*, Colin Gordon ed. and trans., New York: Pantheon Books, 1980.

"知识"离不开"纪律",那么一个学科就不应该用"交叉"来敷衍,避而不谈自己的纪律。没有规矩不成方圆,没有纪律也不会有学科。一级学科不能是个数据中心,而要有实力综合其他学科的知识。一级学科要反复讨论"什么是自己的知识""如何获得这种知识"这样的根本问题。

吴小安在总结东南亚研究的教训时指出,作为"地区"(region)的东南亚,仅构成了战略和技巧,并未在学理上形成知识,以至于东南亚研究仍然只是一个领域。① 这是一个准确的定位,也是本文的出发点。既然区域国别是"学"而不是"研究",就应该超越"战略"和"技巧",去讨论更为根本的学科基础问题。像"东南亚研究"这样的区域研究(area studies)之所以长期处于"研究项目"地位而难以成为"系",是因为它们无须建立学科,仅提供跨学科平台就够了。学者在这些平台上交流数据,心里想的却是如何拿这些数据跟各自学科的同行探讨学科议题。他们不是要达成共识,而是培育原创研究,发展不同的学派,学科就是这样建设和发展的。马克思、韦伯、涂尔干之所以被认为是社会学的奠基人,就在于他们分别发展了独特的认识论路径,建构了各自的方法论大厦,回应了西方文明的关键问题,为后人提供了持续讨论的可能。② 从以往的学科建设历程看,区域国别学既不应该致力于建设一个超越已有学科的"超级学科",也不应该把别的学科按照各自的认识论所收集的数据当成自己的数据。前者不可能,后者不应该。它需要多样态的认识论和方法论,以前所未有的方式收集独特

---

① 吴小安:《区域与国别之间》,北京:科学出版社,2021年,第73页。
② 渠敬东:《作为文明研究的社会学》,《中国社会科学》2021年第12期。

的数据材料，识别和建立自己的经典谱系，提出原创的基本命题，发展出可以解释大量经验现象的理论陈述。只有这样，一个学科才可以自称是一个学科。①

这些或许是当下的困境。一个成熟的学科需要几代学者倾毕生之力才可能建立起来，更需要良性的思想市场容纳一个个尚未形成体系的主张，尤其要培养可以与现有中外研究深入对话的原创研究。它们体现为能引起广泛讨论、经得起尖锐批评的论文和专著。吴小安在论述中国区域国别研究的路径和专业书写的时候，指出这个学科的问题之一在于译介多于原创，在于国内影响高于国际影响的"不平衡、不对称"。他主张从"全球中国""全球华人""中国周边"，尤其是东南亚和新亚洲研究领域寻求原创突破，因为它最可能体现中国区域国别研究的独特之处：

> 如果说区域研究（area studies）是以美国为中心的非西方研究和美国模式的国际研究范式，那么，中国的区域研究即使不能以中国为中心，也应该从中国视角出发。这是一个不可动摇的基本原则。②

"中国视角"是一个高屋建瓴的主张，有着很大的发展空间。首先，"中国视角"不等于实际的"中国中心""中国利益"，而是

---

① 这并不是说"区域研究"这样的跨学科合作平台不好。跨学科合作在处理当代复杂问题的时候行之有效，例如治疗艾滋病、应对全球变暖、开发智能手机。但学科交叉不同于学科建设。
② 吴小安：《试论中国的区域国别研究：路径选择与专业书写》，《史学理论研究》2022年第2期。

中国世界观，它是在中国学术传统中形成的认识世界的脉络。它在清末以来被欧美俄日等列强学术所边缘化，只是在近年才出现复兴的条件。"中国视角"是世界上少有的、不同于希腊—基督教文明的反思性知识体系。与之可以相提并论的知识体系很少，或许只有印度和阿拉伯—波斯文明存在如此蔚为大观的批判性知识及自我更新传统。激活中国视角并非单纯的中国中心主义，而是鼓励其他文化中的学者激活他们的波斯视角、达罗毗荼视角、希伯来视角、南岛视角等。

其次，中国视角不等于"你错我对"，不等于一定优于别人的视角，而是基于一个判断：经验世界是无限复杂的，学者能看到的只占其一小部分，且必然受制于自身文化的种种假设。因此，中国视角的优势不在于更全面、更中立，而在于更独到、更少见。例如，今天的欧美社会科学各学科很难摆脱"人性说"，即萨林斯所说的"人性的西方幻想"，[1]也很难摆脱启蒙时代才正式出现的"个体主义"价值观。[2]像中国、印度这样基于差异和等级建立的社会都因为违反了当代平等主义价值观，一直被西方学者限制在中国思想、印度哲学这样的狭窄范围里，等待着某种被取代的命运。《礼记》《摩诃婆罗多》成为理解中国和印度的"东方经典"，而希腊哲学则成为思考全世界的根本文献。这原本是没道理的区分，因为古代文明既是地域性的，更是普遍性的，我们不能只承认古希腊的普遍性。

---

[1] Marshall Sahlins, *The Western Illusion of Human Nature*, Chicago: Prickly Paradigm Press, 2008.
[2] 路易·迪蒙：《论个体主义》，谷方译，上海：上海人民出版社，2003年。

第三，中国对于域外世界的论述早已形成了成熟的知识谱系，当代学人如果能下心力整理这些知识，体会前辈学人的用心，就有可能在已有的域外研究讨论中别开生面，看到其他学科的"盲点"，揭示"中国视角"的原创根据。例如，《大同书》就是一部用春秋公羊学解读世界趋势的论著。康有为并没有把公羊学视为"中国思想"，而是透视人类命运的理论。汪晖在《现代中国思想的兴起》中也指出，李鸿章与左宗棠等人关于"海防""塞防"的争论，体现的是当时思想界对天理和公理的共同思索。[①] 李安山提醒我们注意，《诸蕃志》《瀛涯胜览》《四洲志》《清史稿·属国传》这样的作品，并非简单的信息汇总，而是当时学人基于自身世界观的知识创造。[②] 王铭铭曾追溯中国思想史上"西方学"的谱系，从西王母到天竺、泰西等"西方"的变化，体现的正是"中国视角"对域外世界的秩序化讨论。[③] 我本人不揣浅陋，也尝试过用《老子》的概念重新解读美拉尼西亚库拉社会，追求的同样是"中国视角"如何可能对无限复杂的域外社会带来看似不可能的解读。[④] 总之，区域国别学的基础理论和方法建设，值得重视"中国视角"的意义。

本文以"族群""社区""文化"三个分析概念为例阐发上述观点，讨论每个概念的有限性，并结合作者过去十几年在东南亚和南亚的田野调查经历，探索中国视角的可能性。我希望阐

[①] 汪晖：《现代中国思想的兴起》第1卷，北京：生活·读书·新知三联书店，2004年。
[②] 李安山：《中国的区域国别研究：历史、目的与方法》，《云大地区研究》2020年第2期。
[③] 王铭铭：《西方作为他者》，北京：世界图书出版公司，2008年。
[④] Yongjia Liang, Esteeming Goods for Non-Accumulation, Small Realms with Few People: Interpreting Kula with Laozi, *American Anthropologist*, Vol. 124, No. 3, 2022, pp. 456-466.

明，"六经皆史"的判断同样适用于对当代欧美社会科学理论的评价。那些用于非西方世界研究的社会科学概念（"经"），看似客观、中立、普遍，但实际上都是"其来有自"的，有着各自的价值预设和国别差异（"史"）。社会科学发展到今天，仍然"几乎看不到任何批判性的、比较性的、多元性的理论"。① 相对于复杂的经验世界，学者充其量只能看到其中的2%。② 因此，普遍性知识远非穷尽性、排他性地解读经验世界的论述，而是某种隐含的比较。这也是"理论"二字的本义。理论是李蕾所说的"跨地域"（deterritorialize），即"基于特定时空中形成的可以用来表达另一个时空的观念"。③

区域国别学不能简单地沿袭甚至套用源自欧美的理论（"经"），模仿它们去观察中国的域外社会。我们需要中国视角，需要将中国本土思想开发成可以参与当代世界研究的理论概念。这并不是说中国与西方天生没有共性，而是强调我们有可能用另一套认识工具探索无限复杂的经验世界。如果说社会科学的本质是跨地域解读，那么"中国思想"完全可以成为"全球理论"。④

我称这一主张为"以中释外"，认为这是区域国别学探索原创研究的一个可行途径。区域国别探索的基本特点是"中国人看世界"。我们需要对自己的世界观有"文化自觉"，明白这既是华夏文

---

① Raymond Aron, Science et conscience de la société, *European Journal of Sociology*, Vol. 1, No. 1, 1960, pp. 1-30.
② David Graeber, *The Utopia of Rules: On Technology, Stupidity, and the Secret Joys of Bureaucracy*, New York: Melville House, 2015, p. 76.
③ Jenco, Leigh K, *Introduction: On the Possibility of Chinese Thought as Global Theory*, New York: SUNY Press, 2017, p. 4.
④ Jenco, Leigh K, *Introduction: On the Possibility of Chinese Thought as Global Theory*, p. 4.

明独特的视角,更是人类普遍性知识的一个重要部分。费孝通先生说,"文化自觉"指知识人要对自己的文化有"自知之明",[①]这包括我们如何看待世界。"以中释外"不谋求"击败"现有的西方中心的世界观,而是探索中国世界观的优势,这正是"'美人之美、美美与共'的本意之一"。[②]

"以中释外"所主张的中国视角不同于盛行三十余年的"后殖民批评"所带来的一系列关于家园"作为方法"的论述。[③]后殖民批评强调母国例外,以家园的特殊性反驳欧美学者对自己社会的霸权式解读。但是这种例外论恰恰强化了"欧美谈普遍,我们谈特殊"的学术分工,难以超越包括中西二分这样的"我西"二分,[④]与区域国别学的任务旨趣相反。尤其是,后殖民研究基本是在用一种欧美思想驳斥另一种欧美思想。例如,盛行于南亚学者间的"底边研究",其思想来源于葛兰西、霍布斯鲍姆。横扫学界的"东方主义",其思想来源则是福柯。主流的南方理论还缺乏足够的"文化自觉"。

如同把族群、社区、文化运用于解读非西方国家的做法一样,"以中释外"同样是一个"变史为经"的过程,同样属于"六经皆史",但这并非只是用一种偏见代替另一种偏见,而是用另一种文明认识域追求新见。对于区域国别学来说,"以中释外"接续了华

---

① 费孝通:《开创学术新风气》,见《费孝通全集》第16卷,呼和浩特:内蒙古人民出版社,2009年,第1页。
② 费孝通:《试谈扩展社会学的传统界限》,《北京大学学报》(哲学社会科学版)2003年第3期,第14页。
③ 王铭铭:《家园何以成为方法》,《开放时代》2021年第1期。
④ 梁永佳:《超越社会科学的"中西二分"》,《开放时代》2019年第5期。

夏思想传统，有着不同的本体论承诺，有可能在欧美学界关于世界的研究的对话中带来新的认识论和方法论。

二、低度抽象的"族群"

"族群"（ethnicity）在当代社会科学语境里，大致指"社会归属的情感与结构生产"。在政治学、社会学、人类学、经济学等学科中，这个概念都很常用。但是，族群只是20世纪60年代才流行起来的概念，大致指两种东西：个体主观认同和一类群体。个体认同指个体与更大的群体之间内在的相互认同，彼此认为大家有共同的起源、文化实践、政治规划。作为一类群体，族群指通过互动而形成的彼此相关的社会与政治结构。"族群的两重含义都是指身份的生产，这是一个互相缠绕的意义创制过程，它融合了个体和集体要素或归属感。"[①]

这个略显平淡的定义有两个不言自明的假设。首先，族群是一个关于"身份"的概念，"身份"（identity）则是"认同"（identify）的结果，这里假设了一个能动者。在经验上，世界上哪个族群是由个体"认同"出来而不是政治力量"识别"出来的呢？又有哪个族群不可以同样被"解构"呢？这种以个体选择解释经验现象的族群理论，可能只是一个符合个体主义价值观的建构。例如，西切尔（Michael Hechter）认为"族群"身份是当事人的选

[①] Shneiderman, Sara, and Emily Amburgey, Ethnicity, The Open Encyclopedia of Anthropology, Felix Stein ed., 2022 (2023), Facsimile of the first edition in *The Cambridge Encyclopedia of Anthropology*, http://doi.org/10.29164/22ethnicity.

择，是在资源稀缺的情况下个体为自己制定的某种目标。[1]这种以"最接近范式"自居的理性选择理论，浑然不觉它的"稀缺"假设只是一个"圣经"神话，它的"族群"概念只是稀缺神话的推论。[2]

其次，如果说族群是"个体与集体相互认同"的结果，或者"两者相互缠绕的意义创制过程"，那么作为非生物的"集体"，在什么意义上是实存并可以行动的？又如何在经验世界中观察？这里，族群被理解为排他性社会组织。一个人只能属于一个族群，内部同质外部异质，改变族群身份是少见的甚至不合法的。这样定义的族群很像一个近代欧洲民族—国家形成之前的"忏悔共同体"。[3]这种排他性理解正是"族群"概念中难以去除的前提，跟"种族"并没有根本区别。韦伯说"族群"是一个容易跟"种族"（race）混淆的词，"都不是精确的分析概念，而是模糊的本土词汇，其含义在不同时空中有着相当大的差别"。[4]这也就是把"族群"概念拿到欧美之外，难以解释多重身份现象的原因。但正是这个水土不服的"族群"概念，在殖民时代却一直被用来形容非西方社会，并没有摆脱"共同祖先"的生物标志。[5]大卫·史尼斯认为，"族群"

---

[1] Hechter, M., Rational Choice Theory and the Study of Race and Ethnic Relations, J. Rex & D. Mason eds., *Theories of Race and Ethnic Relations*, Cambridge: Cambridge University Press, 1986, pp. 264-279.

[2] 萨林斯：《甜蜜的悲哀》，王铭铭、胡宗泽译，北京：生活·读书·新知三联书店，2000年。

[3] Philip S. Gorski, *The Disciplinary Revolution: Calvinism and the Rise of the State in Early Modern Europe*, Chicago: University of Chicago Press, 2003.

[4] Rogers Brubaker, Ethnicity, Race, and Nationalism, *Annual Review of Sociology*, Vol. 35, 2009, p. 27.

[5] Bernard Cohn, *The Census, Social Structure, and Objectification in South Asia, An Anthropologist among the Historians and Other Essays*, Oxford: Oxford University Press, 1987, pp. 224-254.

只是取代"部落"的一个模糊概念而已。[1]在今天的欧美学术语境中,种族、民族、移民经常是混用的。

例如,弗雷德里克·巴特(Frederik Barth)的族群边界理论,就有着较强的排他性。巴特将族群视为一种组织类型,成员认同被赋予的身份是由族群之间的边界互动形成的。边界的维护机制必须高度有效,像一个生态体系那样处于相对稳定的动态交易状态。巴特的族群理论很像帕森斯构想的社会,预设了作为个体的行动者及其理性,并将它们视为解释各类机制和动态的根本要素。问题在于,国家、政党、教会、阶级、工会等现代西方现象同样可以作如此解释。不论边界如何流动,族群身份在一时一地对于当事人来说是明确而单一的。这一理论的缺陷在于,非西方社会里被识别为"族群"的群体身份一直是流动的、杂糅的、跨界的。研究者只能给"族群"加上种种限定词,例如"流动族群""杂糅族群""跨界族群",却很少追问,是不是"族群"出了问题。

很多学者因此转向了族群解构。例如,郝瑞和杜磊都提出,中国境内的彝族和回族在不同地点有着不同的认同标准,与国家的识别有差异,所以不应该视为一个内部均一的民族。[2]这种看法并不高明,因为几乎所有族群都可这样被拆解,除非每一种认同都被自动合法化。这种简单的逻辑将使任何一个社会陷入无穷细分的身

---

[1] David Sneath, Tribe, Felix Stein eds., *The Cambridge Encyclopaedia of Anthropology*, 2016, http://doi.org/10.29164/16tribe.

[2] Stevan Harrell, Ethnicity, Local Interests, and the State: Yi Communities in Southwest China, *Comparative Studies in Society and History*, Vol. 32, No. 3, 1990, pp. 515-548; Dru Gladney, *Ethnic Identity in China: The Making of a Muslim Minority Nationality*, San Diego: Harcourt Brace College Publishers, 1998.

份政治争议。[1]因此，需要质疑的不是"族群认同"，而是"认同"本身。因为很多研究者并没有注意到，族群是一个抽象程度比较低的概念，低到很多国家并不需要这个概念，也不会像欧洲和美国那样混用族群、种族、移民、宗教。印度尼西亚就是一个不重视族群身份的国家，印度则是一个公开拒绝识别族群的国家。中国的情况则因为"民族"概念的强大而很少用得上"族群"，也基本用不上"种族"。

以我在印度的调查为例，人们在生活中基本用不到"ethnicity"这个词，而是习惯于用地域、语言来标示自己的身份，例如"我来自古吉拉特""我来自卡拉拉"。有时候也会用宗教身份，例如"我是一个印度穆斯林"。"种姓"作为一个标识则隐而不彰，一般不会在生活中被公开询问。但是，人们在日常生活中似乎都知道彼此的种姓，也有着一整套处理种姓关系的默会知识（implicit knowledge）。印度人不用"族群"，很大程度上是因为国家法律和行政体系拒绝识别"族群"。在其他国家被识别为"少数民族"的人群，在印度会被称为"表列种姓""落后部落"等。这是因为引入"族群"会让人群分类过于复杂，使原本基于宗教和语言的矛盾雪上加霜。

再以新加坡为例。英殖民时期曾经认可两百多个"族群"，后来被新加坡政府简化为华人、马来人、淡米尔人、其他人（后改为"欧亚人"），21世纪初允许族际通婚的后代将两个族群名称连用，

---

[1] 扎尔伯格院士就曾描绘过纽约泊车规定中无穷无尽的宗教和族群少数群体的身份政治争议。在他看来，围绕泊车特权的争议几乎成了一场笑话。参见 Aristide Zolberg, U. S. Minority Religions, *Minority Religious Identities, and Assimilation*, presented at International Workshop on Minority Groups in the U. S. and China, June 25-27, 2010.

并凸显"土生华人"的族群身份。但是,新加坡的正式表述并非"多元民族主义",而是"多元种族主义"(multiracialism)。① 这种表述常常让初登星岛的访客大惑不解,因为混用"族群"和"种族"似乎是犯忌的。更让中国访客难以理解的是,新加坡的福建人、潮汕人、海南人、客家人、广府人也可以称为"族群"。相反,中国的少数民族到了新加坡会被自动分类为"华族"(Chinese)。新加坡与中国的族群反差说明了,"族群"与其说是经典定义里所说的当事人主观感受和客观效果的组合,倒不如说它是一个外在于当事人的国家分类。国家可以决定这个概念是否重要。这正是巴特族群理论的严重缺陷,它几乎完全忽视了"国家"这个屋子里的大象。

总之,族群身份都是流动的、多重的,甚至可有可无的。它并非客观的、自在的、当代社会的现象,而是一个由欧美学者把自己的概念套在非西方社会的结果。它在今天已经形成了复杂的、有动员力的社会过程,甚至在很多亚洲国家早已深入人心,但这并不等于那个模仿基督教教会而定义的"族群"概念在非西方社会生了根。对于以跨越地域为己任的区域国别研究来说,"族群"远非一个同质的概念,它仍然处于一个探索的状态。如果说在非西方世界不存在纯粹的"族群",族群都是杂糅的、流动的、重叠的、跨境的、交织的、模糊的,那么是不是"族群"这个概念本身出了问题?正像斯科特所说:"所有身份都是社会建构的,绝无例外……这些身份,尤其是少数族群身份,经常先是被强大的国家想

---

① 梁永佳、阿嘎佐诗:《在种族与国族之间:新加坡多元种族主义政策》,《西北民族研究》2013年第2期。

象出来的"，却被族群成员当成"荣誉勋章"，进行"英雄式的自我营造"。①

有关族群的讨论属于更大的"身份"（identity）问题。作家董桥曾经把identity翻译成"名分"。② 这是一个值得注意的尝试，或许是一个"以中释外"的好思路。"名分"是否可以让我们在区域国别研究中超越"族群"，看到那些并非基于个体选择的"身份"？中国古代围绕"名分""名实""名教"等问题的丰富讨论，或许会对于理解历史和当代遍及世界的人群分类现象提供有益的思路。孔子说"必也正名乎"，"名不正则言不顺，言不顺则事不成，事不成则礼乐不兴，礼乐不兴则刑罚不中，刑罚不中则民无所措手足"，说的并不是行动的个体依据自己的理性选择而"认同"的身份，而是由道德总体分类赋予人和秩序的先在状况。荀子的"王者之制名，名定而实辨，道行而志通"，则进一步说明了符合道德秩序的权威在赋予人们生活以意义的问题上所扮演的关键角色。两者都让我们看到，有关人群的分类并非个人选择的结果，而是关乎一个总体秩序对人文世界的、有道德的分类体系。这个总体秩序未必是国家，或者在很大程度上并非国家所能左右，但其分类都隐含着对天地、百姓、万物的基本判断。在这一点上，儒家的两位奠基人与涂尔干的社会理论有着高度的可比性，都是关于人与人之间关系的道德伦理论述。类似这样的看法和实践是否也存在于其他社会？我们能否用"名分"看到不同于"族群"的域外世界？至少，在个体主义价值观之外，存在不同的区域国别研究探索的可能。

---

① James Scott, *The Art of Not Being Governed*, New Haven: Yale University Press, 2009, p. xii.
② 董桥：《元旦的消息》，见《董桥散文》，杭州：浙江人民出版社，1996年，第347页。

三、并不活跃的"社区"

"社区"(community)因费孝通先生的翻译而闻名,现已成为中国社会的基本结构性概念。但就学术概念而言,"社区"研究从"二战"结束以来就在欧美学界走下坡路,不再是一个活跃的课题。此前的社区研究至少体现为四个不同的学术脉络。滕尼斯(Ferdinand Tönnies)开创的德国传统是社区研究的开始。他将"社区"(Gemeinschaft,德语)视为"真正的有机生活",[①]是私人的、排他的共同生活,与"公共生活"相对。人们在小规模的世界里共享信仰,共同生活,互动密切,互相信任。"社会"(Gesellschaft,德语)则是上述特征的反面,充满竞争,交往短暂,是工业革命造成的机械拼凑。一个人在社区里出生长大,再进入社会。你可以说"坏社会",但"坏社区的说法本身就违背了这个词的含义"。[②]滕尼斯选择押头韵的Gemeinschaft与Gesellschaft,只是为了方便别人接受而已。实际上,这两个词应该译成"精神共同体"和"法治共同体",[③]与今天中文语境中的"社区"和"社会"相去甚远。但是,社区与民众科学(völkisch science)在魏玛共和国和纳粹统治时期紧密结合在一起,成为德意志民族团结的支撑性概念,也成为治理德国民众的主导观念。滕尼斯虽然没有参与这个过程,但是"社区"在第三帝国倒台后

---

① Ferdinand Tönnies, *Community and Society*, Charles Loomis trans. & ed., Mineola: Dover Publications, 2002, p. 33.
② Ferdinand Tönnies, *Community and Society*, p. 34.
③ 感谢胡春春博士分享这一观点。

声名狼藉，至今仍然无法在德国形成气候。①

在法国，"社区"有着"社群主义"（communitarianism）的特殊论色彩，违背了法国革命最重要的"公民"理念，因此一直没有什么市场。②正因如此，涂尔干对"机械团结"和"有机团结"的论述虽然来自滕尼斯的启发，却被他赋予了大致相反的意义。涂尔干的"机械团结"并没有怀旧情绪，"有机团结"也没有批评色彩。他更关心"有机团结"的问题，认为这是工业革命和共和主义的必由之路，也是个体主义、平等主义、基本权利等现代价值的根本保证，因此必须捍卫。③他强调用二次分配、社会保障体系、教育的公平正义来解决"社区"状态下没有的问题。这是一种社会主义主张，也是他和莫斯等人对法国的一大贡献。总之，法国学者关注的是"社会"而不是"社区"。

英国曾与德国类似，在"二战"之前出现了很多社区研究。但在"二战"以后，社会学界的代表人物认为这个概念"对于严肃的社会学研究没有用"（Stacey, 1960: 134），转而研究"社会网络"，尤其在全球化时代更是如此。但是，以伯明翰当代文化研究中心（Birmingham Centre for Contemporary Cultural Studies）为代表的左翼思想在冷战中后期开始复兴社区概念，并将其贯彻于对工人阶级的研究中。例如，英国文化研究的奠基人威廉姆斯认为，社区代表着温暖的关系，这个词"与其他所有社会组织（国家、民族、社会

---

① Stefan Berger, Bella Dicks and Marion Fontaine, "Community": A Useful Concept in Heritage Studies?, *International Journal of Heritage Studies*, Vol. 26, No. 4, 2020, pp. 325-351.

② Stefan Berger, Bella Dicks and Marion Fontaine, "Community": A Useful Concept in Heritage Studies?.

③ 涂尔干：《自杀论》，冯韵文译，北京：商务印书馆，1996年。

等）都不同，从来没有被当成负面词语"。①

文化研究阵营中的很多学者认为，"社区"的概念可以揭示工人阶级的"亚文化"，揭示他们对资本主义生产方式的反应，可以将阶级继续细分，看到他们的代际、性别等层面的复杂性。对他们来说，社区不是浪漫的地域群体，而是生活断裂后的自组织力量。②

在美国，"社区研究"的传统同样不强，而且强调技术维度。史蒂文·布林特（Steven Brint）曾按照变量的变迁总结了社区的研究历程，将社区归结为四个"结构变量"和两个"文化变量"。③结构变量包括"强社会纽带""积极参与制度活动""仪式场合""小群体"，文化变量则是"外表、表达风格、生活方式、对他者的历史经验等方面的类似看法"，以及"对某种观念体系、道德秩序、制度或群体的共同信仰"。他认为，依据这些变量做出的研究，大都发现社区并不符合上述变量的一种或几种。通过揭示社区内部的不平等、分层、特权，社区研究普遍发现社区并不像定义里的社区。④ 这也让布林特得出结论说，社区研究是"失败的"，必须改变测量手段。他引入了世纪之交流行的实践理论，将社区视为"互动仪式""社会网络""社会资本"三个变量的组合，强调社区的"发生"（generative）特性。

---

① Raymond Williams, *Keywords: A Vocabulary of Culture and Society*, Oxford: Oxford University Press, 1976, p. 76.
② Raymond Williams, *Resources of Hope: Culture, Democracy, Socialism*, R. Gable ed., London: Verso, 1989.
③ Brint, Steven, Gemeinschaft Revisited: A Critique and Reconstruction of the Community Concept, *Sociological Theory*, Vol. 19, No. 1, 2001, pp. 1-20.
④ 例如，研究美国社区解体的名著Robert Putnam, *Bowling Alone: The Collapse and Revival of American Community*, New York: Simon & Schuster, 2000。

从早期芝加哥学派借用生物生态学将社区视为一个竞争各种资源的地方，到布林特借用布迪厄的理论将社区视为一个生生灭灭的群体，美国社区研究呈现了一个片面技术化的过程。在一个重视个人创新、轻视学术传统的氛围里，人们关注的不是"社区"的本体论根源和认识论假设，甚至不是方法论反思，而是更准确的测量术，与欧洲重视思想谱系、政治前提、道德评判的做法大相径庭。这种脱离思想史的"唯方法主义"让每一种测量技巧都可以生成一个新的社区理论，以至于美国社会学界的"社区"定义在1955年就已经多达94个，鱼龙混杂。[1]这种风气让每一个学者都有权宣布自己是理论家，却不必为理论的品质负责。

美国的社区研究有着较强的自由主义假设，也同样面临"自由主义危机"。[2]这种研究以割裂传统来造就现代，以割断思想史来营造自己的原创性。布林特总结的社区研究六个变量无一不是先假设了制度、文化、社会的天然分割，虽然那些分割明明是欧洲行会、报业、酒肆等公共领域在历史上逐个涌现后的结果，是贵族、布尔乔亚、商人、学徒等阶级分化的产物。[3]这些研究假设了一个个超越文化的"人"，以及众多启蒙思想家赋予这个抽象个人的结社能力。这种假定存在文化之外的个体的做法，犹如假定世界之外存在造物主一样，是希腊—基督教文明的"人性的西方幻象"。[4]

---

[1] George Hillery, Definitions of Community: Areas of Agreement, *Rural Sociology*, Vol. 20, 1955, pp. 111-123.
[2] 卡尔·休斯克：《世纪末的维也纳》，李锋译，南京：江苏人民出版社，2007年。
[3] 哈贝马斯：《公共领域的结构转型》，曹卫东等译，上海：学林出版社，1999年。
[4] 萨林斯：《人性的西方幻象》，赵丙祥等译，北京：生活·读书·新知三联书店，2019年。

它假设了一个上帝不在场的人群集结方式，将它交给抽象的"能动性"。[1]布林特提出的新变量，无非是将这个普遍的、接近兽性的人性放在具体的"场域"（field）里形成"惯习"（habitus）而已。虽然这个抽象的"人"更具有能动性，但他仍然是一个能动的利己主义者。这种将社区视为个人为自己的利益频繁互动、建立网络、囤积资本的场域的看法，看似纠正了先前社区研究的"市侩风气"（babbitry），但读起来似乎更加市侩。

"社区"这样一个价值多样、内涵悬殊的概念，在运用到欧美之外的"区域国别"世界时，却被视为一个存在的事实。仅就印度来说，像鲁登、马福特、麦因思、古帕这样在各自学科影响巨大的学者，都将社区视为一个小范围、面对面的社会连带形式，并没有讨论社区在欧美学界的争议。[2]印度人类学在1955年出了三本关于"村落社区"的著作：马里奥特的《村落印度：小社区研究》，[3]斯里尼瓦（M. N. Srinivas）的《印度的村落》（India's Villages），杜比（S. C. Dube）的《印度村落》（Indian Village）。这些研究都发现村落社区是更大实体的一部分，并非自足的理想国。但是，仅仅将社区视为更大社会的一部分，并可以通过统计方法逐级向上地推出整

---

[1] 查尔斯·泰勒：《世俗时代》，张容南等译，上海：上海三联书店，2016年。

[2] David Ludden ed., *Contesting the Nation: Religion, Community, and the Politics of Democracy in India*, Pennsylvania: University of Pennsylvania Press, 1996; Michael Moffatt, *An Untouchable Community in South India: Structure and Consensus*, Princeton: Princeton University Press, 2015; Mattison Mines, *Public Faces, Private Lives: Community and Individuality in South India*, Berkeley: University of California Press, 1994; Charu Gupta, *Sexuality, Obscenity, Community: Women, Muslims, and the Hindu Public in Colonial India*, Hyderabad: Orient Blackswan, 2005.

[3] McKim Marriott ed., *Village India: Studies in the Little Community*, Chicago: University of Chicago Press, 1955.

个印度社会，是一种还原论的认识论。① 真正的洞识在于从实际的生活中透视整个文明本身，而不是通过社区调查的积累逐级向上。印度人类学研究的集大成者路易·杜蒙（Louis Dumont）早就意识到了这一点，指出社区并非一个与社会相对的单位，而是一个可以让我们透视整个南亚次大陆普遍性的环境。印度的村落社区让我们看到：必须将支配情境视为真实存在的东西，认可武力和征服等不稳定因素。继而看到，村落并非独立于地区政治环境之外……我们固然要认识到，"村落社区"来自西方观点且无法适用于整个印度，因为阶序和支配在印度无所不在，而且并不像先前假设的那样与土地有密切的关系。但是，我们也要看到社区团结（例如贾特种姓）、村落外婚（北部）和卓拉王朝时期的泰米尔村落会议等，都代表了相当程度的地区性发展。②

杜蒙并没有说印度不存在地方组织形式，而是说这个形式不能被视为"社区"，因为社区在欧洲指基于平等主义的自治共同体，并不存在于印度。印度聚落社会既不平等更不自治，而是明显地受制于地区政治，明显通过头人实施支配。与欧洲"社区"的悬殊差异还在于，这些支配并不是通过控制土地来实现的。用"社区"描述印度聚落社会，很容易陷入平等主义的怀旧想象，而忽视印度社会无处不在的阶序和支配。杜蒙在马杜赖（Madurai）的卡拉尔（Kallar）种姓村落中做了长达两年的田野工作，其深度与简短的"社区调查"不可同日而语，是在持续的文化冲击中完成的，

---

① 梁永佳：《本土人类学与多重普遍性：重新思考"利奇—费孝通之辩"》，《民俗研究》2022年第6期。

② Louis Dumont, *Homo Hierarchicus: The Caste System and Its Implications*, Chicago: University of Chicago Press, 1980, p. 160.

能让人体会到印欧两大文明全方位的反差。正如贝蒂利评价的那样，"村落不只是一个人们居住的地方，它反映了印度文化的基本价值"。①

总之，作为一个分析概念，"社区"研究影响力不大、定义五花八门，在德、法、英、美均有不同的面向，且预设了平等主义价值观。在运用于印度研究的时候，这个概念并未得到应有的反思。那么，我们的区域国别学是否应该考虑采用其他的概念？

与"族群"不同，中国古代描述地域单位的概念非常丰富，并没有哪个词类似"社区"。我们常用的村、庄、市、镇、郭、乡、城、国等概念其实都可以替代"社区"。何况，不同方言中使用的单位更加复杂。我在鄂西看到当地人用的是"院""队""组""沟"；我在大理看到的是"村""登""溪""洲""街""市（场）"；在东北是"屯""村"。在马来西亚，人们用"甘榜"（kampung）、"巴刹"（bazaar）、"班达"（bandar）、"尼加拉"（negara）形容身边的单位。印度会根据税务官辖区划分基层行政单位。那么，到底哪个是"社区"？如果没有"社区/社会""机械团结/有机团结""公共领域结构转型"这样解释欧洲现代性背景，单纯把"社区"挪到欧美之外的"区域与国别"是否适当？为什么测量技术的精密可以掩盖分析概念的粗糙？总之，遍及世界且无限复杂的本土地域分类无法用"社区"一概而论。

真正的问题不是在哪种规模的单位里做研究，而是如何做研究。地域固然重要，但人与土地的关系有很多可能，不一定只存在

---

① Andre Beteille, The Indian Village: Past and Present, E. J. Hobsbawm et al eds., *Peasants in History: Essays in Honour of Daniel Thorner*, Oxford: Oxford University Press, 1980, p. 108.

社区所隐含的那种人与土地的占有关系。土地或许不是被人"占有"的。正是因为对社区研究的高度怀疑,格尔兹才说了那句著名的话,"人类学家不研究乡村……他们在乡村里做研究"。[①]我们很少注意到,这段引文中经常被省略号省略的原文同样包含着省略号。格尔兹的完整表述是"人类学家不研究乡村(部落、集镇、邻里……);他们在乡村里做研究"。这个无法穷举的研究单位显然表达了这样的意思:纠缠研究单位的规模意义不大。以平等主义为特征的"社区"概念,或许在欧洲和美国的社会史研究中十分重要,也因此成为一个有脉络的研究领域,但把它套用到欧美之外的区域国别研究中,有可能抹杀非西方社会的丰富性。区域国别学固然要考察其他社会的各级单位,但要以当地人的划分为依据。那些划分不仅是行政上的,更是观念上的,无法用统计数字表达。我们或许并不需要"社区"去透视我们的区域与国别,因为它难以让我们透视非西方世界,它只是欧美学界的一个"过气"而无趣的学术概念。

四、自成一类的"文化"

"文化"这个概念要比族群和社区复杂和成熟,是人文社会科学普遍使用的概念,更是社会文化人类学的核心概念。词源上,culture 来自拉丁文"cultura",指耕作土地,即英文的cultivate。文化泛指一种生长的媒介,生物学到今天仍然把适合细菌增长的培养

[①] 格尔兹:《文化的解释》,纳日碧力戈等译,上海:上海人民出版社,1999年,第25页。

基称为"文化"。文化长期有生长的含义,在欧洲隐喻那些帮助人成长的媒介,如文学、艺术、哲学等,又在社会科学兴起之后用来指代不同类型的文化媒介。最早定义"文化"的人类学家爱德华·泰勒(Edward Tylor)将之视为"一个复合体,包括知识、信仰、艺术、道德、法律、习俗,以及作为社会成员中的人所习得的一切能力和习惯"。① 泰勒在单数意义上使用"文化",认为世界上有很多没有文化或文明的人,难以教化,这与我们今天熟悉的文化含义大相径庭。把这个定义当成人类学的开始实在有些错位,因为人类学家很少这样使用文化。②

真正让文化具备复数意义的是美国人类学之父博厄斯(Franz Boas)。他继承了赫德尔的浪漫主义传统,认为文化是内部均一、外部差异的人的才智。他笔下的"文化"很像"种族""族群",并发展成为著名的"文化相对论"。③ 萨丕尔(Edward Sapir)、本尼迪克特(Ruth Benedict)一脉继承了博厄斯的整体论,认为文化之间没有高低之分,是个体人格发展的环境。不同的人群可以划分为不同的"文化模式",每一种文化代表一种独特的人格心理特征,是放大的个体心理。④ 路威(Robert Lowie)、威斯勒(Clark Wissler)则继承了博厄斯的历史特殊主义,将文化视为可以"混搭"组合的各种"丛结"(complex)。而克鲁伯(A. L. Kroeber)的"超有机体"(superorganic)则更负盛名。他认为文化的规律无法从个体

---

① 泰勒:《原始文化》,连树声译,上海:上海文艺出版社,1992年,第1页。
② George Stocking, *Race, Culture, and Evolution: Essays in the History of Anthropology*, New York: Free Press, 1968.
③ George Stocking, *Race, Culture, and Evolution: Essays in the History of Anthropology*.
④ 本尼迪克特:《文化模式》,王炜等译,北京:社会科学文献出版社,2009年。

（有机体）身上推出，也不应该还原成心理、生物等其他因素，而是"自成一类"的现象。[1]这正是一个学科的关键洞识。只有识别出"自成一类"的现象，才能让一个学科有发展认识论和方法论的余地。

在英国和德国，"文化"经常被还原成其他领域，一直没有被定义成"自成一类"的现象。在演化论（evolutionism）和播化论（diffusionism）的争论中，"文化"要么被视为古代风俗的"遗存"，要么被视为远方技术的"传播"。埃文斯-普里查德（E. E. Evans-Pritchard）认为演化论和播化论只是闹家务，其共同缺陷在于忽视文化的现实功能。但他认为文化无非就是历史本身，[2]这一点类似将文化还原成"心理情结"的马林诺夫斯基（Bronislaw Malinowski）。[3]拉德克里夫-布朗（Alfred Radcliffe-Brown）甚至不屑还原，认为文化没有学术价值，只有"社会结构"才是值得研究的。[4]"二战"前后似乎是一个从相信"文化"到相信"权力"的时刻，布朗的"社会结构"和随之产生的"社会网络"同样排挤掉了"社区"概念。反倒是关心"社会"的法国学者确立了文化的"自成一类"属性。列维-斯特劳斯（Claude Lévi-Strauss）在70年的学术生涯中一直坚持"文化"与"自然"的二分，认为这是人的本质。文化有着自己的深层语法，不是先天能力，也不能由"饮食

---

[1] A. L. Kroeber, The Superorganic, *American Anthropologist*, Vol. 19, 1917, pp. 163-213.
[2] 埃文斯-普里查德：《论社会人类学》，冷凤彩译，北京：世界图书出版公司，2017年。
[3] 马林诺夫斯基：《科学的文化理论》，黄剑波等译，北京：中央民族大学出版社，1999年。
[4] A. Radcliffe-Brown, On Social Structure, *Structure and Function in Primitive Society*, London: Cohen and West, 1952[1940].

男女"等所谓本能推出来,却是人类须臾不能离开的事物。例如,乱伦禁忌让人极度反感,但人们却无法推出乱伦禁忌的自然起源,不同社会的禁忌部分也不尽相同。列维-斯特劳斯的结论是,乱伦禁忌说明了,人要么把女儿送给敌人,要么被敌人杀掉,"互往"（reciprocity）是缔结和平的唯一办法。① 这样的知识通常表达为神话,其深层结构表达了将人区别于自然的逻辑,这也是文化的开始。

最明确将文化视为"自成一类"现象的人类学家非萨林斯（Marshall Sahlins）莫属。他的一生可以说都是在跟形形色色地将"文化"还原成其他事物的主张论战。在与"理性人"假说的争论中,萨林斯指出经济学对于原始人的稀缺假设,正好与实际的原始人相反。理性人假设了先在于文化的非生物属性,无法解释"原始丰裕社会"。② 在与"社会生物学"的论战中,萨林斯指出人类所受的生物限制是真实的,但这些生物并不能产生文化,文化遵循着自己的逻辑。③ 在与"实践理论"的论战中,萨林斯指出不存在脱离文化的物质实践,马克思的生产关系与生产力的论述不能被偷换成唯经济主义。④ 在与"人性论"的论战中,萨林斯指出启蒙以来的种种看似普遍的政治制度建构,无非是遏制"性恶论"的手段。但只有西方人才把人性当作近乎兽性的卑鄙本性,其他民族都将人

---

① Claude Lévi-Strauss, *The Elementary Structures of Kinship*, James Bell et al. trans, Boston: Beacon Press, 1971.
② Marshall Sahlins, *The Original Affluent Society, Stone Age Economics*, Chicago: University of Chicago Press, 1972.
③ Marshall Sahlins, *Use and Abuse of Biology*, London: Tavistock Publications, 1977.
④ 萨林斯:《文化与实践理性》,赵丙祥译,上海:上海人民出版社,2003年。

视为神的产物。如果有人性，那么它并不是启蒙思想家的建构，而应该是文化本身。① 在所有的论战中，萨林斯都坚持人的文化属性，认为没有脱离文化的抽象原则。对于他来说，文化的实质就是象征，人是意义的动物，人类学就是研究这一人类特性的学科。

将人视为"意义动物"的人类学家不止萨林斯。与他同代的人类学名宿格尔兹也提出了一个著名的文化概念："我所采纳的文化概念本质上属于符号学的文化概念……我与马克斯·韦伯一样，认为人是悬挂在由他们自己编织的意义之网上的动物，我把文化看作这些网，因而认为文化的分析不是一种探索规律的实验科学，而是一种探索意义的阐释性科学。"② 这种看法看似与其师帕森斯做了一个分工（你研究行动我研究文化），实际上却隐含着对社会行动理论的否定，即文化之外不存在抽象的"合理化"和"行动"。但是，格尔兹的看法经常被误解，以至于今天的社会科学分工里，人类学一直被理解为一个研究"文化"的学科，有别于研究政治、经济、法律等"硬"范畴的"实学"。在人类学领域，后殖民主义和后结构主义的风潮也将格尔兹提出的文化问题偷换成文化批评问题、文本权威问题、对象化问题、建构问题、支配问题，并通过解构文化的稳定性否定文化本身，甚至认为文化无非是殖民者为了支配当地人而发明出来的概念。③ 解构主义的问题在于搁置前人的问题意识，把文化还原为权力和支配，否认文化"自成一类"的属性。这些看似有道理的论述，其实无力解释某些人类共性的问题，例如语言、

---

① 萨林斯：《人性的西方幻象》。
② 格尔兹：《文化的解释》，第5页。
③ 乔治·马尔库斯、迈克尔·费舍尔：《作为文化批评的人类学》，王铭铭、蓝达居译，北京：生活·读书·新知三联书店，1998年。

亲属关系等普遍的制度体系显然无法还原成支配问题，或者某种"话语"，更不可能还原成大而无当的殖民问题。[①] 在微观世界里，权力的意义不大。例如，语言是我们须臾不可离开的符号体系，它显然是一个无法还原成权力的体系。

就中国来说，将culture翻译成"文化"，大概是从日语开始的。后来，中文学界将"文化"推到了《易经·贲卦》的"观人文以化成天下"，突出以文字改变人的过程。这与埃利亚斯所说从宫廷到民间的"文明的进程"有着相似的含义。[②] 自清末以来，"文化"一词展现了巨大的威力。从梁启超计划撰写《中国文化史》开始，以同名或类似名称撰写的专著作者包括林传甲、顾康伯、柳诒徵、杨东莼、钱穆等名家。80年代的"文化热"，更是将这个概念推到了学术研究的显著地位。但是，"文化"在中文语境中，仍然只是对culture的翻译，它在中国思想史上没有地位可言。今天的"文化"多指文学、艺术、绘画、工艺等高雅文化，连植根民间的"文化遗产"也有意无意地比照这些标准。文化隐含着教育（如"学文化"），以至于在中国的高等学府里，仍有大批学者笃信通过个体教育可以让一部分人先"懂"起来，再通过修习身心而教化大众。这种浓厚的精英主义情怀，说明了"文化"并非一个中国的固有概念，或者仅仅是"教化"的代名词。

在当代中外语境中，"文化"越来越像"遗产"或者"文化遗产"。以我与合作者对印尼日惹苏丹的研究为例。[③] 当代日惹苏丹以

---

① 梁永佳：《直面认识论难题的主体民族志》，《西北民族研究》2022年第5期。
② 蔡红生：《文化概念的考证与辨析》，《新疆师范大学学报》2009年第1期。
③ 梁永佳、林钰琼：《王权与国族：印尼日惹苏丹的宇宙统治》，《西北民族研究》2023年第5期。

"爪哇文化"的守护者闻名于世。在几乎所有的关键历史时刻,苏丹都要借助爪哇文化传统突出自己的合法性。苏丹哈孟九世在政治生涯中多次依赖古老的爪哇秘仪做出政治判断。例如,他说自己在与荷兰日惹总督谈判时败北,是因为他遵循古老的日惹传统,听从了已故父王在他耳边的建议,知道荷兰的统治年月不长。他还解释说,自己辞去印尼国防部长的职位是因为看到了父王的身影。哈孟九世的继承人哈孟十世更重视宣扬自己与爪哇文化的关系。每年,他都会主持著名的拉布罕仪式,为山与海带来平衡。文化在这里成为一个区别于现代性的另类合法性存在。这种将自己对应于"爪哇文化"的做法,将文化地域化、主权化,很值得区域国别学的学者加以研究。

对于"文化"这个重要的概念,即使在人类学范围内的考察也是挂一漏万的,本文至少没有涉及法兰克福学派的文化社会学和英国的文化研究。但不难看到,"文化"远比"族群""社区"成熟和有效,可能是欧美社会科学界最具普遍意义的学术概念之一,因为它既广泛又自成一类。这个概念相当准确地概括了人的非生物属性。中文虽然没有近似"文化"的概念,但有描述人文世界的各种说法。例如,孔子的"仁"就是一个描述人与人之间关系的概念,它本身有着一定的规范性,也说明了中国的知识传统并不推崇超然的价值中立,而是将世界视为一个规范的对象。潘光旦就曾经把"仁"视为一个重要的理论概念。[1] 此外,荀子的"群"和王羲之的"人之相与"也道出了某种共享的、实践性的生活世界,对于我们

---

[1] 潘光旦:《民主政治与先秦思想》,见《潘光旦文集》第5卷,北京:北京大学出版社,1997年。

理解中国之外的世界同样有较大的潜力。其中，王阳明的"知行合一"学说可能有着更大的潜力。与古希腊纯然思辨的传统相比，世界各地的知识体系更以行动为取向。遍及社会科学的行动、实践、能动性等问题，其实是修补古希腊哲学中强大的"知行二分"的缺陷的。引入"知行合一"学说，可能更贴切地解读世界。例如，很多社会并没有成文法典的说法，但大家都懂得何为生活的规范。这正是一个知行合一的例子。总之，在多数的人文世界里，知识并没有作为一个部门独立于生活。我们有可能开发出一套不同于"文化"的概念体系。

五、结　语

在区域国别学的建设中，方法论和认识论是最重要的问题。没有这个层面的探讨就无法识别"自成一类"的现象，就会在浩如烟海的涉外数据中感叹研究工具捉襟见肘。这可能是一个正在形成的学科必然要经历的过程。本文突出中国视角对于区域国别学建设的重要性，认为现有社会科学理论中的概念和方法，实际上受到其文明总体的价值观的影响，有难以逾越的预设。这些概念和方法只能捕捉到非西方世界的某些片段。引入包括中国在内的其他文明认识域视角，有可能看到某些隐而不彰的社会过程。

我提出"以中释外"的理念，主张将区域国别学的建设与社会科学自主知识体系建构联系在一起。这样做，并不是排斥我们与西方世界的共性，而是强调我们有可能用不同的视角与现有的认识域形成互补。既然社会科学的本质是提供跨时空解释，那么中国思想与希腊罗马认识域一样，完全可以成为全球理论。"以中释外"虽然强调中国视角,但不致力于取代西方世界观,而是增加解读经验世界的理论浓度,通过优质的对话探索社会科学知识的其他生成路径。这种方法旨在让中国人对自己的文化和世界观有更多的自觉,认识到古代思想不仅是中国文明的一部分,也是人类普遍知识的重要组成部分。因此,"以中释外"不同于主流的"后殖民研究"那种"老家例外论",而是尝试用中国视角超越学术界的中西二分,为区域国别研究提供一种更具文化自觉的方法。

苏珊·桑塔格说人类学是"我们时代关于人类经验的最严肃思考"。[①] 在这场思考中,人类学家总是能发现自己的研究对象会最终"消失"。这或许正是人类学的妙处:在具体的生活中,我们其实看不到政治、经济、法律、文化、宗教、族群等耳熟能详的社会科学分类。生活里充满了"土话",但极其复杂,对遥远地方的研究会让学者轻易体会到自己的渺小和无知。那些看似普遍的社会科学概念,都只是某种认识论推导出来的对现实的想象,再精致也不是现实本身,现实必然是"土"的,它们是"抬钱"、"摆"、"法"(dharma)、"豪"(hau)、"习惯"(adat)。这些范畴能被当地人体会到,人们的行动也只能是在这些具体范畴构成的文化图式中展开的,用"分层""竞争""合作""规范""博弈""选择""支配"等概念理解遥远的生活,只是一个可行的途径,是西方文明中的学者看待非西方世界的方式,也是他们的"区域国别学"。我们也要认识"抬钱""摆"和"豪",但要尝试用中国的概念和思想"翻译"这些远方的知识。

这就是"族群""社区""文化"并不堪用的原因。"族群"是

---

① Susan Songtag, *Against Interpretation*, New York: Farrar, Straus & Giroux, 1966, p. 69.

一个低度抽象的概念，世界很多地方用不上这个概念，甚至有意拒绝使用这个概念，那么，我们捧着这个在欧洲历史上造出来的概念到世界各地找族群的意义何在？还不如尝试用一下"名分"这样的中国本土概念，看看能不能看到另外的世界。"社区"更是如此，它在德、法、英、美各国学术传统中都有十分不同的含义，而且早已"过气"。何况，它所假设的自然社会、平权社会、有机社会根本就不曾在非西方社会中存在。滥用这一概念必然导致我们无法理解地方生活。我的建议很简单，使用中国历史上的地域单位释译远方的地域单位，放弃这个质量不高的概念。"文化"则不同，它对人的非生物属性的综合，仍然无法被其他概念取代。但我们可以尝试用"仁""群""知行"等概念与文化形成有效的讨论。

总之，绵延数千年的中国学术传承是一笔宝贵的财富，可以滋养正在形成的区域国别学，这正是"中国视角"的含义所在。我们的"区域国别学"固然要熟悉欧美社会科学的步调，但不能邯郸学步；固然要懂得他们的忧虑，但不能东施效颦。我们的区域国别学应该探索"中国看世界"的见识。它不谋求取代欧美的区域研究，而是就具体的经验研究议题展开深入的对话，提供能以理服人的、不必自说自话的理论陈述。只有这样才能超越中国特殊论，在多重普遍的世界中展望一个包容性的人类命运共同体。

[原载《清华大学学报》（哲学社会科学版）2024年第3期］

区域国别研究：从服务国家战略需求到建构自主知识体系

谢 韬

作为一门新兴学科，区域国别学从前期酝酿到正式设立，受重视程度之高、受关注范围之广、发展势头之迅猛、各方讨论之热烈，实属新中国成立以来之罕见。正因如此，"区域国别学的跨学科建构"入选了由《光明日报》理论部与《学术月刊》编辑部、中国人民大学书报资料中心联合主办的"2022年度中国十大学术热点"，区域国别研究机构在国内遍地开花，区域国别学一跃成为我国社会科学领域的"显学"。[①]

毫无疑问，服务国家战略需求无疑是当下区域国别研究席卷全国的原动力。建设"一带一路"，构建人类命运共同体，深度参与全球治理，落实全球安全、全球发展和全球文明倡议，需要大批国别通、领域通、区域通人才。与此同时，在服务国家战略需求之外，区域国别研究作为一门具有鲜明中国特色的新兴学科，还必须主动承担起推动建构中国自主知识体系的时代重任，因为社会主义现代化强国不仅是工业、农业、科技、国防、国家治理能力和治理体系的现代化，更是中国自主知识体系的现代化。

---

① 光明日报：《2022年度中国十大学术热点》，2022年12月30日，https://m.gmw.cn/baijia/2022-12/30/36267838.html，2023年11月14日。

然而，建构中国自主的区域国别学知识体系还面临诸多挑战，包括理论与方法的创新、田野调查的复杂性、学术研究与政策咨询的平衡、学生和师资的国际化、学科的制度化等。相较而言，西方（尤其是美国）的区域国别研究起步早、成果多、影响大，我们可"取其精华，去其糟粕"，总结其经验和教训，以尽快产出一批具有创新性和国际影响力的区域国别研究成果，培养一批具有中国情怀和全球视野的区域国别研究人才，以更好地服务国家战略需求和推动建构中国自主的区域国别学知识体系。

一、服务国家战略需求的区域国别研究

无论西方还是中国，服务国家战略需求都是区域国别研究繁荣发展的原动力。现代意义上的区域国别研究首先在欧洲兴起，这与欧洲的海外殖民扩张密不可分。为服务殖民统治，欧洲人对殖民地的地理环境、政治经济、语言文化、民族宗教等方面开展了广泛和深入的研究，涉及地理学、政治学、经济学、语言学、宗教学、社会学、人类学、历史学等学科。他们的研究成果既包括正式的学术出版物（如专著和论文），也包括传教士、商人、游客、记者有关殖民地的日记、游记、书信、新闻报道等。此外，殖民政府提交的有关殖民地的各种公开和内部的报告对区域国别研究也具有重要价值。以英国为例，自1837年起，殖民事务部（Colonial Office）要求各殖民地总督每年提交一份称为"蓝皮书"（Blue Book）的报告，展示殖民地过去、现在的基本状况及其发展前景，同时包含当地重要的统计数据和政府部门等相关信息。蓝皮书的内容包罗万象，包括当地税收、公共设施、公务员和军队人员等基本情况，甚

至还包含当地植物的绘画。[1]

尤其值得一提的是，殖民官员在区域国别研究中扮演了重要而特殊的角色。一方面，他们在殖民地长期居住，往往精通当地语言，并与当地精英建立了密切的社会关系（有的甚至通婚），在区域国别研究上具有天然的外语和田野调查优势。另一方面，他们有固定薪水，但没有"发表"的压力，因此有较为充裕的时间观察、思考和写作。虽然这些殖民官员—学者的首要任务是服务本国的殖民政策，但他们的研究成果对欧洲的区域国别研究（尤其是非洲和中东研究）做出了重要贡献。[2] 以乔治·格雷（George Grey）为例，他曾先后担任南澳大利亚总督、新西兰总督（两度担任）、非洲开普敦殖民地总督，撰写了大量关于澳大利亚土著居民的报告。[3] 此外，他还利用总督这一职位给他带来的便利，收集了各殖民地的大

---

[1] Sally Hoult, Blue books, July 16, 2013, U. K. National Archives, https://blog.nationalarchives.gov.uk/blue-books/#note-9336-1; Sarah Preston, Colonial Blue Books: a Major Resource in the Royal Commonwealth Society Library, Cambridge University Library, https://www.lib.cam. ac. uk/collections/departments/royal-commonwealth-society/projects-exhibitions/colonial-blue-books-major，2023年11月22日。

[2] 对殖民官员—学者的讨论，参阅Vicente L. Rafael, The Cultures of Area Studies in the United States, *Social Text*, 1994, Vol. 41, pp. 91-111。殖民官员—学者的代表性著述，参阅John Mackenzie, *Ten Years North of the Orange River: A Story of Everyday Life and Work among the South African Tribes from 1859-1869*, London: Cass, 1971 (1871); Winston S. Churchill, *My African Journey*, New York: Norton, 1990 (1908); John Buchan, *The African Colony: Studies in The Reconstruction*, Whitefish, Montana: Kessinger Publishing, 2008 (1903); William MacGregor, *Colony of Lagos*, Whitefish, Montana: Kessinger Publishing, 2010 (1902)。

[3] George Grey, *Journals of Two Expeditions of Discovery in North-west and Western Australia During the Years 1837, 1838, and 1839*, Cambridge: Cambridge University Press, 2012 (1840); *Polynesian Mythology and Ancient Traditional History of the New Zealand Race as Furnished by Their Priests and Chiefs*, Boston, MA: Adamant Media Corporation, 2005 (1855).

量藏品，为开普敦南非国家图书馆和博物馆的建立奠定了基础，推动了非洲语言学和民族学的发展。[1]另一个殖民官员—学者的典型例子是诺斯科特·托马斯（Northcote W. Thomas），他是首位被英国殖民事务部任命的政府人类学家，在西非国家（今天的尼日利亚和塞拉利昂）进行了持久和深入的田野调查工作。他在文化人类学、植物学、音乐和语言学领域都颇有建树，为欧洲关于伊博语（Igbo）和埃多语（Edo）部族的研究做出了卓越贡献。[2]

区域国别研究在美国的崛起同样源于国家战略需求。[3]在第二次世界大战之前，区域国别研究在美国绝对属于"冷门绝学"，其关注对象主要是美国人最熟悉的欧洲国家。有统计显示，直到1940年，全美大学只有不到60篇博士论文以非西方国家为研究对象，并且往往聚焦这些国家的古代历史。[4]随着第二次世界大战爆

---

[1] Alan Lester, Settler Colonialism, George Grey and the Politics of Ethnography, *Environment and Planning D: Society and Space*, 2016, Vol. 34, No. 3, pp. 492-507.

[2] Northcote W. Thomas, Anthropological Report on the Edo-speaking Peoples of Nigeria, Part 1: Law and Custom, London: Harrison and Sons, 1910; Anthropological Report on the Ibo-speaking Peoples of Nigeria, Part 1. Law and Custom of the Ibo of the Awka Neighbourhood, S. Nigeria, London: Harrison and Sons, 1913. 对托马斯生平和著述的评估，参阅R. M. Blench, The Work of N. W. Thomas as Government Anthropologist in Nigeria, *The Nigerian Field*, 1995, 60, pp. 20-28; Paul Basu, N. W. Thomas and Colonial Anthropology in British West Africa: Reappraising a Cautionary Tale, *Journal of the Royal Anthropological Institute*, 2016, Vol. 22, No. 1, pp. 84-107。

[3] 参阅牛可：《美国地区研究创生期的思想史》，《国际政治研究》2016年第6期；张扬：《我们需要什么样的区域国别研究——基于美国实践的省思》，《史学理论研究》2022年第2期。

[4] Thomas Bender, International Studies in the United States: The Twentieth Century, International Rectors Conference, New York University, February 22, 1997, quoted from David Szanton, Introduction, The Origin, Nature, and Challenges of Area Studies in the United States, *The Politics of Knowledge: Area Studies and the Disciplines*, David Szanton ed., Berkeley, CA: University of California Press, 2004, p. 31.

发，出于了解敌人和收集情报的迫切需要，美国军方开始大力资助区域国别研究，这些成果中就包括后来成为人类学和日本研究经典之作的《菊与刀》。[①]"二战"结束后，随着美国崛起为超级大国以及冷战的爆发，美国政府对世界各国和地区的知识需求急剧增加，美国的区域国别研究也由此进入了黄金时期。

可以认为，美国区域国别研究的繁荣主要得益于联邦政府、私人基金会和大学三方协同开展的"有组织科研"。联邦政府对区域国别研究的资助可以追溯到1946年设立的富布莱特项目，该项目旨在推动美国高等教育的国际化，它不仅资助外国大学的师生到美国学习和交流，也资助美国大学的师生到海外进行外语学习、田野调查、博士和博士后研究、学术交流。富布莱特项目从一开始就大受美国大学师生欢迎，为此国会于1961年又设立了富布莱特—海斯项目（Fulbright-Hays Program），重点资助美国大学师生到非西方国家进行语言学习和区域国别研究。各类富布莱特项目每年资助2000多名美国学生和1000名左右美国学者，从设立至今，各类富布莱特项目已资助了40多万人（包括外国师生）。[②]

美国联邦政府资助区域国别研究的另一重大举措则是1958年颁布的《国防教育法》（"National Defense Education Act"）。在美苏全面竞争的背景下，苏联于1957年10月成功发射了世界上第一颗人造卫星，在美国引起了恐慌。为保证美国在教育和科技领域的竞争优势，联邦政府迅速通过了《国防教育法》，规定在七年内拨款10亿美元，

[①] Ruth Benedict, *The Chrysanthemum and the Sword: Patterns of Japanese Culture*, New York: Mariner Book, 2006 (1946).

[②] Fulbright U. S. Student Program, Top Producing Institutions, 2020-2021, https://us.fulbrightonline.org/top-producing-institutions，2023年11月25日。

用于加强自然科学、数学和外语等学科的基础教育。该法案第六款明确规定在大学设立和资助"外语和区域研究中心"（Language and Area Center），这些中心在教授外语的同时，"还需要开展历史学、政治学、语言学、经济学、社会学、地理学和人类学等领域的教学，以便美国能够对使用这些语言的区域、地区或国家有全面的了解"。[1]

然而，以福特基金会为代表的私人基金会的持续和大力资助是美国区域国别研究迅速崛起的关键因素。福特基金会率先大规模资助区域国别人才培养和学术研究。通过1950年设立的外国区域研究项目（Foreign Area Fellowship Program），福特基金会在1951年至1971年间资助了大约2050名美国博士生在世界各地进行人文和社会科学领域的学习和研究。该基金会在1972年把外国区域研究项目移交给了由社会科学研究理事会（SSRC）和美国学术团体协会（American Council of Learned Societies）共同设立的11个区域研究委员会（Area Studies Committees），分别对应斯拉夫、拉美、近东和中东、当代中国、非洲、日本、朝鲜、东欧、南亚、西欧、东南亚等地区与国家。在接下来的30年里，这两个机构主要依靠福特基金会的资助，又发放了约3000个区域国别博士论文奖学金，并与其他基金会合作资助了2800个区域国别博士后研究。与此同时，福特基金会还给大约15所美国重点大学提供了1.2亿美元，以资助后者建立跨学科的区域国别研究中心。在1951—1966年间，福特基金会对区域国别研究的资助超过了2.7亿美元。[2] 毫不

---

[1] National Defense Education Act of 1958, Public Law 86-864, p. 1591.
[2] David Szanton, Introduction, The Origin, Nature, and Challenges of Area Studies in the United States, *The Politics of Knowledge: Area Studies and the Disciplines*, David Szanton ed., Berkeley, pp. 11, 31.

夸张地说，福特基金会是推动美国区域国别研究飞速发展最重要的力量。[1]

1949年以来，我国的区域国别研究经历了一个较为曲折的发展过程，大致可以划分为三个阶段，分别是1949年后至改革开放前的萌芽与起步阶段，改革开放后至20世纪末的探索与发展阶段，以及进入21世纪后，尤其是党的十八大以来至今的开拓与创新阶段。[2] 21世纪以来，我国综合实力持续、稳步增长，在国际事务中的影响力不断扩大，与世界的联系日益广泛和深入，海外利益及其面临的风险日趋增多，参与全球治理的意愿和能力逐渐提升。在此背景下，中国政府提出了一系列重大外交倡议，包括"一带一路"、中国特色大国外交、新型大国关系、人类命运共同体、全球发展倡议、全球安全倡议、全球文明倡议等，而要落实这些倡议、评估其效果，并让它们在全球"落地"，则需要针对各国和地区政治、经济、文化、历史、社会等方面开展广泛和深入研究。总之，随着中国成为全球大国，中国政府和社会各界对外部世界的知识需求急剧增加，从而催生了服务于这个知识需求的区域国别研究。

与美国的区域国别研究类似，新时代中国的区域国别研究从一开始也是服务国家战略需求的"有组织科研"。教育部国际交流与合作司在2011年11月启动了区域和国别研究培育基地项目，第二

---

[1] 有研究表明，福特基金会对区域国别研究的巨大投入并非因为其领导层的远见与慷慨，而是受到了中央情报局的幕后指挥。有学者宣称，1952年的官方数据显示，联邦政府对社会科学资助的96%源于军方。Hossein Khosrowjah, A Brief History of Area Studies and International Studies, *Arab Studies Quarterly*, 2011, Vol. 33, No. 3/4, pp. 131-142.

[2] 有关1949年以来国别与区域研究的阶段划分以及各个阶段的标志性研究机构，参阅任晓：《再论区域国别研究》，《世界经济与政治》2019年第1期。

年就批准了42个区域和国别研究培育基地。2017年2月，教育部办公厅发布了《关于做好2017年度国别和区域研究有关工作的通知》，通知指出："高等学校开展国别和区域研究工作，对于服务国家战略和外交大局，全面推进'一带一路'建设，具有十分重要的意义。"随通知印发的《国别和区域研究中心建设指引（试行）》明确指出："国别和区域研究中心要以咨政服务为首要宗旨……造就大批满足国家重大政策研究需求的'国别通''领域通''区域通'人才。"[①]

在政府的积极鼓励和大力支持下，区域国别研究迎来了第一个高峰期，各类研究机构和成果呈"井喷式"增长。截至2021年底，全国已有400多个培育基地和备案中心，它们分布在180多所高校，形成了集人才培养、学术研究、人文交流、咨政服务为一体的学术共同体。[②]目前全国从事区域国别研究的机构大约有600家。[③]与此同时，诸多学者和分析人士纷纷撰文，就区域国别研究的人才培养、研究方向、理论与方法、学科建设等话题各抒己见。截至笔者撰文时，在中国知网收录的学术期刊中，以"区域国别研究"为篇名进行搜索共获得256篇论文，其中第一篇发表在2002年。[④]随着区域国别研究机构的急剧增加，以及随之而来的有关区域国别学学科建设的热烈讨论，一门新的学科呼之欲出。2022年9月，国务院

[①] 教育部：《教育部办公厅关于做好2017年度国别和区域研究有关工作的通知》，2017年2月23日，http://www.moe.gov.cn/srcsite/A20/s7068/201703/t20170314_299521.html，2023年11月25日。

[②] 谢韬：《区域国别学：机遇与挑战》，《国际论坛》2022年第3期。

[③] 赵少峰：《从历史演进看区域国别学科建设》，《中国社会科学报》2023年1月19日。

[④] 中国知网，https://www.cnki.net/，2023年11月28日。

学位委员会印发了《研究生教育学科目录（2022年）》，明确将区域国别学纳入"交叉学科"门类的一级学科目录，这无疑是我国区域国别研究历史上的一个里程碑，也是中国学科设置的一大创举，给区域国别研究的飞速发展注入了强劲动力。

然而在为区域国别研究面临的重大机遇而庆祝时，我们还必须清醒地认识到，与欧美国家相比，我国的区域国别研究在人才培养、课程设置、理论和方法的创新、组织管理、国际影响力等方面，还存在较大差距。鉴于中国特色区域国别学的二元属性——既要及时有效地服务我国的战略需求，又要助力建构中国自主的知识体系，区域国别研究的进一步发展还面临诸多挑战，尤其是如何处理好咨政服务与学术研究的张力、高等教育国际化面临的障碍、理论创新的难度。在接下来的部分，笔者将结合欧美国家区域国别研究的经验和教训，就上述三个挑战进行较为深入的论述，以期为中国区域国别研究的发展提供借鉴与参考。

二、咨政服务与学术研究的张力

区域国别研究身兼两项重任，一是提供政策咨询，二是生产学术知识。然而政策研究与学术研究之间存在明显的张力，如果处理不好二者之间的关系，就可能造成顾此失彼。这个张力主要体现在三个方面，一是学术研究的公开性与政策研究的非公开性，二是学术的批判性与政策的权威性，三是学术研究的思辨性和政策研究的实用性。

首先，不管自然科学、社会科学还是人文学科，学术研究的一个基本原则就是公开透明，也就是研究者使用的资料、数据、方法，以及研究成果本身，都必须公之于众，以供其他研究者参考、核实、评估、批评和改进。借用著名统计学家和科学哲学家卡尔·皮尔森（Karl Pearson）的名言，学术研究的统一性不在于研究对象（因人因时因地而千变万化），而在于研究过程和研究成果的公开性。[1] 公开是学术创新的前提，因为只有公开才能让后人站在前人的肩膀上开拓创新。没有学术公开就没有文献综述，没有文献综述就不可能对前人的研究成果进行批判性吸收和改进。公开也是学术和社会影响力的前提，因为只有公开才能被别人引用和评价，进而产生影响力。

相比之下，无论国内还是国外，无论内政还是外交，由于公共政策涉及诸多群体的现实利益，并且参与决策的人可能利用内幕消息而获取不正当利益（甚至损害国家利益），因此政策研究（尤其在国内）往往具有较高的非公开性，相关人员的身份、研究过程以及政策建议一般不公开。如此一来，某个学者可能提交了很多政策建议，并且这些建议都已转化为中央和地方政策，但这些建议只有包括研究者本人在内的少数人知道，其他人无法参考、核实、评估、引用、改进，这对其参加需提交公开材料的职称评审、奖项申报、基金申请等都非常不利。诚然，为了鼓励学者积极服务国家战略需求，可以对科研评价和人事制度进行改革，将不能公开的政策报告通过某种方式折算为学术成果，但如果一名学者的主要研究成果是同行看不见（因此也无法评议）的政策报告，那么这名学者将无法得到学界和社会的认可。此外，在国内的政策研究体制下，即使政策报告可以公开，也不会有人就高层领导批示过的政策建议提

---

[1] Karl Pearson, *Grammar of Science*, New York: Cosimo Inc., 2007 (1892), p. 12.

出批评和改进意见。更重要的是，不能公开则意味着无法与国外相关学术研究进行比较，以评估其在多大程度上建构了中国自主的区域国别学知识体系，最终可能导致自言自语、故步自封的区域国别研究，而不是具有中国自主知识产权并且在国际上领先的区域国别研究。

其次，学术研究的另一个基本原则是批判性，即研究者在有理有据的基础上，要敢于对他人的研究成果进行批判，并且这种批判不限于学术问题，还包括现实问题和现行政策。换言之，学术的批判性要求研究者敢于挑战任何权威——"对权力说真话"（speak truth to power）。然而从决策者的角度来说，政策天生具有权威性，并且这种权威性不应该受到公开质疑（决策圈内部的辩论则是另一回事）。由于政治文化不同，西方国家向来推崇"言论自由"，因此学术的批判性与政策的权威性之间的张力尤其明显，并且由于区域国别研究往往涉及本国与研究对象区域和国家的关系，因此这种张力最为突出。以美国为例，虽然区域国别研究的兴起是为了服务美国的国家利益，但从事区域国别研究的美国学者经常公开批评自己政府对国家利益的界定，以及为保护这些利益而在他们所研究国家和地区采取的政策和行动。比如，越南战争引发了从事东南亚研究的美国学者的强烈反对，美国的拉美政策也招致了拉美研究学者的强烈不满，而从事苏联和中国研究的学者也公开批评美国对这两个所谓"敌对"国家的政策。[1] 随着区域国别研究在中国的崛起，中

---

[1] Victoria E. Bonnell and George W. Breslauer, Soviet and Post-Soviet Area Studies, *The Politics of Knowledge: Area Studies and the Disciplines*, David Szanton ed., Berkeley, CA: University of California Press, 2004, Chapter 5.

国学者也可能提出类似的批评，但如何处理这类批评与决策的关系无疑是一个挑战。

最后，政策研究是为了改变世界，强调实用性，而学术研究是为了认识世界，强调思辨性。政策研究的宗旨是发现和解决现实问题，因此其议程具有明显的被动性，也就是受现实问题驱动，包括突发事件（如新冠疫情）、某个时间段内民众高度关注的议题（如中美关系）、战略决策考虑（改善与某国的关系）等，研究者自主选题的空间很小，基本上都是"命题作文"。相比之下，学术研究的宗旨是探索和生产知识，因此其议程具有很大的主动性，也就是研究者往往根据个人或学术兴趣、研究能力以及所属学科的最新发展方向，自主选择研究问题，而这些研究问题（如吐火教在印度的兴衰）可能与现实世界或政策制定毫不相关，但有可能为真正理解印度的社会文化提供长远的、宝贵的参考。

这就引起了一个争议：学术到底应该追求学以致用，还是"躲进小楼成一统，管他冬夏与春秋"？西方（尤其是美国）主流学界推崇后者，反对以现实问题为导向，强调价值观中立的实证研究（也就是为学术而学术），但这也招致了一些具有现实关怀的学者的强烈不满，称其为"对无关紧要的崇拜"（cult of the irrelevant）。[1]而对于国内大多数学者来说，由于儒家文化以及政治体制的影响，他们往往把建言献策视为一种义不容辞的责任，因而积极从事相关研究。事实上，在服务国家战略需求这个指挥棒的引领下，大量从事区域国别研究的大学教师已经把工作重心从学术研究转移到政策

---

[1] Michael C. Desch, *Cult of the Irrelevant: The Waning Influence of Social Science on National Security*, Princeton: Princeton University Press, 2021.

研究上，这无疑进一步推动了近些年席卷全国的高校"智库热"。①

学术与现实之间并非天生的对立关系，而是在很大程度上相辅相成，因为学术成果（如哪些因素导致一些国家陷入"中等收入陷阱"）可以转化为政策建议，而政策问题（如怎样避免"中等收入陷阱"）也可以启发学术研究。因此，无论国外还是国内，经常有学者就自己的研究领域提出政策建议，有的甚至离开学界，在政府短期任职后再返回学界，这被称为学界的"旋转门"。

不管怎样，既然区域国别研究已经成为一个一级学科，那么高校就自然而然成为推动该学科发展的最重要力量。但高校毕竟不是智库，前者的首要任务是人才培养和学术研究，并且高质量的学术研究是建构中国自主的区域国别学知识体系的前提。因此，区域国别研究在鼓励咨政服务的同时，也应该鼓励研究者自由选题，就自己感兴趣的话题或前沿性话题开展系统和深入研究，最终实现政策研究与学术研究齐头并进，而不是顾此失彼。

三、高等教育国际化与区域国别研究

无论是服务国家战略需求还是建构中国自主知识体系，都需要大批区域国别研究领域的优秀人才，这就对我国的高等教育提出了新的要求，因为高校是培养优秀人才的最重要机构。人才培养离不开两个关键群体，一个是被培养的学生，另一个是培养学生的教师，他们是一枚硬币的两面。只有优秀的学生而没有优秀的教师，

---

① 对高校智库热的批评，参阅唐世平：《高校"智库热"的坏处》，澎湃新闻，2017年1月23日，https://m.thepaper.cn/newsDetail_forward_1606592，2023年11月28日。

抑或只有优秀的教师而没有优秀的学生，都很难培养出优秀人才。因此，要培养大批区域国别研究领域的优秀人才，就必须学生和教师都要抓，两手都要硬。

谈到人才培养，一种惯用的做法是在本国选拔优秀学生和教师，然而区域国别研究的性质决定了必须广纳海外英才。首先，与其他学科不同，区域国别研究的对象是外国，这往往要求研究者熟练掌握至少一门外语。然而众所周知，外语学习对大多数人来说是一个耗时和困难的过程，因此母语者从事本国研究就避免了外语学习这个难题。其次，母语者从小对本国的政治、历史、文化、教育等方面耳濡目染，因此积累了大量有关本国的常识性知识，而对外部的研究者来说，这些常识性的知识则需要通过专业课程和田野调查才能获得。基于以上两点，区域国别研究的人才培养不能局限于国内，还要积极吸纳对象国的优秀学生和教师。这就意味着高等教育的国际化，而美国在这方面可以说是全世界学习的楷模。

高等教育国际化为美国区域国别研究的兴盛并引领全球做出了重要贡献。除了前面已经提到的福特基金会和富布莱特项目，美国大学也通过各种奖学金吸引了大批外国留学生，其中一些就选择了在美国从事自己母国的研究——对美国来说就是区域国别研究。以非洲研究为例，现任康奈尔大学非洲发展研究所所长的卢蒙巴（N'Dri Thérèse Assié-Lumumba），在科特迪瓦出生和长大，1982年获得芝加哥大学比较教育学博士学位，是比较教育学领域的权威，并担任众多国际发展机构、组织和基金会的高级顾问。[1]

---

[1] Africana Studies & Research Center, Cornell University, https://africana.cornell.edu/ndri-therese-assie-lumumba，2023年12月14日。

现任哥伦比亚大学人类学系教授的马哈茂德·马姆达尼（Mahmood Mamdani）出生于印度孟买，在乌干达首都坎帕拉长大，1974年在哈佛大学获得博士学位，主要从事殖民主义、反殖民主义和去殖民化研究，曾入选2008年英国《展望》杂志和美国《外交政策》杂志评选的"全球最有影响力的二十名公共知识分子"。[1]又以中国研究为例，国内学界熟悉的芝加哥大学的杨大力、丹佛大学的赵穗生、哈佛大学的王裕华，分别在普林斯顿大学、加州大学圣地亚哥分校、密歇根大学政治学系获得博士学位，他们的博士论文选题都是中国政治，并且博士毕业后继续在美国大学任教至今，从事中国政治研究。

此外，在比较政治领域（与区域国别研究高度重合）从事民主和民主化研究的诸多学者中，也不乏到美国获得博士学位后留下来任教并在学界产生巨大影响的例子。阿伦·李帕特（Arend Lijphart）出生于荷兰阿佩尔多恩，1958年到美国伊利诺伊州的普林西庇亚学院（Principia College）求学并获得学士学位，1963年在耶鲁大学获得政治学博士学位。另一位代表性人物是亚当·普沃斯基（Adam Przeworski），他出生于波兰华沙。1961年获华沙大学哲学与社会学硕士学位，1966年获西北大学政治学博士学位。[2]胡安·J.林茨（Juan J. Linz）出生在德国波恩的一个德裔西班牙家庭，1947年在马德里大学获得学士学位，1959年在哥伦比亚大学获得社会学博士学位，虽然获得的是社会学博士学位，但他后来以

---

[1] Department of anthropology, Columbia University, https://anthropology.columbia.edu/content/mahmood-mamdani, 2023年12月13日。
[2] 赫拉尔多·L.芒克、理查德·斯奈德：《激情、技艺与方法——比较政治访谈录》，汪卫华译，北京：当代世界出版社，2022年。

研究威权政治和民主化而享誉世界,并且从1977年直到2013年去世,一直是耶鲁大学政治学系的讲席教授。[①]

高等教育国际化的前提之一是雄厚的经济实力。美国之所以能够吸引到全世界优秀学子(尤其是研究生),一个至关重要的因素是美国政府和大学提供的丰厚奖学金。以美国国际教育研究所的最新数据为例,2022—2023学年在美留学生总计1057188人,其中以个人和家庭为主要经费来源的占56.8%,占比第一,其次是美国大学提供的资助(19.7%),包括以教学助理和研究助理形式发放的奖学金(但这些奖学金通常来自联邦政府资助的研究项目)。[②]尤其需要指出的是,美国人文学科和社会科学——绝大多数区域国别研究话题都属于这两个学科类别——的博士项目给几乎所有留学生提供全额奖学金,不仅学费全免,还提供能够维持至少当地基本生活水平的补贴。毫无疑问,一旦解决了在美国的温饱问题,再加上远离母国的社交网络和各种干扰,留学生就可以专心从事学术研究。根据美国新闻(U. S. News)提供的美国综合性大学2022财年数据,按照捐赠基金(endowment)规模排名,前十五所大学的平均捐赠基金为218亿美元,其中哈佛大学以509亿美元高居榜首,而耶鲁大学以414亿美元位居第二,并且这两所常青藤名校的捐赠基金比尼加拉瓜、冰岛或者塞内加尔的国内生产总值还要高(按世

[①] Yale University, In Memoriam: Juan Linz, Authority on Political Institutions, October 22, 2013, https://news.yale.edu/2013/10/22/memoriam-juan-linz-authority-political-institutions, 2023年12月13日。

[②] Institute for International Education, Primary Source of Funding, https://opendoorsdata.org/data/international-students/international-students-primary-source-of-funding/, 2023年12月13日。

界银行统计数据），完全是富可敌国。[①]

然而套用一句俗语：钱不是万能的，但没有钱是万万不能的。如果经济实力是高等教育国际化的决定性因素，那么日本和德国等发达国家也应该吸引大量留学生，但事实并非如此。除了诱人的奖学金和硬件设施，还有其他一些重要因素让美国成为各国大多数学子留学的首选目的地。首先，"二战"之后，由于美国综合实力独霸全球，在国际事务中扮演着举足轻重的角色，因此原本在大英帝国时期就已逐渐通行世界的英语迅速成为全球使用最广泛的语言，这意味着留学生赴美之前往往在母国就已经具有较好的英语水平，为其在美国学习打下了坚实的语言基础。其次，要聚天下英才而培养和使用之，就必须有相应的外国人管理制度，而这一点美国也让其他国家望尘莫及。众所周知，美国是一个移民国家，其人口在种族、族群、宗教等方面具有高度多元性，并且每年有大量新移民成为美国常住人口（持绿卡）或美国公民，这就使得美国人的"外国人"观念相对淡薄，因为任何一个"外国人"都可能是美国人（持美国护照）。因此，美国大学在管理上对留学生一律采取国民化待遇，即与本地美国人一视同仁，包括教学、评估、住宿、学生活动等，而不是把他们作为一个单独的群体进行管理。同样，美国大学在招聘外籍教师时也一律采取国民化待遇。总之，国民化待遇无疑是美国高校（以及企业和研究机构）能够吸引到各国优秀人才的重要因素之一。

改革开放四十多年来，我国高等教育国际化取得了有目共睹的成就。根据教育部发布的数据，2018年共有来自196个国家和地区

[①] Sarah Wood, 15 National Universities with the Biggest Endowments, *U. S. News and World Report,* October 2, 2023, https://www.usnews.com, 2023年12月14日。

的49.2万名留学生在国内1004所高校和科研机构学习，其中硕士和博士研究生85062人。[①]但我们不得不承认，中国高等教育国际化还面临诸多挑战，与西方国家（尤其是美国）还存在明显的差距。首先，虽然中文是联合国官方语言之一，但它毕竟不是世界通用语言，并且中文是公认的世界上最难的语言之一，这就意味着绝大多数来华留学生无法完全适应全中文的教学环境，而能用中文进行学术研究和发表论文的更是凤毛麟角。诚然，中国高校教师的平均英语水平逐渐提高，并且越来越多的海外留学人员回国任教，但要实现用英文讲授大多数课程并进行研究和发表研究成果，则还有很长的路要走。其次，虽然中国高校的财力日渐雄厚，但与美国高校相比还有相当大的差距。根据网络发布的部分高校2022年收支决算经费，清华大学以421.09亿元（约40亿美元）位列第一，而哈佛大学2023财年的开支为59亿美元。[②]最后，中国高校的留学生和外籍教师管理制度还有很大的改革空间。为提升留学生高等教育质量、推动留学生趋同化（也就是国民化）管理，教育部在2018年就颁布了《来华留学生高等教育质量规范（试行）》。[③]但时至今日，国内绝大多数高校对留学生仍未采取趋同化管理，不仅如此，一些高校甚至给留学生"超国民"待遇，从而不时引发一些网

[①] 教育部：《2018年来华留学统计》，2019年4月12日，http://www.moe.gov.cn/jyb_xwfb/s271/201907/t20190719_391532.html，2023年12月12日。

[②] 知乎周瑞／星球数据派：《最全700所大学决算经费排名：中山大学全国第六，超过华五！》，2023年10月23日，https://www.sohu.com/a/730598510_121651744，2023年12月12日；Harvard University, Financial Report: Fiscal Year 2023，https://finance.harvard.edu/files/fad/files/fy23_harvard_financial_report.pdf，2023年12月16日。

[③] 教育部：《关于印发〈来华留学生高等教育质量规范（试行）〉的通知》，2018年10月9日，http://www.moe.gov.cn/srcsite/A20/moe_850/201810/t20181012_351302.html，2023年12月13日。

络舆情。和留学生一样，外籍教师也完全未实现国民化待遇，他们在招聘、考核、晋升、医保等方面按照"外国专家"区别对待，只有极少数能够拿到"中国绿卡"，而成为中国公民的概率更小。总之，即使外国优秀学生和教师愿意来中国从事高层次学习和研究，助力建构中国自主的区域国别学知识体系，但现行的留学生和外籍教师管理制度也会让他们三思而后行。

四、区域国别研究的理论创新

根据国务院学位委员会2022年9月发布的《研究生教育学科专业目录管理办法》，一级学科设置应符合四个基本条件，其中第一条就是："具有确定的研究对象，已形成相对独立、自成体系的理论、知识基础和研究方法，研究领域和学科内涵与其他一级学科之间有比较清晰的界限。"[①] 相对而言，明确区域国别学的研究对象、研究方法、研究领域、学科内涵、学科边界等要容易得多，但建构自成体系的区域国别理论则要困难得多。这一点，美国的区域国别研究也为我们提供了重要的借鉴。

尽管"二战"后区域国别研究在美国大学校园迅速崛起，但一方面受制于从德国沿袭过来的学科体系，另一方面由于其学术性曾受到广泛质疑（被认为是以服务美国的国家利益为主），因此它一直未能成为独立的学科，也就没有单独的区域国别学系（普林斯顿大学和芝加哥大学曾经尝试建立但很快就撤销了），相关教学和研

[①] 教育部：《研究生教育学科专业目录管理办法》，2022年9月13日，http://www.moe.gov.cn/srcsite/A22/moe_833/202209/W020220914572994487095.pdf，2023年12月16日。

究往往基于跨学科的区域国别研究所／中心。但在美国高校的学术体制下，独立建制的系是学科的组织载体，承担本科教学、研究生招生和教学、师资招聘和考核、学术研究等任务。换言之，系是各个学科的大本营。因此，无论区域国别研究对美国国家利益有多么重要，抑或其研究成果有多么丰富，它必须服从于美国高校以系为基础的知识建构和学科规范。就在区域国别研究兴起之时，美国社会科学也迎来了所谓的"行为主义革命"（behavioral revolution），其核心可以概括为基于科学方法的理论建构和验证。[1]对区域国别研究来说，这就意味着要在现有学科体系内生存下来，必须放弃针对某个国家或地区、以详细描述为主、缺乏理论意义的传统研究，转而追求理论构建、实证检验和科学方法。学界耳熟能详的现代化理论和依附理论，都是美国区域国别研究理论创新的产物，并且这两大理论都主要基于对非洲和拉美的深入和系统研究。[2]

然而即使在美国学界，要构建类似现代化理论或者依附理论这样的宏大理论也并非易事。更重要的是，在行为主义占绝对主导的背景下，大多数学者从事的是微观层面的理论建构（尤其是民意研究和选民投票行为研究），只有少数从事中层理论研究。[3]在区域国

---

[1] 有关行为主义革命，参阅谢韬、Lee Sigelman：《中美政治学研究方法之比较》，《浙江社会科学》2008年第5期，第2—12页。

[2] 有关拉美研究与这两个理论之间的关系，参阅 Paul W. Drake and Lisa Hilbink, Latin American Studies: Theory and Practice, *The Politics of Knowledge: Area Studies and the Disciplines*, David Szanton ed., Berkeley, CA: University of California Press, 2004。 现代化理论的经典著述，参阅 W. W. Rostow, *The Stages of Economic Growth*, New York: Cambridge University Press, 1960。依附理论的经典著述，参阅 Immanuel Wallerstein, *The Capitalist World-Economy*, New York: Cambridge University Press, 1979。

[3] 有关中层理论，参阅 Robert K. Merton, *Social Theory and Social Structure*, New York: Free Press, 1968; Raymond Boudon, What Middle Range Theories Are, *Contemporary Sociology*, 1991, 20 (4), pp. 519-522.

别研究领域,很多学者往往借用本学科的现有理论对某个国家或地区进行研究,而不是构建新的理论。以中国研究为例,在卡特中心和其他机构的资助下,美国学界在21世纪初兴起了一场研究中国村委会选举的学术热,由此催生了大量研究成果,但这些成果大多基于比较政治或美国政治领域的理论,利用在中国收集的各类数据进行假设验证。[1] 换言之,这类研究在数据和方法上的创新往往要大于理论上的创新。

与美国相比,中国的区域国别研究要在理论上有所创新更加困难。首先,作为不能单独授予学位(与美国类似)的交叉一级学科,区域国别学可以说先天缺乏独立的理论体系,因而在起步阶段就需要借用政治学、历史学、经济学、社会学等成熟学科的理论。其次,中国的学术传统历来以事实的描述和考证为主,对因果推理、理论构建、历史比较、研究方法的重视不足,导致不少研究者缺乏理论创新的意识、动力和训练。不过可喜的是,随着大量西方社会科学成果被介绍到国内,并且越来越多在国外获得博士学位的留学生回国任教,国内学界对理论(以及方法)的创新越来越重视。再次,中国自主的区域国别理论体系意味着与国外的区域国别理论有着根本不同(姑且不谈超越)。这就要求国内学者首先熟悉国外现有的相关理论,然而即使是厘清西方的现有理论就需要投入巨大的时间和精力,更不用说了解众多全球南方国家的相关理论。与经济发展的后发者优势相比,学术领域的后发者具有明显的劣势,因为前人的研究成果已经太多。

---

[1] 有关美国学界对中国村委会选举的文献述评,参阅 Monica Martinez-Bravo et al., The Rise and Fall of Local Elections in China, *American Economic Review*, 2022, 112 (9), pp. 2921-2958.

但上述因素都不是放弃理论创新的充分理由，并且理论创新是建构中国自主的区域国别学知识体系的必由之路。事实上，当前国内有关中国式现代化的轰轰烈烈的讨论，可以说为区域国别研究的理论创新提供了一个重要视角和契机。①前文已经提到，"二战"后美国学界提出了现代化理论，因此在讨论中国式现代化对区域国别研究的理论指导意义之前，有必要对前者进行简单介绍。

简而言之，美国学界的现代化理论认为，经济发展是一个良性循环过程（"所有的好事情都会一起到来"），它将导致城市化、世俗化、人均受教育水平提高、价值观变化、政治稳定、民主化。但塞缪尔·亨廷顿的经典著作《变化社会中的政治秩序》给了现代化理论致命一击，该书的核心观点就是，经济发展与政治稳定（他称之为政治秩序）并非现代化这枚硬币的两面，而是有着不同的内在逻辑，因此有了前者并不一定就有后者；相反，没有政治秩序就不可能有自由和民主（他的原话："人类可以无自由而有秩序，但不能无秩序而有自由。"），也不可能有可持续的经济发展。②总之，亨廷顿认为政治秩序是前提和首要，而实现政治秩序的途径就是政治制度化——在他看来，就是建立一个强大的政党。亨廷顿对政党与政治制度化之间的关系做了如下阐述：

---

① 在中国知网上，以"中国式现代化"为篇名，可搜索到19067篇文章，其中2022年1971篇，2023年预测5918篇。上网日期2023年12月23日。

② Samuel P. Huntington, *Political Order in Changing Societies*, New Haven, CT: Yale University Press, 2006 (1968), pp. 7-8. 对政治秩序的评述，参阅谢韬：《美国民主的衰败与中国道路的崛起——对福山政治秩序的批判》，《世界政治研究》2018年第1期，第164—185页；Francis Fukuyama, Samuel Huntington's Legacy: Why his works on world order-political and otherwise-are still relevant today, *Foreign Policy*, January 6, 2011, http://foreignpolicy.com/2011/01/06/samuel-huntingtons-legacy/，2023年12月24日。

然而在那些传统政治制度或崩溃或软弱或根本不存在的政体中……强大的政党组织是唯一能最终排除腐化型的或普力夺型的或群众型的社会动乱的选择。政党就不仅仅是一个辅助性组织,而是合法性和权威性的源泉……不是政党反映国家意志,而是政党缔造国家,国家是党的工具。政府的行动只有反映了政党的意志才是合法的。政党是合法性的根基,因为它是国家主权、人民意志或无产阶级专政的制度化身。①

不过,亨廷顿眼中的强大政党并非西方国家的政党,而是共产党,因为"有一件事共产党政府确实能做得到,那就是,它们能统治得住,它们的确提供了有效的权威……对于那些深受冲突和动乱之祸的处于现代化之中的国家,共产党人能提供某些保持政治秩序的定心丸"。② 至少从鸦片战争以来的中国历史给亨廷顿的政治秩序论提供了强有力的支撑:正是在中国共产党的领导下,中国人民迎来了从站起来、富起来到强起来的伟大飞跃。没有中国共产党,就没有中国式现代化,也就没有中华民族的伟大复兴。

中国式现代化的成功对区域国别研究的理论创新有着重要启示。与欧美国家相比,中国是后发展国家,那么中国式现代化对其他后发展国家(全球南方国家)有何借鉴意义?换言之,中国的现

---

① Samuel P. Huntington, *Political Order in Changing Societies*, p. 91.
② Samuel P. Huntington, *Political Order in Changing Societies*, p. 8. 对共产党毫无保留的赞许之词也让亨廷顿被广泛认为是威权转型论的鼻祖。所谓威权转型论,就是先在威权体制下实现政治稳定和经济发展,然后进入民主转型。参阅 Francis Fukuyama, Samuel Huntington's Legacy: Why his works on world order-political and otherwise-are still relevant today;杨光斌、郭伟:《亨廷顿的新保守主义思想研究》,《国际政治研究》2004年第4期。

代化之路在多大程度上是可复制的？如果强有力的政党是政治秩序和经济发展的必要条件之一，这是否意味着至今仍未实现现代化的诸多全球南方国家缺乏强有力的政党？如果答案是肯定的，那么这些国家为什么不建立强有力的政党？是因为它们的民众不支持、领导人不愿意，抑或外部力量阻止它们这样做？如果改革开放是中国式现代化的另一个必要条件，那么其他后发展国家是否也采取了类似的改革开放，以及为什么有的国家采取改革开放而有的国家则不愿意？同理，或许有的国家既有强有力的政党，同时也采取了改革开放，却未实现类似中国的政治稳定/经济腾飞，这是为什么？相关的问题还有很多，而要准确地回答这些问题，就必须对全球南方国家开展深入、系统的跨国比较研究——无论是小样本的历史比较还是大样本的统计分析——因为只有比较才能发现异同，进而开展因果推理，最终进行理论构建。[①]

五、结　语

把区域国别研究设置为一个独立的一级学科具有鲜明的中国特色，这也表明了我国对区域国别研究的高度重视。虽然进入21世纪以来，中国的区域国别研究呈现"井喷式"发展，但要在为国家重大战略提供政策咨询的同时建构中国自主的区域国别学知识体系，我们还面临诸多严峻挑战，尤其是政策咨询与学术研究的张

---

① 有关历史比较分析方法，参阅Katheleen Thelen, Historical Institutionalism in Comparative Politics, *Annual Review of Political Science*, 1999(2), pp. 369-404; James Mahoney, Comparative-Historical Methodology, *Annual Review of Sociology*, 2004 (30), pp. 81-101。

力、高等教育国际化面临的障碍，以及理论创新的艰巨性。

具体而言，相对于西方国家，中国的学术议程受政策议程的影响要大得多，而区域国别研究又往往涉及中外关系和国际热点问题，因此政策需求尤其突出，这就使得不少学者忙于服务政策需求而无暇顾及学术研究。此外，区域国别研究的性质决定了它要广纳天下英才而培养和使用，这就要求我国高等教育要进一步国际化，尤其是真正落实留学生和外籍教师的国民化待遇，从而实现唯才是举，而不是因国籍而异。最后，作为区域国别研究的后发者，我国在理论创新上面临着巨大挑战。欧美国家作为区域国别研究的先行者已经产生了大量理论，并且广大全球南方国家也可能产生了自己的理论，这就意味着理论创新的边际成本越来越高，但边际效应却越来越低。除了这三个重要因素，其他一些因素也制约着我国区域国别研究的创新发展，很少有学者愿意到所谓的"脆弱国家"开展田野调查，少有学者关注中外关系和国际政治中的小国，等等。

万事开头难，包括西方国家的区域国别研究也是在坎坷中不断进步的。然而在我国的政治和学术体制下，区域国别学能否繁荣发展，关键在于政府这个指挥棒。只要相关政府部门继续支持区域国别研究，并通过各种措施引导研究者从事基础性、创新性研究，那么中国自主的区域国别学知识体系的建立将指日可待。

（华侨大学吴小安教授对本文的写作给予了极大的鼓励和支持，北京外国语大学国际关系学院硕士生梁靖晨帮作者收集了大量资料，在此一并表示感谢）

［原载《清华大学学报》（哲学社会科学版）2024年第3期］

"科学"与"政治"之间：20世纪国际非洲研究的知识生产

刘少楠　许　亮

21世纪以来，中国的区域国别研究方兴未艾，政府扶持和学界讨论都日臻密集。随着中非关系的快速发展，中国的政界、商界以及民众对非洲和中非关系研究的需求也快速增加。非洲研究已经成为中国区域研究中最为活跃的分支领域之一。然而，中国区域国别研究的"基础性和框架性学理共识"尚未完全建立，[1] 中国学者的作品能得到国际学界认可的仍然不多。从全球范围看，中国是区域国别研究的后来者，在理论、方法和成果上与国际先进水平存在较大的差距。英国、美国和非洲大陆是20世纪非洲研究知识生产的三个重镇。本文试图通过回顾这三地非洲研究初创期的发展契机、知识生产主体、知识生产内容和知识生产原则等，归纳经验教训，为中国的非洲研究发展提供借鉴与参考。

一、"非政治"、科学与实用：20世纪上半叶英帝国非洲研究的兴起

相比于北美和非洲大陆，英国作为欧洲老牌殖民帝国的代表，

---

[1] 吴小安：《区域与国别之间》，北京：科学出版社，2021年，第1页。

其非洲研究在20世纪上半叶就已形成了相对完整的体系，建立起了包含学会、期刊和少量高校研究机构的基础设施。这一时期英国的非洲研究完全由白人研究者所垄断。他们一方面重视科学知识与方法，主张脱离政治因素的影响，即中立的"非政治性"和"科学性"，另一方面又极其突出实用性，强调切实为英帝国的殖民事业服务。

在20世纪上半叶，英国建立起了以皇家非洲学会（The Royal African Society）、伦敦大学亚非学院（School of Oriental and African Studies，又称"伦敦大学东方与非洲研究学院"）和非洲语言与文化国际研究所（The International Institute of African Languages and Culture）为主要平台的非洲研究体系。1901年，非洲学会（The African Society）在伦敦成立，成为20世纪英国第一个全国性非洲研究学术团体，1935年更名为皇家非洲学会。非洲学会在建立的同年发行期刊《非洲学会杂志》（Journal of the African Society），1935年更名为《皇家非洲学会杂志》，1945年又更名为《非洲事务》（African Affairs），时至今日依然是非洲研究领域历史最久、影响因子最高的顶尖学术期刊。1916年，伦敦大学东方学院（School of Oriental Studies）正式成立，次年开始运行并发行院刊，1938年更名为伦敦大学亚非学院，长期以来都是英国非洲研究的重镇。1926年，非洲语言与文化国际研究所正式成立，旨在于世界范围内促进非洲语言文化的研究与交流，并在1928年发行杂志《非洲》（Africa）。该研究所于1945年更名为国际非洲研究所（International African Institute），沿用至今。

需要指出的是，这三大平台虽然在原则上对全世界的非洲研究者开放，但事实上英国白人垄断着英帝国范围内的几乎所有非洲研究，其中绝大部分在高校系统之外。"二战"结束前，英国高校和大学教师在英国非洲研究中的影响力依旧较低；当时非洲研究的主体并非学院派学者，而是与非洲有着直接工作关联的群体，如英国殖民官员、传教士、教师、医生和商人。[①]1945年以前《皇家非洲学会杂志》和《非洲》发表的文章大多来自上述群体。在英国非洲研究的领导层面，无论是皇家非洲学会还是非洲语言与文化国际研究所，其领导几乎都由殖民官员担任，而非高校学者。例如，皇家非洲学会首任副会长弗雷德里克·谢尔福德（Frederic Shelford）主要在西非从事殖民地铁路建设工作；1907年上任的会长翁斯洛伯爵（Earl of Onslow）曾在殖民部工作多年；非洲语言与文化国际研究所执委会首任主席弗雷德里克·卢加德（Frederick Lugard）曾担任尼日利亚殖民地总督。

在研究原则方面，英国的非洲研究在这一时期带有某种程度的理想色彩，强调其"非政治性"和"科学性"。在"非政治性"方面，英国非洲研究界的领袖们主张抛开国内外政治因素的影响，尤其是独立于英国政党政治，保持研究的科学性。例如，时任英国殖民部官员、后来的南非殖民地总督悉尼·巴克斯顿（Sydney Buxton）在1901年的非洲学会大会上发言称，"学会是非政治性的，不存在任何党派或个人利益问题，也与个人或政治没有任何关系，欢迎所有对非洲土著种族感兴趣的人参与"。[②]又如，非洲学会第三任会长约翰斯顿（H. H. Johnston）在其1903年的就职演

[①] J. D. Fage, British African Studies since the Second World War: A Personal Account, *African Affairs*, Vol. 88, No. 352, 1989, p. 402.

[②] The African Society Inaugural Meeting, *Journal of the Royal African Society*, Vol. 1, No. 1, 1901, p. xx.

讲中说,"非洲学会本质上应该是非政治的,它应该完全避开英国国内的政党政治,甚至避免带有(英国的)民族偏见……学会应该服务于黑种人、黄种人和白种人的利益……学会应该获取并传授对所有种族、所有性别和未来几代人都有用的非洲知识……学会期刊不需要带有陈旧刻板印象的泛泛之谈,当然也不欢迎那些带有强烈宗教或政治偏见的文章"。[1] 曾担任印度总督和殖民大臣的学会首任会长乔治·罗宾逊(George Robinson)更是直言,非洲学会绝不是某些在非洲的(英国)殖民官员或商人的宣传工具。[2] 在"科学性"方面,英国非洲研究界的领袖强调以科学方法研究非洲,获取有关非洲的科学知识,既造福英国,也以父权制居高临下的方式带给非洲文明和进步。例如,在非洲学会创会伊始,首任会长和副会长都明确表示,学会将致力于用最科学准确的方法研究一切与非洲和非洲人民相关的问题,收集事实、查验真伪并最终付诸实践;副会长弗雷德里克·谢尔福德更是表示,以科学方式获取有关非洲的科学知识并对英非双方开展教育,不仅可以提升西非当地劳动力的素质,更可以改变英国政府官员、制造商、贸易商和普通百姓对西非的愚昧无知。[3] 非洲语言与文化国际研究所执委会首任主席、曾担任尼日利亚殖民地总督的卢加德在1928年研究所期刊创刊时指出,研究所将严格遵守科学原

---

[1] H. H. Johnston, Presidential Address: The Work of the African Society, First Ordinary General Meeting, Session 1903-4, *Journal of the Royal African Society*, Vol. 2, No. 8, 1903, p. 350.

[2] The African Society Inaugural Meeting, *Journal of the Royal African Society*, Vol. 1, No. 1, 1901, p. viii.

[3] The African Society Inaugural Meeting, *Journal of the Royal African Society*, Vol. 1, No. 1, 1901, pp. v & xi.

则，以科学方法推动非洲的人类学和语言学调研。① 当然，当时的英国非洲研究界不可避免地受到英帝国父权制种族文明观的影响。例如，皇家非洲学会的多任会长都表达了学会通过研究非洲来拯救非洲的想法；② 英国著名人类学家哈登（Alfred Cort Haddon）在1901年的非洲学会的演讲表达得更为直白，"如果你努力使用科学……那么你可以帮助这些西非人从13世纪一步跨越到19世纪，而且不用经历你们曾经历的那些艰难困苦。这是一项宏大的人道主义工程……英国对西非的土著种族负有责任，也有绝佳的设计，更处于绝好的地位来强迫西非土著接受英国的观念。我们所需要的就是科学的方式方法和知识"。③ 皇家非洲学会网站在回顾自身历史时，亦承认当年曾存在的父权制、居高临下和种族主义的对非态度。④

事实上，英国非洲研究界所标榜的"非政治性"更多是指超然于国内政党政治，其"科学性"亦只强调不被殖民官员所干扰而进行科学研究，但最终目的仍是服务于英帝国的殖民事业。因此，为殖民统治服务的"实用性"或咨政功能是这一时期英国非洲研究最为显著的特征。无论是皇家非洲学会、非洲语言与文化

---

① F. D. Lugard, The International Institute of African Languages and Cultures, *Africa: Journal of the International African Institute*, Vol. 1, No. 1, 1928, pp. 1-12.
② The African Society Inaugural Meeting, *Journal of the Royal African Society*, Vol. 1, No. 1, 1901, p. vi; The African Society, Session 1902-1903, President's Address, *Journal of the Royal African Society*, Vol. 2, No. 5, 1902, pp. i-xxii; Duke of Marlborough, Presidential Address, *Journal of the Royal African Society*, Vol. 6, No. 21, 1906, pp. 1-11.
③ The African Society Inaugural Meeting, *Journal of the Royal African Society*, Vol. 1, No. 1, 1901, pp. xviii & xix.
④ 英国皇家非洲学会网站，https://royalafricansociety.org/about/history/，2023年3月14日。

国际研究所，还是伦敦大学亚非学院，它们在创立之初就毫不讳言其为英帝国殖民事业服务的宗旨。1901年，非洲学会的创会会议记录为我们展示了有趣的一幕：会议的第一项内容并非会长演讲，而是重要人物的两封来信宣读——第一封来自当时执政的保守党内阁的殖民大臣，第二封则来自反对党自由党的影子大臣；随后，学会会长在演讲中表达了对两党支持的欢迎以及其独立于政党政治的立场，并致力于将通过科学方法获得的非洲知识提供给殖民官员、贸易商和政治家使用。[1]1928年，卢加德在非洲语言与文化国际研究所创立之初就以执委会主席的身份表示，研究所不能局限于纯粹的科学研究，而要让科学知识和研究与英帝国的实际事务紧密联系起来，将自身的研究成果应用到非洲各民族的实际生活中去，解决殖民地存在的实际问题，回应英国殖民官员、教育者、医疗卫生福利官员、商人的需求；英国著名社会人类学家、功能主义范式的开创者、有"民族志之父"之称的马林诺夫斯基（Bronislaw Malinowski）也在研究所刊物上撰文表示，该研究所应当以"实践人类学"（Practical Anthropology）为各类殖民利益服务。[2] 伦敦大学亚非学院1916年成立章程中明确指出，其主要目的是满足帝国实际需求，即培训殖民政府行政管理人员、军官、商人、传教士、医生和教师，让他们掌握亚非殖民地语言，

---

[1] The African Society Inaugural Meeting, *Journal of the Royal African Society*, Vol. 1, No. 1, 1901, p. viii.

[2] F. D. Lugard, The International Institute of African Languages and Cultures, *Africa: Journal of the International African Institute*, Vol. 1, No. 1, 1928, pp. 1-12; Bronislaw Malinowski, Practical Anthropology, *Africa: Journal of the International African Institute*, Vol. 2, No. 1, Jan. 1929, p. 22.

维系帝国运营。① 事实上，这三大非洲研究平台本身就包含了大量现任或前任在非洲的殖民官员、商人和军官，尤其是皇家非洲学会与殖民部联系最为紧密。②

如果说上面提到的三大非洲研究平台的殖民实用性仍局限于其自身，那么海利勋爵（Lord Hailey）1938年的《非洲调研报告》（*An African Survey*）则将其以权威文件的方式确定下来，并将非洲研究为殖民统治服务的宗旨向英国的非洲研究机构拓展。1938年，在卡内基基金会的支持下，海利勋爵主持出版了长达1837页的《非洲调研报告》，后者在数周内就迅速成为英帝国中央和殖民地官员案头的必读书，甚至"在殖民部办公桌上就像英帝国日历那样常见"。③ 该报告对英国殖民政策产生了直接而有力的影响，再次确认了非洲殖民地科学研究的基本原则，即有关非洲的科学研究必须给殖民官员提供有用的信息，如调查非洲法律概念和土地权利就是为了让其适应英国殖民体系的官方法律体系，调查土著习惯则是为了明确劳工移民的社会经济效果。④

《非洲调研报告》所确立的非洲研究为殖民统治服务的实用

---

① E. Denison Ross, Introduction, *Bulletin of the School of Oriental Studies-University of London*, Vol. 1, No. 1, 1917, p. 1; Ian Brown, *The School of Oriental and African Studies: Imperial Training and the Expansion of Learning*, Cambridge: Cambridge University Press, 2016, p. 7.

② The African Society Annual General Meeting, July 15th, 1907, *Journal of the Royal African Society*, Vol. 7, No. 25, 1907, pp. 89-92.

③ David Mills, British Anthropology at the End of Empire: The Rise and Fall of the Colonial Social Science Research Council, 1944-1962, *Revue d'Histoire des Sciences Humaines*, Vol. 1, No. 6, 2002, p. 164.

④ Lord Hailey, *An African Survey: A Study of Problems Arising in Africa South of the Sahara*, issued by the Committee of the African Research Survey under the Auspices of the Royal Institute of International Affairs, Oxford: Oxford University Press, 1938, pp. 1611-1635.

性原则很快从英国本土机构扩展到英属非洲。1938年，在海利勋爵和北罗德西亚总督的强力支持下，英国人类学家戈弗雷·威尔逊（Godfry Wilson）在北罗德西亚殖民地建立罗兹-利文斯通研究所（Rhodes-Livingstone Institute）并担任第一任所长，旨在通过实用性研究为殖民统治服务。1948年，以罗兹-利文斯通研究所为模板，英国在乌干达殖民地首府坎帕拉建立起东非社会研究所（East African Institute of Social Research），由奥黛丽·理查兹（Audrey Richards）担任首任所长。这两所立足于英属非洲殖民地的研究机构都严重依赖殖民政府的资金和行政支持，也都承诺与殖民政府的研究部门尽可能地紧密合作，并致力于研究和解决城市化、移民工人、城乡关系、现代—传统关系等殖民地发展过程中的实际问题。[1] 东非社会研究所更是在阐述其成立目的和功能时明确指出，研究所将代表东非各殖民地政府进行田野调查，在特定地区将特定项目的调研结果交给政府，并与政府相关部门紧密合作；同时，研究所还为新来东非的学者和学生提供语言培训或田野培训。[2] 正如曾任剑桥大学非洲研究中心主任的亚当·布兰奇（Adam Branch）所言，"这些研究所以一种特别的方式内植于（英帝国的）殖民结构中，将殖民地政府视为推动进步性社会变革的机构，并恳求殖民地官员采纳他们的研究成果"。[3]

---

[1] Adam Branch, Decolonizing the African Studies Centre, *The Cambridge Journal of Anthropology*, Vol. 36, No. 2, 2018, pp. 78-79.

[2] East African Institute of Social Research, *Sudan Notes and Records*, Vol. 32, No. 1, 1952, p. 152.

[3] Adam Branch, Decolonizing the African Studies Centre, *The Cambridge Journal of Anthropology*, Vol. 36, No. 2, 2018, p. 80.

"科学"与"政治"之间：20世纪国际非洲研究的知识生产

作为20世纪上半叶非洲研究最核心和几乎唯一重要的学科，人类学与殖民统治维持着紧密的联系。首先，英国的"间接统治"政策要求殖民官员熟悉当地政治制度、法律体系、宗教信仰和文化习俗等本土知识，而人类学被认为是理解殖民地社会的钥匙。①正如罗兹-利文斯通研究所首任所长威尔逊所言，间接统治要求殖民者展现出"对非洲制度的尊重和精妙利用，而没有人能够在一知半解的情况下做到这件事"，因此殖民政府需要人类学家来为它们获取科学的非洲本土知识。② 在这一背景下，英属非洲各殖民地政府一方面邀请训练有素的职业人类学家为其工作，另一方面直接对部分殖民官员进行人类学培训，让后者成为"政府人类学家"（government anthropologists）以从事符合政府需求的长期民族志调研。③ 其次，相比于殖民统治对人类学的知识需求，人类学作为一个整体明显更有求于殖民统治。一方面，人类学极大地受益于殖民事业的扩展，从中获得了田野调查所需的资金、项目、场所和培训，亦以自身成果服务于殖民统治。例如，英国"殖民地社会科学研究理事会"（Colonial Social Science Research Council）不仅向罗兹-利文斯通研究所和国际非洲研究所注入资金，还为人类学家在非洲的大型田野调查提供了资助，更设立了新的人类学培训计划，让本科毕业生、研究生甚至职业人类学家在英国大学接受6—12个

---

① A. Werne, Anthropology and Administration, *Journal of the Royal African Society*, Vol. 6, No. 23, 1907, pp. 281-285; J. D. Fage, British African Studies since the Second World War: A Personal Account, *African Affairs*, Vol. 88, No. 352, 1989, p. 401.
② Godfrey Wilson, Anthropology as a Public Service, *Africa*, Vol. 13, No. 1, 1940, p. 47.
③ Sally Falk Moore, *Anthropology and Africa: Changing Perspectives on a Changing Scene*, Charlottesville and London: The University of Press of Virginia, 1994, p. 19.

月的人类学专门指导。① 当时英国很多著名人类学家的田野调查和传世佳作都受益于殖民地政府的资助，比如埃文斯-普里查德在其《努尔人》一书的序言中坦言，"我对努尔人的研究是应英埃苏丹政府的要求而做的，同样也主要由英埃苏丹政府资助，该书的出版也得到了英埃苏丹政府的慷慨赞助"。② 英国皇家人类学学会从20世纪初开始就一直努力游说英国政府，让政府相信人类学对殖民统治的价值，从而获得更多的研究资源和财政支持。③ 另一方面，很多人类学家也受限于殖民统治。没有殖民政府的政治许可和资金支持，人类学家在殖民地寸步难行，公开反对殖民统治更是自断研究之路，因此与殖民政府表面的合作关系是人类学研究得以继续的必要条件。④ 虽然20世纪上半叶的职业人类学家往往认为自己不仅是非洲知识的探索者，还是非洲观点的代言人，更拥有一种超然的中立地位——作为非洲土著居民与殖民官员之间的中间人。⑤ 但实际上，人类学家很难维持想象中的中立或中间人身份，即便是最具进步思想的人类学家也不得不成为"不情愿的帝国主义

---

① E. E. Evans-Pritchard and R. Firth, 179. Anthropology and Colonial Affairs, *Man*, Vol. 49, Dec. 1949, pp. 137-138; C. Y. Carstairs, Colonial Research, *African Affairs*, Vol. 44, No. 174, Jan. 1945, pp. 24-26.

② E. E. Evans-Pritchard, *The Nuer: A Description of the Modes of Livelihood and Political Institutions of a Nilotic People*, Oxford: At the Clarendon Press, 1940, p. vii.

③ Helen Lackner, Social Anthropology and Indirect Rule: The Colonial Administration and Anthropology in Eastern Nigeria: 1920-1940, *Anthropology & the Colonial Encounter*, Talal Asad ed., London: Ithaca Press, 1975, pp. 138-142.

④ Wendy James, The Anthropologist as Reluctant Imperialist, *Anthropology & the Colonial Encounter*, Talal Asad ed., London: Ithaca Press, 1975, p. 42.

⑤ Sally Falk Moore, *Anthropology and Africa: Changing Perspectives on a Changing Scene*, Charlottesville and London: The University of Press of Virginia, 1994, p. 20.

者"(Reluctant Imperialist)。① 简言之,尽管人类学与殖民统治在20世纪上半叶维持着互相需要、彼此助力的关系,但前者作为一个整体对后者更加依赖——人类学受益于、受限于同时服务于殖民统治。

二、非洲裔与泛非传统:20世纪上半叶美国非洲研究的初生

20世纪上半叶,非洲研究在大西洋另一侧的美国呈现出与英国截然不同的种族结构、内容特征和政治倾向。在种族结构方面,传统黑人大学(Historically Black Colleges and Universities, HBCUs)的非洲裔学者在"二战"前成为美国非洲研究的实际主导者;在内容方面,非洲裔学者往往将非洲大陆作为一个整体而非被瓜分的殖民地来研究,同时重视全球非洲裔以及后者和非洲大陆之间的联系;在政治倾向方面,非洲裔学者大多是坚定的黑人民权运动家,毫不避讳地参与到美国内外的政治活动中。换言之,非洲裔学者和泛非传统成为20世纪上半叶美国非洲研究的底色。

与白人学者统治英帝国内的非洲研究相反,在冷战开始前的20世纪上半叶,黑人学者、黑人高校和黑人学术团体事实上主导着当时在美国高度边缘化的非洲研究。由于当时美国的传统白人大学(Traditionally White Institutions, TWIs)甚少问津非洲研究,霍华德大学(Howard University)、亚特兰大大学(Atlanta University)、林肯大学(Lincoln University)和菲斯克大学(Fisk

---

① Wendy James, The Anthropologist as Reluctant Imperialist, *Anthropology & the Colonial Encounter*, Talal Asad ed., London: Ithaca Press, 1975, p. 41.

University）等一批主要服务于非洲裔美国人群体的传统黑人大学成为美国非洲研究的主要平台。① 在这些高校中，泛非主义领袖杜波依斯（W. E. B. Du Bois）、"黑人历史之父"卡特·伍德森（Carter G. Woodson）、史学家威廉·汉斯伯里（William Leo Hansberry）、社会学家富兰克林·弗雷泽（E. Franklin Frazier）和政治学家拉尔夫·邦奇（Ralph Bunche）等非洲裔学者通过自身的教学科研工作引领了当时美国非洲研究的方向。同时，卡特·伍德森还在1915年建立了美国黑人生活与历史研究协会（The Association for the Study of Negro Life and History），并于次年创立《黑人历史杂志》（*The Journal of Negro History*），即今天的《非洲裔美国人历史杂志》（*The Journal of African American History*），"为此后全球非洲裔相关的研究准备了重要的学术组织和发表平台"。②

在内容方面，与英国非洲研究关注具体的殖民地或部族不同，非洲裔学者在教学和科研中都将非洲大陆和流散全球的非洲裔视为一个命运共同体，注重非洲和非洲裔之间的历史与现实联系。③ 在教学领域，杜波依斯、伍德森和汉斯伯里等人在传统黑人大学内开设了非洲古代文明史、富含非洲元素的世界史、黑人历史和非洲

---

① 梅尔维尔·赫斯科维茨在西北大学（Northwestern University）亦有极出色的非洲人类学研究，但整体而言冷战前白人学者和传统白人大学在美国非洲研究中都处于边缘地位。
② 刘少楠：《20世纪美国非洲研究的兴起与发展》，《世界历史》2022年第4期。
③ Paul Tiyambe Zeleza, African Studies and Universities since Independence, *Transition*, No. 101, 2009, pp. 118-119; Pearl T. Robinson, Area Studies in Search of Africa, David Szanton ed., *The Politics of Knowledge: Area Studies and the Disciplines*, California: University of California Press, 2004, pp. 119-120.

大陆以及大西洋奴隶贸易和解放等多门课程。① 这些课程较少将非洲大陆割裂开来，单独论述非洲某一殖民地，而是侧重大西洋两岸非洲与美洲的密切联系以及全球流散非洲裔的共同命运。在科研领域，杜波依斯的《黑人的灵魂》(The Souls of Black Folk)和《美国黑人的重建》(Black Reconstruction in America)，伍德森的《黑人百年移民史》(A Century of Negro Migration)和《我们历史中的黑人》(The Negro in Our History)以及弗雷泽的《美国的黑人家庭》(The Negro Family in the United States)等著作，都非常关注非洲裔在当代美洲的命运和大西洋两岸非洲裔的历史联系。即便是以梅尔维尔·赫斯科维茨（Melville Herskovits）为代表的少量白人非洲研究者也主要关注非洲大陆和非洲裔美国人之间的历史。例如，赫斯科维茨在其代表作《黑人过去的神话》(The Myth of the Negro Past)中指出，非洲裔美国人并没有因为奴隶制的残酷压迫而放弃自身的非洲文化，相反他们保留了自身的音乐、艺术、社会结构、家庭生活、宗教乃至语言模式，实现了非洲大陆文化与非洲裔美国人文化的延续与继承。②

相较于英国白人非洲研究者对"非政治性"的标榜和事实上为殖民统治提供实用服务，杜波依斯和伍德森等非洲裔非洲研究者旗帜鲜明地表达自身的政治立场，以黑人民权运动家和泛非主义者的身份参与到美国国内政治和非洲裔国际活动中。以杜波依斯为例，他不仅在学术著作和教学中表达争取种族平等、认同黑人

---

① Herschelle Challenor, African Studies at Historically Black Colleges and Universities, *African Issue*, Vol. 30, No. 2, 2002, pp. 24-29; Pearl T. Robinson, Area Studies in Search of Africa, David Szanton ed., *The Politics of Knowledge: Area Studies and the Disciplines*, pp. 126-127.

② Melville Herskovits, *The Myth of the Negro Past*, Vermont: Harper & Brothers, 1941.

遗产、捍卫黑人权利等观点，更在各类社会政治活动中积极推广自己的观点。在美国国内，杜波依斯在1909年主导创立了美国全国有色人种协进会（The National Association for the Advancement of Colored People，NAACP）并担任宣传研究部门负责人，次年创立了协进会的官方刊物《危机》（The Crisis）并担任主编，让该刊物成为黑人民权运动的重要发声平台；在国际上，杜波依斯在1900年参与了泛非会议（Pan-African Conference），此后他相继组织了1919年、1921年、1923年和1927年的前四届泛非大会（Pan-African Congress），公开主张殖民统治下非洲各族的民族自决。[1] 伍德森则在1926年2月的第二周发起创立了"黑人历史周"（Black History Week），号召人们重视非洲裔自身的文化传统以及非洲裔对美国历史的贡献，后来"黑人历史周"从1976年开始扩展为"黑人历史月"并得到联邦政府承认。[2]

在20世纪上半叶，以英帝国为代表的欧洲殖民宗主国的白人学者掌握着非洲研究或者说非洲知识生产的主导权，但大西洋另一侧非洲裔学者研究的存在意味着前者并未达成对非洲知识生产的彻底垄断。无论是英国本土的皇家非洲学会、国际非洲研究所和伦敦大学东方与非洲研究学院，还是非洲的罗兹-利文斯通研究所和东非社会研究所，白人学者都占据着绝对主导地位，认为非洲是知识生产领域任由白人研究者书写的一张白纸，同时排斥那些非洲人所

---

[1] Herschelle Challenor, African Studies at Historically Black Colleges and Universities, *African Issue*, Vol. 30, No. 2, 2002, pp. 24-29.

[2] C. G. Woodson, Negro History Week, *The Journal of Negro History*, Vol. 11, No. 2, Apr. 1926, pp. 238-242.

生产的、与殖民秩序相悖的非洲知识。[①]美国非洲裔学者的规模、方法和组织在这一时期尚与西欧相差甚远，但他们的存在本身就具有重要意义：即便非洲此时处于殖民统治下而罕有非洲本土学者的研究，非洲裔学者仍然可以从非洲之外发出非洲的声音，打破白人学者对非洲知识生产的绝对垄断。

20世纪上半叶大西洋两岸非洲研究在内容取向上存在显著差异，即具体的非洲殖民地研究和全球非洲裔研究，也是整个20世纪非洲研究内容的钟摆两端。为满足殖民统治的需要，英帝国的非洲研究者更倾向于以具体的殖民地乃至殖民地下的次级行政单位为研究对象，探究其政治制度、法律体系、宗教习俗和语言文化，多以非洲地方民族志的形式呈现。美国的非洲裔学者则更多关注全球非洲裔的宏观叙事，强调大西洋两岸非洲人作为命运共同体的历史与现实关联。

与此同时，20世纪上半叶大西洋两岸的非洲研究都带有政治议程和强烈的"实用性"咨政导向。部分英帝国非洲研究者虽然强调研究的科学性和超然于英国国内两党之间、殖民者与被殖民者之间的中间人身份，但作为"不情愿的帝国主义者"，他们同样无法摆脱为殖民统治服务的时代命运。相较之下，美国非洲裔学者毫不掩饰对政治事务的积极参与，通过各种途径和平台强调黑人文化、捍卫黑人权利、争取种族平等、呼吁民族自决、脱离殖民统治，以实现"实用性"的政治目标。

[①] Adam Branch, Decolonizing the African Studies Centre, *The Cambridge Journal of Anthropology*, Vol. 36, No. 2, 2018, pp. 82-83.

三、非殖民化与范式移转：20世纪中期非洲大陆非洲研究的崛起

从20世纪40年代中后期到60年代中期，随着非洲大陆非殖民化进程的不断推进，非洲研究不再局限于旧殖民帝国的中心，而是开始向撒哈拉以南非洲转移，在新独立的非洲民族国家成长起来。非洲的非洲研究突破了欧洲殖民宗主国对非洲研究的垄断，不仅改变了欧洲白人学者对非洲研究内容的单方面定义，还发展出了非洲研究知识生产的新方法，进而在非洲研究非殖民化的道路上迈出了坚实一步。

在"二战"后的殖民统治后期，殖民地高等教育的发展和非殖民化浪潮的兴起为非洲的非洲研究兴起提供了组织基础和政治基础。一方面，英国等欧洲殖民宗主国开始在非洲殖民地建立高校等研究机构，作为本土高校的海外附属机构。例如，英国伦敦大学学院在1948年建立了黄金海岸大学学院（加纳）和伊巴丹学院（尼日利亚），1949年升格了麦克雷雷学院（乌干达），1961年建立了达累斯萨拉姆学院（坦桑尼亚）；法国则于1957年在法属黑非洲研究所的基础上创建了达喀尔大学（塞内加尔），附属于本土的巴黎大学和波尔多大学。另一方面，随着非洲非殖民化浪潮的兴起，尤其是1957年加纳的标志性独立和1960年的非洲独立年，非洲各国政治领袖和学术精英开始从宗主国手中接管教育领域的主导权，纷纷建立大学，20世纪40年代末至70年代也成为非洲大学发展的黄金时代。[1]

---

[1] Zeleza, African Studies and University since Independence, pp. 112-116；张忠祥：《20世纪非洲史学的复兴》，《史学理论研究》2012年第4期，第34页。

非洲学者依托本土大学，开启了非洲研究的非殖民化进程。

首先，在非洲研究的主体方面，非洲各国在独立前后纷纷对高校这一非洲知识生产的制度平台和教员这一非洲知识生产的主体进行非殖民化改革。如前所述，虽然"二战"后英法等国已经在非洲建立高校并开展非洲研究，但其很大程度上仍和欧洲保持着密切联系，不过是欧洲发达国家"非洲研究的镜像"，[①]而独立后的非洲各国则力图改变这一局面。例如，在20世纪50年代初，伊巴丹学院历史系的制度设计和科研教学内容基本完全模仿伦敦大学学院，处于后者的严密控制下而有着强烈的欧洲中心导向，且教员大多为英国白人。1956年，尼日利亚著名历史学家肯尼斯·戴克（Kenneth Dike）出任该校历史系主任，并在随后担任该校副校长，开始对包括历史系在内的伊巴丹学院进行非殖民化改革：在人员构成上，戴克引进了包括萨布里·比奥巴库（Saburi Biobaku）、阿德·阿贾伊（Ade Ajayi）、阿迪埃尔·阿非博（Adiele Afigbo）和阿严德勒（E. A. Ayandele）等一批既接受过完整学术训练又带有非洲民族主义史学倾向的优秀尼日利亚史学家；在学科平台上，戴克不仅将非洲史置于教学大纲的核心位置，还创立了新的学位体系和诸多带有尼日利亚本土特色的历史研究项目；在学术影响力方面，戴克主导创立了尼日利亚历史学会和《尼日利亚历史学会杂志》，并主持了"伊巴丹历史系列"丛书的出版。[②]以戴克为代表的尼日利亚"伊巴丹

[①] Adebayo Olukoshi, African Scholars and African Studies, *Development in Practice*, Vol. 16, No. 6, Nov. 2006, p. 537.

[②] 李文刚：《肯尼斯·戴克与伊巴丹史学流派的创立》，《中国社会科学院大学学报》2023年第3期，第101—103页；曹峰毓、后黎：《论肯尼思·翁伍卡·迪凯在非洲史研究中的贡献》，《史学理论研究》2022年第2期，第150页。

学派"不仅成为本国非洲研究人员的主体,还掌控了本国的非洲知识生产制度平台,从而在当时的国际非洲研究界发出了迥然不同于前殖民宗主国的非洲声音。

另一个典型的例子是黄金海岸大学学院(今加纳大学)。该学院1948—1949年相继设立具有开创性意义的非洲研究教席职位和非洲史教席职位。然而,直到1957年加纳独立前,其关于本校非洲研究的设想都仍以伦敦大学东方与非洲研究学院为榜样,以已有的英国殖民地研究为基础,计划建立一个弱势、虚体的非洲中心,主要为校内其他院系提供非洲知识和语言培训,同时进行有限的非洲语言研究。[1] 换言之,其本质上仍是殖民主义体系下的非洲研究模式,"非洲"无法被纳入某个单一学科,因此只能处于一个较弱势、边缘的跨学科机构中。1957年加纳独立后,在时任总统恩克鲁玛的大力支持下,加纳的大学教育委员会(The Commission on University Education)力图改变从英国精英高校继承而来的非洲研究模式,以更激进的方式变革非洲研究,建立学科覆盖范围更广、人员组织更复杂、教学—科研联系更密切的大型非洲研究机构,并使之成为新的加纳大学的中心。[2] 1961年10月,加纳大学非洲研究所(Institute of African Studies)成立,下设非洲历史研究、现代非洲国家、非洲语言和非洲音乐艺术等四个部门,研究主题涵盖了历

---

[1] Jean Allman, Kwame Nkrumah, African Studies, and the Politics of Knowledge Production in the Black Star of Africa, *The International Journal of African Historical Studies*, Vol. 46, No. 2, 2013, pp. 184-186.

[2] Jean Allman, Kwame Nkrumah, African Studies, and the Politics of Knowledge Production in the Black Star of Africa, *The International Journal of African Historical Studies*, Vol. 46, No. 2, 2013, p. 187.

史学、社会学、人类学、政治学、法学、经济学、宗教学、哲学、艺术、语言和音乐等多个学科，并在20世纪60年代初发起了阿散蒂历史、阿拉伯文献收集、口述历史和本土音乐舞蹈等多个高质量研究项目。在人才培养方面，非洲研究所在研究生教育层面设置非洲研究硕士学位和非洲音乐专业文凭，在本科生教学层面负责向加纳大学所有大一新生开设非洲研究必修课，同时还积极参与中学教师的培训。[①] 美国非洲史学者珍·奥尔曼（Jean Allman）认为，作为一个强势跨学科的实体非洲研究机构，加纳大学非洲研究所在制度设计、科研项目和教学培养等多方面都重新掌握起知识生产的主导权，成为当时非洲研究非殖民化的重要驱动中心，让非洲研究得以在20世纪60年代初这一时刻非常接近"摆脱新殖民主义的命运"。[②]

其次，在非洲研究的内容方面，非洲本土研究机构和人员打破了欧洲殖民宗主国的单方面定义，提出了更符合非洲需要的研究方向，极大拓展了非洲研究的研究范围和学科视野。恩克鲁玛曾在1961年加纳大学非洲研究所的开幕演讲中指出，非洲研究很大程度上受到"殖民研究"的影响，处在殖民意识形态和思维模式的阴影之下，在研究内容上存在严重局限：非洲史仅仅是帝国史框架下的边缘角色，非洲社会文化研究主要是为了给间接统治提供知识和智力支持；非洲语言研究同样服务于欧洲传教士和殖民官员；非

[①] Francis Agbodeka, *A History of University of Ghana: Half a Century of Higher Education (1948-1998)*, Accra: Woeli Publishing Services, 1998, pp. 168-171.

[②] Jean Allman, Kwame Nkrumah, African Studies, and the Politics of Knowledge Production in the Black Star of Africa, *The International Journal of African Historical Studies*, Vol. 46, No. 2, 2013, p. 203.

洲音乐、舞蹈和雕塑则被直接归类为"原始艺术";非洲经济研究则大多从欧洲剥削非洲的角度出发。① 因此,恩克鲁玛呼吁新一代非洲学者重新评估非洲的历史和当下,以非洲视角提出新的研究问题。具体而言,相较于此前的殖民时期,非洲研究的对象从"部落"(tribe)这一为殖民统治服务的人类学概念工具转变为民族国家,也就把非洲研究从人类学和语言学的狭窄领域推广到历史学、政治学、经济学、社会学、艺术学等更多学科领域。② 以历史学领域为例,在伊巴丹学派、达累斯萨拉姆学派和达喀尔学派等非洲民族主义史学流派的共同推动下,非洲学者普遍高度关注前殖民时期的非洲古代王国历史、非洲各国人民对殖民主义入侵的反抗、欧洲殖民统治对非洲社会的影响、非洲民族主义运动的历史根源、非洲现代民族国家建构以及非洲文明与埃及文明的联系等议题。③

再者,在非洲研究的方法层面,非洲学者提出了非洲研究应当利用的新材料和可以使用的新方法。正如恩克鲁玛在1961年的演讲中和戴克在伊巴丹历史系列丛书的导言中所共同指出的,非洲研究需要突破仅仅依赖欧洲书面史料的桎梏,不能像殖民史和帝国史研究那样将非洲史等同于欧洲人在非洲的历史,而是要去更广泛地寻找、编辑、出版和解释其他类型的史料,充分利用非洲丰富的口述传统以及阿拉伯语和豪萨语书面资料,以非洲为中心重新书写非

---

① Samuel Obeng ed., *Selected Speeches of Kwame Nkrumah*, Volume 2, Accra: Afram Publications (Ghana) Ltd., 1979, pp. 272-274.
② Immanuel Wallerstein, The Evolving Role of the Africa Scholar in African Studies, *African Studies Review*, Vol. 26, No. 3/4, Sep.-Dec. 1983, pp. 155-161.
③ 李安山:《非洲民族主义史学流派及其贡献》,《世界历史》2020年第1期。

洲历史。① 例如，以戴克为代表的伊巴丹学派就在他们的著述中积极采用非洲视角研究本国历史，以本国本地区人民为论述中心，开创性地深入运用口述史料；同时，在尼日利亚国家档案馆的建设中，戴克等人非常重视阿拉伯语文稿的收集整理工作，将阿拉伯语文稿作为非洲研究非殖民化的有力武器和史料源头，"主动参与尼日利亚历史知识生产，为非洲的民族解放和独立提供历史资源和思想武器"。②

更为重要的是，与20世纪上半叶英帝国非洲研究者和下半叶美国非洲研究者所力图打造的所谓能够克服我族中心主义的、"非政治性"的、客观中立的学科定位不同，非洲大陆的政治和学术精英毫不讳言非洲研究与民族主义运动的紧密联系以及它应当扮演的政治和社会角色。非洲各国领导人纷纷通过研究许可制度影响非洲研究的方向和话题，对有损本国利益的敌意研究话题予以拒绝，尤其是那些刻意贬低非洲社会的研究课题，如坦桑尼亚就在20世纪70年代要求所有外国研究者均需获得达累斯萨拉姆大学的许可才能进入坦桑尼亚调研，且研究课题要有助于该国发展。③ 在非洲高校中，加纳大学非洲研究所吸收大量加纳中学教师进入研究所攻读

---

① Samuel Obeng ed., *Selected Speeches of Kwame Nkrumah*, Volume 2, p. 275; Boniface I. Obichere, The Contribution of African Scholars and Teachers to African Studies, 1955-1975, *Issue: A Journal of Opinion*, Vol. 6, No. 2/3，Summer-Autumn, 1976, pp. 27-32；李安山：《非洲民族主义史学流派及其贡献》，《世界历史》2020年第1期。
② 邓哲远：《尼日利亚伊巴丹历史学派再思考——以阿拉伯文手稿的收集与研究为视角》，《史学理论研究》2022年第3期，第107页。
③ Boniface I. Obichere, The Contribution of African Scholars and Teachers to African Studies, 1955-1975, *Issue: A Journal of Opinion*, Vol. 6, No. 2/3, Summer-Autumn, 1976, p. 28；刘海方：《从创生史看全球非洲研究危机：中国范式及其出路》，《区域国别研究学刊》第2辑，2020年。

硕士学位，要将恩克鲁玛所主张的非洲民族主义精神通过受训的中学教师注入加纳教育系统中；同时，非洲研究所还高度重视自身学习成果的通俗化传播，通过教科书、广播和电视等媒介向广大加纳民众进行民族主义宣传。[1] 伊巴丹学派同样也为尼日利亚培养了相当数量的中学历史教师，编纂了多套以非洲为中心，肯定非洲历史成就，强调非洲人主观能动性的历史教科书。[2]

因此，20世纪50年代至70年代也成为非洲本土进行非洲研究最为辉煌的30年。虽然第一代非洲史学家大多求学欧美，但他们在研究中坚持非洲民族主义立场，有力驳斥了非洲无历史的欧洲中心论调。此外，他们还培养了一批新生代非洲学者，创立了诸多重要的学术机构。值得一提的是，彼时的非洲大学也吸引着众多欧美学者前来学习和研究。例如，英国非洲史先驱之一、《非洲历史》期刊主创人员约翰·费奇（John Fage）在1949年就任职于黄金海岸大学学院，并在20世纪60年代初参与创立加纳大学非洲研究所；英国加纳史专家以佛·威尔克斯（Ivor Wilks）1953年离开牛津大学前往黄金海岸大学学院，长期在加纳进行教学和研究；[3] 著名英国东非史学家特伦斯·兰杰（Terrence Ranger）和约翰·艾利夫（John Iliffe）20世纪60年代来到达累斯萨拉姆大学，参与并领导了

---

[1] Samuel Obeng ed., *Selected Speeches of Kwame Nkrumah*, Volume 2, pp. 279-280.
[2] 李文刚：《肯尼斯·戴克与伊巴丹史学流派的创立》，《中国社会科学院大学学报》2023年第3期，第101—105页；曹峰毓、后黎：《论肯尼思·翁伍卡·迪凯在非洲史研究中的贡献》，《史学理论研究》2022年第2期，第151页。
[3] 威尔克斯长期研究阿散蒂王国的历史，代表著作为Ivor Wilks, *Asante in the Nineteenth Century: The Structure and Evolution of a Political Order*, Cambridge: Cambridge University Press, 1975。

达累斯萨拉姆学派的创建。①可以说，当时非洲高校在非洲研究领域的声誉足以同欧美顶级高校分庭抗礼。然而，20世纪70年代中期的经济危机和非洲国家的衰落导致了非洲高等教育的衰败，很多非洲学者被迫远赴欧美谋职，造成学术人才外流。也有学者指出，第一代非洲民族主义史学家有西方教育背景，热衷研究精英政治和历史，容易走精英路线而脱离群众，对20世纪70年代日渐兴起的"新社会史"参与甚少，也是20世纪最后20年非洲本土的非洲研究相对衰落的原因之一。②

四、美国模式和"再殖民化"：20世纪中期美国非洲研究的异军突起

虽然以西欧为中心的传统殖民主义范式的非洲研究从20世纪中期开始逐渐式微，且以非洲为中心的非殖民化的非洲研究日趋崛起，但作为一个整体，西方的非洲研究并未就此衰落，而是从西欧转移到了大西洋另一侧的美国。在美国联邦政府、私人基金会和高校非洲研究中心三位一体的全新运作体制的支持下，美国白人学者强有力地主导了战后初期到20世纪60年代末美国非洲研究的发展，不仅实现了自身的迅猛崛起，而且和非洲的非洲研究一样极大拓展

---

① 李安山：《论达累斯萨拉姆历史学派的形成与发展》，《世界史研究动态》1990年第4期；代竹君：《特伦斯·兰杰的非洲史研究》，上海师范大学硕士学位论文，2016年，第20—24页。
② 张忠祥：《20世纪70年代以来非洲史学的新进展：以医疗史研究为个案》，《史学集刊》2015年第4期，第8、13页；张忠祥：《20世纪非洲史学的复兴》，《史学理论研究》2012年第4期，第39页。

了非洲研究的学科范围和内容。更为关键的是,这批白人学者还把控了非洲知识生产的内容——什么样的非洲知识应当被生产、什么样的非洲研究问题应该被提出、什么样的非洲研究具有价值,更树立了所谓"客观中立"的非洲研究准则,但同时又继承了英国的实用性导向;因此,奥尔曼将美国白人学者主导下美国非洲研究的崛起称为非洲研究的"再殖民化"。[1]

与为英帝国殖民事业服务的缘起相似,美国非洲研究在其主流政界—学界的诞生同样源自本国的对外战略需求,但同时也发展出了一套全新的非洲研究运作体制。在"二战"期间和此后的冷战初期,由于长期以来非洲知识的严重匮乏和人才的严重短缺,美国的非洲研究在20世纪50年代初仍处于落后状态,仅有20位左右的专职非洲研究学者,无法满足本国非洲地缘政治的知识需求。[2] 在这一背景下,卡内基基金会和福特基金会等美国私人基金会率先向西北大学和波士顿大学等传统白人大学提供了慷慨的资金支持,帮助后者建立起美国首批实体性质的非洲研究中心;随后,1958年《国防教育法》("National Defense Education Act",NDEA)又在全国范围内为非洲研究中心的全方位崛起提供了长期稳定的资金保障和法律基础;私人基金会和联邦政府的资金最终落实在美国各大高校的非洲研究中心,形成美国非洲研究三位一体的发展范式。[3] 在具体

---

[1] Jean Allman, Herskovits Must Fall? A Meditation on Whiteness, African Studies, and the Unfinished Business of 1968, *African Studies Review*, Vol. 62, No. 3, 2019, pp. 6-39.

[2] Philip D. Curtin, African Studies: A Personal Assessment, *African Studies Review*, Vol. 14, No. 3, 1971, p. 358; William G. Martin, The Rise of African Studies (USA) and the Transnational Study of Africa, *African Studies Review*, Vol. 54, No. 1, 2011, p. 62.

[3] 刘少楠:《20世纪美国非洲研究的兴起与发展》。

细节上，美国各大高校的非洲研究中心基本均从以下三个方面开展非洲研究的体系建设：（1）在非洲语言方面，提供广泛的非洲语言教学、培训和研究；（2）在非洲知识层面，打破学科藩篱，建立起覆盖历史学、人类学、政治学、社会学、经济学、语言学和地理学的多学科非洲课程体系；（3）在非洲研究层面，资助硕博士的在校学习和田野调查，尤其鼓励学生和学者前往非洲进行长期扎实的在地非洲研究。[1] 在这一新的体制范式的推动下，全美的非洲研究中心数量从20世纪40年代末的仅1个迅速增加到1968年的38个，专职的非洲研究学者也从20世纪50年代初的仅20人增加到1968年的1600余人，实现了迅猛的跨越式发展。[2]

在美国政府和私人基金会支持下，以高校非洲研究中心为核心的发展模式还反过来深刻影响了战后英国非洲研究的发展。1961年，英国大学拨款委员会（University Grants Committee）发布《海特报告》。[3] 该报告将包括非洲研究在内的美国地区研究发展模式作为英国的学习榜样，认为该模式可以激发英国地区研究的潜力，如中心可以刺激地区研究的发展、打破不同学科的界限、平衡英国

---

[1] 美国高校非洲研究中心在非洲语言、非洲知识和非洲研究三个层面的体系建设，在资金上都来自私人基金会和联邦政府，主要如《国防教育法》外国语言奖学金和非洲地区研究奖学金、美国教育部富布莱特奖学金和福特基金会外国地区研究奖学金。参见刘少楠：《20世纪美国非洲研究的兴起与发展》。

[2] Norman R. Bennett, African Studies in the United States, *African Studies Bulletin*, Vol. 12, No. 1, 1969, pp. 35-80; Philip D. Curtin, African Studies: A Personal Assessment, *African Studies Review*, Vol. 14, No. 3, 1971, p. 358.

[3] 《海特报告》("The Hayter Report")由威廉·海特爵士担任主席的委员会负责撰写，全名为Report of the Sub-Committee on Oriental, Slavonic, East European and African Studies。

的古典研究和当代研究等。[1] 该报告也彻底改变了殖民官员和机构主导下的旧有非洲研究模式，主要由学者组成的英国非洲研究协会取代了皇家非洲学会的地位，伯明翰大学、剑桥大学、爱丁堡大学、阿伯丁大学和约克大学等英国高校新成立的非洲研究中心也极大地削弱了非洲语言与文化国际研究所和伦敦大学东方与非洲研究学院殖民时代的主导地位。[2] 简言之，以1961年的《海特报告》为标志，英国非洲研究正式进入美国模式时代。

美国的非洲研究在一定程度上受到了非殖民化浪潮的影响，或者说至少应和了非洲大陆上非洲研究的时代主题。美国的非洲研究在学科内容、人员构成和研究方法等多个层面都显著区别于英帝国的非洲研究。第一，在学科内容上，美国的非洲研究和非洲一样，都摆脱了20世纪上半叶人类学一枝独秀的局面，向历史学、政治学、社会学、经济学、语言学和地理学等多个学科拓展，并旨在以非洲为纽带打破旧有的学科分界；同时，美国非洲研究界也十分关注非洲古代王国、国族建构和反抗运动等带有非洲民族主义色彩的话题。第二，在人员构成上，美国以高校非洲研究中心为主平台的非洲研究模式将非洲研究从一项殖民事业变成了一项真正的学术事业。非洲研究的主体人员从殖民官员、传教士、殖民地商人和医生等在殖民地工作且和殖民地有重大利益关联的人群变成了相对纯粹的高校学者。第三，在研究方法上，在非洲民族主义史学方法的影响下，以范西纳（Jan

---

[1] J. D. Fage, British African Studies since the Second World War: A Personal Account, *African Affairs*, Vol. 88, No. 352, 1989, p. 407.

[2] Adam Branch, Decolonizing the African Studies Centre, *The Cambridge Journal of Anthropology*, Vol. 36, No. 2, 2018, pp. 76-77.

Vansina）为代表的美国学者也利用口头传说，发展出了一套成体系的理论化的非洲口述史方法，并在非洲古代史的研究领域取得重要进展。①

然而，虽然美国的非洲研究带有一定的非殖民化色彩，但其本质上仍与英国非洲研究一脉相承，尤其是美国白人学者以排他性的方式垄断学术话语、知识生产和资金分配，并打压非洲裔学者及其研究，为美国非洲研究打上了"再殖民化"的烙印。在研究主体方面，虽然专职的高校学者取代了殖民者成为非洲研究的主导群体，但从种族肤色上看，美国白人学者牢牢占据非洲研究的绝对多数，同时还将20世纪上半叶曾发挥主导作用的非洲裔学者群体拒之于主流学术圈外。例如，美国非洲研究协会（African Studies Association，ASA）在1957年创会时，与会的35位学者仅有两位非洲裔学者，剩余的全部来自传统白人大学，且学会权力机构也由白人学者掌控，这与"二战"前非洲研究中非洲裔占多数的局面形成鲜明对照。② 同时，美国非洲研究协会、私人基金会和联邦政府在研究经费和高校非洲研究中心设立等方面也都严重忽略非洲裔学者和传统黑人大学。

在研究原则和内容方面，美国白人学者与殖民时代的英国同行一样标榜所谓"科学""客观""非种族"和"超然"等原则，在非

---

① Jan Vansina, *Kingdoms of the Savanna*, Madison: University of Wisconsin Press, 1967; Jan Vansina, *Oral Tradition as History*, Madison: University of Wisconsin Press, 1985; Steven Feierman, *The Shambaa Kingdom: A History*, Madison: University of Wisconsin Press, 1974; Thomas Q. Reefe, *The Rainbow and the Kings: A History of the Luba Empire to 1891*, Los Angeles: University of California Press, 1981.

② Gwendolen Carter, The Founding of the African Studies Association, *African Studies Review*, Vol. 26, No. 3/4, 1983, p. 5.

洲研究圈内以种族主义的态度强硬垄断着非洲知识生产的"学术"定义。美国非洲研究协会在20世纪五六十年代对于其高级会员团有着区别于普通会员的严格准入标准，其中一条要求学者及其作品完全不涉及美国国内种族政治且秉承客观中立的立场，而这条规定几乎就是针对成名已久的非洲裔学者及其研究。① 以非洲研究协会第一任会长赫斯科维茨为代表的美国白人学者，其背后的私人基金会和联邦政府决策者都认为非洲裔美国人无法生产科学客观的非洲知识，极力打压带有泛非主义倾向或批评美国国内种族主义的非洲裔研究。② 例如，赫斯科维茨曾公开指责"黑人历史之父"伍德森和泛非主义领袖杜波依斯缺少学者的客观性，并通过自己的影响力让卡内基基金会拒绝杜波依斯等人的项目申请，其中就包括杜波依斯编纂的《黑人百科全书》(The Encyclopedia of the Negro)。③ 然而，在以"客观""中立"等准则排挤非洲裔学者和泛非主义倾向研究的同时，美国白人学者丝毫不拒斥为美国冷战政治利益服务，包括允许联邦政府参与历届年会、为美国对非政策提供资料和研究咨询、写信表态愿服务于中情局和培养公共服务领域的紧缺人才

---

① 有关美国非洲研究协会的"学术性"标准，参见刘少楠：《20世纪美国非洲研究的兴起与发展》。

② Pearl T. Robinson, Area Studies in Search of Africa, David Szanton ed., *The Politics of Knowledge: Area Studies and the Disciplines*, p. 138; Elliott P. Skinner, African Studies, 1955-1975: An Afro-American Perspective, *A Journal of Opinion*, Vol. 6, No. 2/3, 1976, p. 58.

③ Jerry Gershenhorn, *Melville J. Herskovits and the Racial Politics of Knowledge Production*, Lincoln, NE: University of Nebraska Press, 2004, pp. 143-156; Henry Louis Gates, W. E. B. Du Bois and the Encyclopedia Africana, 1909-1963, *The Annals of the American Academy of Political and Social Science*, Vol. 568, No. 1, 2000, p. 213.

等。① 因此，虽然美国白人学者标榜超然于欧洲殖民宗主国和非洲独立国家的天然客观中立属性，但事实上，一方面以此为由打压国内非洲裔学者的泛非主义研究，另一方面又积极为冷战时期美国的海外利益服务。

美国非洲研究在20世纪中期的崛起，一方面源于美国自身对非洲的战略需求，另一方面则大大受益于联邦政府、私人基金会和高校非洲研究中心三位一体的运作体制。美国白人学者牢牢把握着非洲研究的主导权，严格定义着非洲研究的内容、方向和边界，主动标榜着所谓"客观中立"的研究原则，但同时又以实用性为导向为美国冷战利益服务。美国非洲研究的崛起固然迅猛且全面，但白人主导、白人定义和美国例外的情况也让其在20世纪60年代末遭遇了一场巨大动荡和分裂。美国非洲研究界为了应对上述情况，从1971年开始启动改革进程。非洲研究协会首先对其组织制度进行改革；此后，美国高校、私人基金会、联邦政府机构和学术共同体都加入了变革进程，积极促进政治参与，纠正资源分配不公，主动调整族裔结构，吸纳新的研究范式。② 应该说，这些改革和纠偏帮助美国非洲研究在20世纪最后30年走向了包容、开放和多元，形成了美国非洲研究界的繁荣局面。

---

① Michael O. West and William G. Martin, A Future with a Past: Resurrecting the Study of Africa in the Post-Africanist Era, *Africa Today*, Vol. 44, No. 3, 1997, p. 313; William G. Martin and Michael O. West, The Ascent, Triumph, and Disintegration of the Africanist Enterprise, USA, *Out of One, Many Africas: Reconstructing the Study and Meaning of Africa*, University of Illinois Press, 1999, pp. 91-92; Jean Allman, Herskovits Must Fall? A Meditation on Whiteness, African Studies, and the Unfinished Business of 1968, p. 13; 梁志：《美国"地区研究"兴起的历史考察》，《世界历史》2010年第1期。
② 刘少楠：《20世纪美国非洲研究的兴起与发展》。

五、对中国的非洲研究的启示

本文对20世纪英国、非洲和美国这"三地四方"（即英国白人、非洲人、美国黑人和美国白人）非洲研究的兴起历史进行了考察，并从发展契机、知识生产主体、知识生产内容和知识生产原则四个方面，对上述三地非洲研究的学术特点和政治背景予以归纳总结。概括而言，20世纪英国、非洲和美国非洲研究的迅速崛起分别与建立殖民统治、实现非殖民化和冷战国家利益等战略需求密切相关，且在一定时期内有政府资金予以大力支持。它们非洲研究的兴起阶段都伴随着迅速增加的非洲研究学术组织、高校非洲研究中心和非洲研究期刊，从而为研究者的职业发展、学术发表、知识共享和互动交流提供了充分的舞台。

中国非洲研究的发展正迎来前所未有的历史契机。在"一带一路"倡议和中非合作不断深入拓展，以及区域国别学成为一级学科的背景下，我国政府、企业、高校和个人都对非洲产生了更为迫切的知识需求，也逐渐开始有更多资源投入非洲研究。中国非洲学界应抓住机遇，着眼于知识生产主体的扩大，尤其是个人层面非洲研究学者基数的增加和制度层面非洲研究平台的完善。中国非洲史研究会等学术团体、《西亚非洲》和《非洲研究》等学术刊物、各大高校和研究机构的非洲区域国别研究中心都已逐步建立或日趋成熟，为我国非洲研究的进一步发展准备了基础平台。[①]

但是，我国非洲研究的知识生产主体仍有待进一步扩大。第

---

① 关于中国非洲研究机构和刊物信息，参见李新烽主编：《中国非洲研究年鉴2020》，北京：中国社会科学出版社，2021年。

一，学者人数仍相对有限，整体力量薄弱。以非洲史研究会为例，其会员有330余人，年会参会人数维持在100人左右；而美国非洲研究协会年会则有2000人参会，且其会员人数在20世纪60年代末就已经接近2000人。第二，学术发表平台有限。除了《西亚非洲》和《非洲研究》已成为CSSCI来源期刊和集刊外，国内鲜有非洲研究刊物得到现有评价体系认可。第三，基础学科发展薄弱。目前，虽然中国非洲研究学者分布的学科比较多元，但是人类学、语言学和历史学的人才培养和科研水平与国际非洲研究界仍有较大差距；而在政治学和经济学等应用性较强的学科中，很多学者热衷从事中非关系研究而非基础性非洲研究，因此可能造成非洲研究的"自我边缘化"陷阱，即中非关系研究挤占过多非洲研究的学术资源。[1]中国的非洲研究应借鉴国际经验，加强人类学、语言学和历史学这三个学科的人才培养。

中国的非洲研究也需吸纳并突破既有的研究范式。20世纪的国际非洲研究界呈现出三种主要研究范式，即英美白人学者代表的"非洲主义范式"（Africanist paradigm，注重非洲国别研究）、非洲本土学者代表的"非洲大陆范式"（continental paradigm）和北美非洲裔学者代表的"跨大陆范式"（transcontinental paradigm）。[2] 20世纪上半叶，英帝国白人学者倾向于生产具体部族或殖民地的实用性非洲知识，而大洋对岸的美国黑人学者则从泛非主义出发，强调

---

[1] 张宏明：《中国的非洲研究发展述要》，《西亚非洲》2011年第5期。

[2] William G. Martin and Michael O. West, Introduction: The Rival Africans and Paradigms of Africanists and Africans at Home and Abroad, William G. Martin and Michael O. West eds., *Out of One, Many Africans: Reconstructing the Study and Meaning of Africa*, Urbana: University of Illinois Press, 1999, pp. 1-36.

将非洲大陆和流散非洲裔视为命运共同体，注重非洲和非洲裔之间的联系。20世纪中期，美国白人学者继承了先前英国同行的内容偏好，针对新独立后的非洲具体国家进行知识生产，而非洲独立前后的本土学者则秉持反殖民主义和民族主义立场，坚持从非洲观察非洲。中国学者李安山最近撰文指出上述三种范式遭遇的挑战，建议尝试"全球非洲研究范式"，并从人员分布、客观条件、主观条件和学术共同体四个维度指出实践新范式的学术基础。① 全球非洲研究范式有赖于全世界学者的合作，中国非洲学界虽然在短期内难以成为非洲研究知识生产的中心，但是能够在其中做出应有的贡献。我们应该认识到，中国学者在构建有中国特色的非洲研究方面也有独特优势。21世纪以来，中非合作卓有成效。大批在非洲的中国企业和移民的经营活动以及中国参与建设的港口、铁路等基础设施有助于我们重新思考非洲与外部世界的联系以及非洲在世界上的新定位。中非交往的丰富性和多层次性是非洲国家在殖民经验中以及它们独立后与西方国家交往中所没有的。这些中国的企业、移民和基础设施可以成为中国学者研究非洲的天然切入口，并借此去探究其背后更为广阔的非洲历史、政治、社会和文化语境。②

在知识生产的方法层面，中国非洲研究既要坚持科学客观的评价标准，又要警惕不落入"本国例外论"的窠臼，同时肩负起非洲研究非殖民化的历史使命。英、美、非在20世纪中期所确立的关

---

① 李安山：《21世纪以来中国的非洲研究：成绩、困境与突破》，《国际政治研究》2023年第5期。
② 例如，在非洲劳工研究领域，一些中非关系学者就以中国企业和移民作为切入口做出了原创性研究，参见许亮：《国外非洲劳工史研究评述》，《国际政治研究》2023年第3期。

于非洲研究的一般性学术标准，即长期深入的非洲田野调查、基于非洲的可靠一手资料和各学科严谨科学的理论方法等，值得我们学习借鉴。中国非洲学者往往习惯于编年史式的全景研究，以一手资料和田野调查为基础的精深个案研究亟待加强。中国的非洲研究者在20世纪受资金条件限制，难以深入非洲调研获取一手资料，但这一资金桎梏正逐渐得到解决，因此新一代中国非洲研究者应当树立更接近国际一流水平的学术标准。同时，我们在进行非洲知识生产时更应警惕英美一系相承的"本国例外论"，不将其发展为"中国例外论"。20世纪上半叶的英国人类学家认为自己是非洲人与殖民官员之间的超然中立者，20世纪中期的赫斯科维茨等美国学者也认为自己美国人的身份可以完全超然中立于宗主国和殖民地之间，而中国学者也有可能倾向于认为自己在西方与非洲之间有着天然的客观中立地位。[①]事实上，"中国学者"这一标签本身并不意味着我们可以成为欧、美、非学术争论的天然裁判者。中国学者应当正视中国在非洲的实际利益和可能出现的我族中心主义偏见，在这一基础上以深入扎实的学术作品与国际学者对话交流，参与国际学界非洲研究的知识生产。

[原载《清华大学学报》（哲学社会科学版）2024年第3期]

---

① Sally Falk Moore, *Anthropology and Africa: Changing Perspectives on a Changing Scene*, Charlottesville: The University of Press of Virginia, 1994, p. 20; Elliott P. Skinner, African Studies, 1955-1975: An Afro-American Perspective, *A Journal of Opinion*, Vol. 6, No. 2/3, 1976, p. 59.

第二部分

历史学的探讨

试论中国的区域国别研究：路径选择与专业书写

吴小安

方法论与理论是相互对应的。对于学术研究而言，方法论首先是关于学科的，是被学科和学术的专业规范所规定的。任何学科的方法论，都被各学科的学术史、理论范式、概念模式、问题视角和资料收集处理分析等规定。无论是学科的方法论，还是理论的方法论，都是人类、社会与自然的面向，都拥有鲜明的文明和学术的传统特征，虽然充满了学人能动的个性与独特的创造力，但都不是信马由缰和自说自话的，而是有一定的学界系统、学科训练、证据资料和专业操守。

中国的区域国别研究有理论与方法论吗？什么是中国区域国别研究的理论与方法论？其鲜明特征、创造性及独特的国际学术影响力表现在哪儿？弄清这些核心问题是非常有意义的，至少会让我们保持清醒，不会被误导，不致陷入某种本末倒置的伪命题和智识陷阱。

中国学界长期以来把引进、翻译国外人文社会科学重要成果当作研究本身（包括直接或间接地解读、消化与批判）；中国的对外研究习惯以单一的、教科书式的叙述和"列国志"式的普及为主，缺乏双向的、系列多元的深入专题研究；中外学科训练、话语权、研究水平和对话交流仍然处于严重不对称、不平衡的状态。中国区域国别研究的重磅推出表明了一个结构性的转变：以前我们一直向外面的世界学习，如今则需要真正地走出去做研究；不仅我们的学人要走出去，进行深入研究和向外发声，我们的学术成果也要获得国际学术界的认可。

本文围绕中国的区域国别研究是什么、为什么等核心问题展开讨论。具体来讲，涉及以下问题：国际上的区域研究已相当成熟，当下中国的区域国别研究到底有没有意义，有什么意义？国际区域研究的哪些经验与教训值得我们借鉴和吸收？中国区域国别研究的起步相对较晚，是否能够跳过或者超越国际区域研究的基本阶段？如果不能，在新的历史背景和条件下，中国到底应该怎样脚踏实地进行区域国别研究？相对于学术史与世界文明史，区域国别研究的问题与实质是什么？对于中国来讲，对外研究、外国研究、国际中国研究、华侨华人研究和新亚洲研究，与区域国别研究有什么关联（作为研究范式的关联与作为研究领域或主题的关联）？对中国人文社会科学，特别是新文科而言，区域国别研究意味着什么？对外国语大学、外国语学院而言，区域与国别研究意味着什么？为什么会有如此百家争鸣、百花齐放的路径？这是一个现实的、重大的中国智识现象。

一、当前中国区域国别研究存在的问题

（一）区域国别研究中的概念辨析

要真正理解区域国别研究，首先就要明确分辨其中的几对概念。

其一，区域与区域研究是两个性质根本不同的概念。区域作为地理文化概念是泛指，无论境内还是海外都能适用。区域研究则是

特定的范式，有特定时间与空间的规定。

其二，作为国别研究的国别与作为区域研究的国别同样是两个不同性质的概念。虽然两者是共生共存的，但前者是一般性的泛指，后者则是指在区域研究中作为基本分析单位的民族国家。

其三，区域国别研究，或者国别区域研究，固然是域外研究或外国研究，但是域外研究或外国研究，却不等同于区域国别研究。作为范式的中国区域国别研究与国际上的区域研究大致相同。这是中国区域国别研究概念的模糊之处，或者说是有意模糊之处。实际上，中国区域国别研究在本质上应该与国际上的区域研究含义相同（虽然范式不同），只是使用了"区域国别研究"（有的用"国别区域研究"）这一名称。这反映了中国学界的学术生态与标新立异、百花齐放的现象。需要明确的是，"区域与国别"或者"国别与区域"研究的提法，与"区域国别"研究或者"国别区域"研究的提法，应该是大不相同的：前者已经明显地带有权宜、实用、包容的工具性质，或者是机械、片面的理解，而非出于作为同类国际研究范式的智识考量。这应该是与"区域国别"研究提法有意模糊的明显不同之处。

其四，中美两国区域研究的异同点。中美区域研究都是在世界大变局的战略交汇点发生的，都是在作为全球强国地位发生结构性变化的情况下发生的，都是在变动新形势下国内与国外战略迫切需求下发生的。中国的区域国别研究，某种意义上属于国际上盛行的，但有不同时间节点、国家利益、内涵和性质、面向和发展阶段的学术研究与学科范式。中国的区域国别研究，既涵盖非西方的发展中国家和地区，又涵盖西方的发达国家和地区，就是最有力的证明。美国区域研究的焦点是中间地带，即广大的亚非拉地区；中国的区域国别研究,如同术语的模糊提法一样,重点与焦点依然模糊,或者有意模糊。其实,中国周边地区(包括海洋边界)、"一带一路"沿线地区、欧美等西方发达地区这三大板块,应该是中国区域国别研究的关注重点。

(二)两个不平衡、不对称

首先,译介与原创成果的不平衡、不对称。翻译与介绍,始终是国际区域研究和人文社会科学研究的一项重要的、基础性的学术工程,始终是人类文明交流互鉴的重要组成部分,在中国也不例外。从目前国内社会科学和外国研究的现状来看,翻译、介绍的成果与国内学人的原创性成果相比存在严重不平衡、不对称的情况。但是,翻译介绍终究不能代替区域国别研究。其次,国际与国内研究被接受程度的不平衡、不对称。国际上对中国的研究已经很深、很广;然而,被国际学界接受的中国自身的研究成果却非常少,形成严重不对称的局面。两个不平衡、不对称制约了中国自身的发展,使国内与国际学界对中国研究的数量与质量形成鲜明的反差。

另外,中国的区域国别研究主要是以中文为书写语言、以服务中国国家战略目标为目的,是中国风格、中国学派、中国模式的学术研究。然而,中国的区域国别研究,并不因此意味着是封闭的、内卷的;恰恰相反,中国的区域国别研究应该同样是国际区域研究的重要组成部分,是新时代和新国际关系背景下对国际区域研究的丰富和发展。

(三)学科建设和实际研究中存在的问题

在学科建设上,从大学专业转型视角看,以前是语言问题,现在是学科问题；以前中国大学中设外国语学院（School of Foreign Languages），不是外国研究院（School of Foreign Studies）；以前，外国语主要强调语言的学习，对外国文化、社会、历史主要强调背景知识的学习，而非学科专业训练；而今，不仅要学好语言，也要精通外国文化与社会历史，同时强调将学科的分析与研究作为学生培养和学科建设的重要环节。从国家政治层面看，以前是意识形态问题，现在主要是社会与文化问题，尤其是关于中国学派、中国风格和中国模式的标识问题。

另外，有些高校讨论设置区域国别研究的院所与学科，不能聚焦在学术与学科建设等问题上，反而对项目经费和学科平台建设牌照的"热情"更大。这种现象需要我们深刻反思。

在实际研究中，很多研究并不是从学理、学术史层面做专业阐述，论证区域国别研究的学科问题，一些区域国别研究的论述过于简短，与政论性文章相似，而这些论文的目的大多在于舆论宣传，并非真正的专业研究。毫无疑问，作为学术范式的区域国别研究，既不是"列国志"，也不是智库与报刊文章。这些诚然可以是区域国别研究的初级产品或副产品，却不能视为区域国别研究的主流。

二、区域研究的关联主题与历史发展阶段

讨论中国的区域国别研究，应该聚焦为什么、怎么样的重要问题。具体而言，在全球百年未有之大变局背景下，全球中国、全球华人与中国周边，对我们的区域国别研究有重大意义，是与区域国别研究有重大关联的主题。

（一）全球中国

中国区域国别研究热潮的最大框架和依托是"全球中国"。全球中国，英文是 Global China，主要是一个当下进行时与未来时的概念，中文则有时表述为"中国与全球化""中国与世界"，有时用通俗易懂的一个词——"中国梦"。实际上，全球中国是一个历时的、发展的、动态的和包容的概念：既包括中国的视角，又包括世界的视角，也包括中国与世界的相互关系；既包括现代中国的历史进程，又包括当下中华民族伟大复兴，也包括"一带一路"倡议、中外文明互鉴与人类命运共同体的重要内涵。

全球中国，是西方等外部世界关注和理解当下中国和中国发展的进程；是中国崛起、中国全方位改革开放、中国经济融入世界、全球华人团结、中华民族共同体意识凝聚、中外文明交流互鉴融合，以及人类命运共同体建设越来越关切的进程；是中国开始第二个"百年"奋斗目标，中国人民追求美好幸福生活的正当愿望，是全面建设社会主义现代化强国和中华民族伟大复兴的进程。

全球中国，表现为中国与世界越来越紧密地联系在一起，中国越来越走近世界舞台的中央；表现为大量新一代留学生、中国游客和孔子学院；表现为大量中国出口和进口，中国经济结构转型与创新发展，中国社会结构变迁与现代化发展，中国对外开放的全面升级、国际化水平的提升；表现为大量外国资本和外国移民持续进入中国，以及中国移民大量回流；等等。

全球中国，与全球化密切相关，更与改革开放至今中国的发展、变迁密切相关。全球中国，是坚持中国共产党领导与坚持人民至上、坚持独立自主与坚持理论创新、坚持中国道路与坚持胸怀天下、坚持敢于斗争与坚持统一战线等十条宝贵历史经验的辩证统一。

全球中国，同时与近20年国际中国研究密切相关。国际中国研究应该指的是关于中国与中国外延的研究，是全球中国发展的必然产物，其含义包括海外学人关于中国的研究和中国学人关于中国研究的国际化。目前，后者与前者相比，要逊色一些。无论如何，国际中国研究，应该是全球中国这个概念普及的重要推手。在国际学术界，中国人文社会科学研究共享主要是关于中国的，无论以中文、英文或其他语种出版的，无论中国学人还是外国学人书写的，或者翻译成外文的中国学派或中国学人的论著。中国学人或者中国学派的研究论著，能否被研究对象国或国际学术界承认，能否产生积极的反响，从而成为国际学界关于某一区域国别研究中不可缺少的组成部分，应该成为衡量中国学派、中国风格的区域国别研究的试金石。

（二）全球华人

全球华人，既是全球中国的重要议题，也是全球移民的专门课题。华侨华人是全球华人的重要组成部分，也是全球移民的重要组成部分。

全球华人，是指在新世纪、新时代、新形势背景下的海内外华人，既有全世界范围的地理维度指涉，又有中华民族族群和文化的整体指涉，同时具有鲜明的时代特征。全球华人的议题，既关系到中国与世界的关系，又关系到中华民族共同体意识的构建和中外文明交流。中国和中国人，中华民族与中华文明，始终是我们讨论参照和关联的主线与大背景。这是中国区域国别研究的另一大特色。历史上大规模的对外移民潮，华侨华人与中国持续不断的连接通道，革命与民族救亡、侨汇与现代化建设、引进来与走出去，事关中华民族伟大复兴的事业，都与全球华人的重大战略议题密切相关。

实际上，全球华人与华侨华人是两组相互呼应、密切关联的族群共同体。说是族群共同体，是因为同宗、同源、同文、同种、同命运；说是不同的两组，是指海内与海外两个不同的层面。全球华人与华侨华人中的华人又有不同的概念含义：前者是族群文化的概念，与"中华"对应考察会更明确；后者是政治法律属性的概念，与"华侨"对应界定会更清晰。狭义的华侨华人则是专指海外华人，是全球华人的重要组成部分。

海外华人包括华侨、华人、新移民。实际上，在族群意义上的新移民同样可以称为华人。华侨华人与新移民，分别代表着不同的移民来源地、时间点、流出国家和地区。新移民不是改革开放前出国、已经成为华侨华人的中国移民，而是改革开放后出国留学的新一代移民。新移民有两大特点：其一，近20年来很多外籍新移民回流中国，成为各行各业的专业人士与创业精英；其二，新移民同时包括近20年来在中国走出去大背景下，以海外投资、经商创业、定居为目的的新世纪中国新一代移民。这批移民，不仅大规模流向西方发达国家，而且流向亚洲、非洲和拉丁美洲等发展中国家。

无论华侨、华人还是新移民，他们都是中国革命、现代化、改革开放与中外文明交流的重要桥梁与使者，也是中国区域国别研究的重要对象。如果说，冷战与现代化是第二次世界大战结束后美国区域研究兴起的时代背景，那么，"一带一路"倡议举措，同样应该是中国当下新一轮区域国别研究热潮的重大国际背景。

"一带一路"是中国走出去、走向世界，并与世界互联互通的重大方略。

（三）中国周边

如果说，欧美地区与中国周边是中国区域国别研究的两极，那么，非洲和拉丁美洲则是中国区域国别研究中具有重要意义的"中间地带"。中国是边界线最长、邻国最多的国家，中国周边具有历史变迁与结构性当代发展的鲜明反差。对中国而言，一方面，历史上周边国家与中国边疆问题、少数民族问题、华夷秩序、东亚国际关系的朝贡体系密切相关；另一方面，周边又与中国国际地位和当代亚洲国际关系的革命性变迁密切相关。

近现代历史上，亚洲的国际关系格局至少发生了三次革命性重组：第一次是19世纪中叶两次鸦片战争后，中国传统的朝贡体系崩溃、西方殖民主义霸权确立；第二次是20世纪中叶西方殖民主义体系瓦解、亚非拉新兴民族国家独立、美苏冷战；第三次是苏联解体、冷战结束、全球化与"全球南方"，特别是全球中国的崛起。这三次国际关系的革命性重组，不仅深刻地改变了现代中国的历史发展轨迹，同时也深刻地改变了中国对外部世界的认识与理解。第一次是反对封建主义、对西方的认识与对南洋的大规模移民；第二次是以反对殖民主义和民族独立建国运动为中心的亚非拉第三世界国家互动与以意识形态为中心的"亚洲冷战"；第三次是中国快速发展与世界越来越密切地联系在一起。

中国区域国别研究的历史与后两次国际关系的革命性变迁及世界秩序重组密切相关，也与国际上以美国为中心的区域研究的发展轨迹大致相似。中美区域研究产生的背景相似，都是在世界大变局的战略交汇点,都是在作为全球强国地位发生结构性变化的情况下发生的,都是为适应新形势下国内外战略需求发生的。不同的是,对全球中国而言,中国走出去与中国对全世界认知的需求,无论对中国周边、广大的亚非拉地区,还是西方国家,都是非常迫切、实实在在和更高层次、更高要求的。

(四)区域研究的历史发展阶段

国际上的区域研究。国际区域研究产生于第二次世界大战之后,大致经历了20世纪五六十年代的繁荣,七八十年代的衰落甚至危机,90年代的调整与转型,以及21世纪之后的新生和发展。从发展时段来看,以冷战结束为界,之前为旧区域研究时期,之后为新区域研究时期。从更大知识谱系与更长历史发展视角来看,区域研究的大背景是东西方冷战与非西方的现代化,承接欧洲的殖民研究而来,逐渐发展为全球化研究,其共同的智识源泉是古典研究,而对立面是以文本与考据为基础的东方研究和以单一视角为依托的传统学科研究。

中国的区域研究。中国近代学术的对外开放与交流,也分为三个阶段:其一,鸦片战争后学习、翻译、引进西学,这一进程构成中国人文社会科学的重要支撑,一直持续至今;其二,中华人民共和国成立后,苏东与亚非拉为研究重点,但这一过程是时断时续的,曾一度成为研究热点,后长期沦为边缘;其三,改革开放后,重新向西方学习,并开始关注周边,这一过程是当下重要的前进方向。应该指出的是,鸦片战争后,中国知识界开始向西方学习的过程并不能算是学术史意义上区域研究的开始,也许可以视为中国区域国别研究的前身。当前的区域国别研究不应视为第四个阶段,而应视为鸦片战争后，中国对外研究的巨大改变和跃升。在某种意义上，中国的区域国别研究几乎是与美国的区域研究同步开始的，时代背景也是相似的。不同的是，由于国情与学术传统的差异，中国与美国区域研究的性质、内容、侧重点存在着根本性的差异。20世纪80年代之后，双方是相向而行、相互呼应的，都十分重视和关注对方的研究。

谈到中国特色的区域国别研究，有两点必须明确：其一，区域与国别之间表达的是国际与区域（international and area）之间，是国际的与地区的、国际关系与地区问题的维度；其二，作为研究的切入口，区域与国别之间是区域国别（areas and nation-states），是经验研究与内外、整体的视角关联。区域与国别之间，同时是全球化、跨国化、国际化、地区化的视角维度。

区域国别研究既是中国研究的特色发明，又是中国特色的研究创造。区域国别研究，或者国别区域研究，可以容纳所有的国别研究者，而不是部分容纳、部分排斥在外。从换位与重新定位视角来看，如果说区域研究（area studies）是以美国为中心的非西方研究和美国模式的国际研究范式，那么，中国的区域研究即使不能以中国为中心，也应该从中国视角出发。这是一个不可动摇的基本原则。

学术研究或填补空白，或订正谬误；或丰富完善学说论点，或回应热点；或是老问题、新观点，或是旧材料、新方法，或是新材料、新观点，等等，无论怎么强调中国区域国别研究的文明特色，都必须有与学界对话的关怀指向，都应拥有自己元素的立场定位。我们不能脱离这些学术研究的专业基本点，高谈阔论中国区域国别研究的学术传统与特色。

三、中国东南亚研究与新亚洲研究

（一）中国东南亚研究

从学术史脉络上看，20世纪80年代以前，中国东南亚研究传统上一直被称为"南洋"研究。鉴于华人的庞大数量、经济地位、移民与贸易的悠久历史，以及从中国移民到居留地公民身份的结构性变迁，东南亚华人研究始终是中国东南亚研究最重要的组成部分。同样地，鉴于亚洲的冷战及东南亚华人与中国的关系，东南亚华人同样成为国际东南亚研究的重点，不仅被视为东南亚独立建国工程与公民权资格的重要议题，而且是东南亚冷战与现代化的重要工具。

中国东南亚研究的优势是中国与东南亚的关系，包括政治、经济、社会、文化关系，特别是朝贡贸易、边界问题与中国移民等主题；是相关的东南亚中文资料记录，尤其是古代史研究；是有关华人学者对东南亚古代史的中文书写；是有关华人会馆与华人社区的档案资料与研究；是对中国东南沿海、西南边疆和南海的研究，甚至中西贸易交通史、季风亚洲海洋史研究，都必须关联和延伸到东南亚研究，等等。应该说，中国的东南亚研究在这方面的成绩是出色的。

在中国东南亚研究中，两种主要文本的专业书写与路径选择具有一定典型性。一是中文书写。至少在20世纪50年代前的东南亚华人学者用中文书写的东南亚研究，都应算是中国研究，不仅因为这一代学人是第一代中国移民，而且因为他们基本是以中国国家视角、中国身份认同书写的。二是外文书写与中文翻译，如第二次世界大战后，英国历史学家维克多·珀塞尔的《马来西亚华人》和

《东南亚华人》、美国人类学家施坚雅的《泰国华人社会：历史的分析》、美国历史学家魏安国的《菲律宾生活中的华人》等，都是非常重要的第一批专题性著作。至于20世纪80年代前后翻译的霍尔的《东南亚史》、温斯泰德的《马来亚史》、卡迪的《战后东南亚史》、哈威的《缅甸史》，以及21世纪前后的《剑桥东南亚史》《马来西亚史》《东南亚的印度化国家》《东南亚的贸易时代》《弱者的武器》《农民的道义经济学》《图绘暹罗》等一系列高水平的译著，应该是新时期中国东南亚研究迈上新台阶的重要标志。然而，这些依然是以翻译、引进、学习、介绍为主。

（二）新亚洲研究

如果说远东研究是殖民研究范式的标签，那么，亚洲研究则是远东研究的后世；如果说20世纪50年代兴起的亚洲研究是战后区域研究的样板，那么，近30年来的新亚洲研究则代表了全球政治格局变迁下亚洲研究的新形势、新面貌、新视角。同样地，反对帝国主义和殖民主义与新兴民族独立建国运动，使20世纪五六十年代的中国亚洲研究成为热点。但是，中国的区域研究更多地关注欧美日等西方发达国家，很少真正关注广大的亚非拉地区，更不要说亚洲本身。直到21世纪，这种现象在中国才开始有所改变，而新亚洲研究在亚洲其他地区比在中国至少早出现20年。亚洲的新亚洲研究模式大致有如下几大类：其一，新加坡、中国香港、印度，以及部分马来西亚、泰国说英文地区的国际化模式；其二，中国、日本、韩国、越南等传统的东亚研究模式；其三，受欧美澳等西方教育、回归本国大学或在亚洲各地大学流动的学人模式；其四，其他亚洲本土国家和地区模式，包括东南亚、南亚、中亚、西亚等地区。

新亚洲研究既具有强烈的后冷战全球化时代特色，又具有强烈的本土民族国家身份认同。历史、语言文化、社会经济发展与国际化开放程度等因素，构成了新时期新亚洲研究的动力。新亚洲研究，不只指亚洲研究在亚洲与在西方开始相提并论，更重要的是有关亚洲的经验和知识生产，将会丰富人类社会的知识宝库。新亚洲研究，不只是冷战时代的亚洲研究向全球化时代的亚洲研究转型，不只为适应亚洲变化，而且是亚洲的场域越来越成为亚洲研究的重要中心（不再仅仅是研究的对象而已）。亚洲的学者特别是新一代的学者，越来越成为亚洲研究的生力军，特别是与国际对话的亚洲研究的生力军。

（三）中国区域国别研究的专业书写

中国区域国别研究讨论的立足点是中国本身，对照的国际学术实践包括美欧的区域研究。这个定位是基本。然而，鉴于中国是世界大国与文明古国，鉴于中国国情，从中国出发的另一个中层维度应该成为我们考察中国区域国别研究的试金石。这个标准是现实。这是因为对亚洲而言，对中国周边而言，特别是对中国东南亚研究而言，中国的亚洲研究，特别是新亚洲研究，无论哪个意义上，都是一个无法回避的重要参数。这个判断是基础。换言之，作为区域国别研究的范畴，中国的欧美研究固然非常重要，几十年来实际上是中国区域国别研究的重中之重，然而我们却无法加入欧美研究的对话中，并且亚非拉研究不足，特别是缺乏对中国周边的研究。我们应该清醒地认识到，长期以来，这种严重缺位、反差导致了中国区域国别研究的内在脆弱性。

在中国崛起、亚洲复兴和全球化进程中，中国区域国别研究、全球中国研究与新亚洲研究实际上是相互联动、密不可分的。在此背景下，虽然当前中国区域国别研究的兴起与第二次世界大战后美国作为全球强国地位确立后区域研究的发轫、时间点、范式是不同的，但其结构性背景与权力关系动力，应该有相似之处。随着大学日益国际化，学术刊物与学术出版日益国际化、数字化，新思想、新方法、新学科、新资料、新问题与新需求越来越相互交叉渗透，对中国新一代人文社会科学学者的要求越来越高。

因此，对专业书写与路径选择来说，需要特别明确以下三点。

其一，在区域研究范式中，民族国家作为基本分析单位，不仅是国家的疆界，而且是族群、语言与文化的标识边界。在区域研究书写中，国家、族群、语言、文化和历史疆界应该是基本不变的，变化的是研究视角和框架，新的研究视角和框架远远超过了以前民族国家疆界所规定的范畴，变成了跨地方、跨族群、跨文化、跨国家、跨地区、跨洲际和跨海洋的多元互动与多元身份认同，并且这种新的多元互动与新的多元身份成为人类社会新的生活方式与发展动力。

其二，现代历史上，学术研究基本是以民族国家的本土语言为书写媒介，以各自国家为面向，以国家自身利益为主要宗旨。"地理大发现"与工业革命，使世界发展成为一个地理的、经济的和政治权力关系的整体框架。英帝国一个半世纪的重要历史遗产之一是使英语成为国际化语言，而战后美国一直是世界政治、经济和科技中心，进一步加强了英语作为国际化语言的主导地位。世界各国的学术研究与书写不仅要以本土语言为媒介和以本土民族国家为面向，而且要超越本土民族国家的语言与疆界，或通过翻译等中介传播手段，面向全球与全人类。知识生产的智慧产权与专业市场面向，也不仅以民族国家为唯一标准，还以更广泛的国际专业市场为面向和参照。

其三，中国区域国别研究的专业书写，有两个相互关联的重要面向：一是中长期研究的学术专业面向，而不仅是面向报刊媒体与政府职能机构；二是面向对象国家和地区的国际化研究，而不仅是关起门来面向中国本土的专业市场。例如，南亚研究或欧洲研究，如果中国学人的研究分别在南亚、欧洲和国际南亚、欧洲学界被广泛引用，那么，我们讨论中国区域国别研究的专业书写应该就具备了良好的基本专业共识。

（原载《史学理论研究》2022年第2期）

我们需要什么样的区域国别研究——基于美国实践的省思[①]

张 杨

时下国内学术界围绕区域研究的讨论已成热潮,其中不乏对美国相关研究的梳理,以期勾勒出中国自己的发展蓝图。[②] 尽管在不同语境、情境和环境下,学者们对区域研究的理解呈现出高度的差异性,但对这一概念的基本要素能够达成一定共识。简言之,区域研究是指以某一特定区域或文化为单位,利用多学科的知识和方法,通过田野调查和多元化的资料呈现,开展地系统性知识生产。关于区域研究的核心目标和基本功能,学术界内部的分歧较大。一般而言,学者们承认区域研究有很强的实用取向和咨政功能,是一个世界性大国必不可少的智识资源。

尽管世易时移,美国区域研究的历史仍是最为切近的参照。区域研究在美国高校形成学术团体,完成学科建制,并在国际学术界

---

① 本文是国家社会科学基金重大项目"知识外交与战后美国学术话语体系的全球建构研究"(项目编号:20 & ZD243)的阶段性成果。
② 区域研究在不同国家和地区有不同的命名,如欧洲称为"东方学",中国称为"区域国别学",美国称为"区域研究",但有时也叫"区域与国际研究"。区域研究并非一个学科,而是一种多学科复合体,有人认为是一种研究方法。文中为叙述方便,有时使用"学科"这种表述。2020年初,《光明日报》组织了一次专题讨论,钱乘旦、张倩红和汪诗明提供了非常具有前瞻性的思考。参见钱乘旦等:《构建中国特色的区域与国别研究》,《光明日报》2020年1月6日;李晔梦:《美国区域研究的发展趋势》,《史学月刊》2021年第5期。

获得优势地位，经过了很长的历程：先是私人组织发起，后有行政机构参与，区域研究建制实际上是由多元力量以"运动"的方式推进的。美国没有统一的文化体制或文化政策，但由私人基金会、学术共同体、商业精英和知识精英组成的松散的"权势集团"非常热衷于文化战略规划。当美国政府意识到区域研究的重要性后，又以多个立法的方式确认了其国家利益攸关地位和资金保障。官私机制亦开始提供更为深思熟虑、更具指令性的战略指导。[1]尽管20世纪70年代区域研究遭遇众多批判和重大冲击，但基本实现了学科建制时期的战略构想。迄今，区域研究的美国范式仍在全球发挥着作用，其衍生效应更是不容忽视。

毋庸讳言，中国的区域研究刚刚起步，已有讨论主要集中于学科建制中的一些具体问题。然而，区域研究若想取径得法、履践致远，特别是若要不落窠臼、自成范式，一些更为根本的宏观定位与理论依据问题也必须纳入研究之中。中国范式的区域研究，如何结合自身文化传统、学术积累、社会意识、政治需求和时代背景，进行合理的学术定位？应该从哪些方向着手制定适当的国际议程？应该带有何种前瞻性的观念、思想去看待目标国家、地区乃至全球？本文就此进行初步探讨，亦期待学界对这一议题的持续关注。

一、学术定位：在学理与问题之间寻求平衡

在探讨区域研究学科建制时，一个无法回避的问题是其学术定

---

[1] Volker R. Berghahn, *America and the Intellectual Cold Wars in Europe: Shepard Stone Between Philanthropy, Academy, and Diplomacy*, Princeton University Press, 2002, p. xviii.

位问题,即偏学理性构建(基础研究)还是偏问题构建(实用研究)。由于区域研究在诞生之初就极其鲜明地提出了跨学科方法,很多学者期待通过突破学科边界,产生创新性的知识产品,形成内在一致的区域研究学科理论,但其结果不尽理想。后冷战时代,学术界对区域研究的批判多集中在它过于迎合现实需求和知识产品出现碎片化的现象,甚至所谓的跨学科事实上只停留在多学科的层面,没有基于跨学科的新理论创建和贡献。可见,很多学者十分期待区域研究的学理建设。

事实上,对美国区域研究项目的设计者、赞助者和实践者来说,并没有很深地打破学科界限的执念。很大程度上,学者仍以某个单一学科为支撑,寻求多学科的方法来解决现实问题,或者借用多方位的思考来复原目标区域的全貌。换言之,区域研究本身是问题导向的,不以理论创新为核心诉求。1968年,美国亚洲研究协会在年度报告中总结了该协会3722名会员的研究领域。从专业方向来看,历史学家数量最多,有1079人;政治学和国际关系学学者731人;语言和文学专业343人;人类学255人;经济学168人;哲学和宗教159人;社会学122人;地理学113人;远东研究112人;艺术学72人;教育学34人;法学33人;图书馆学41人;新闻学15人;心理学21人;印度语言文学15人;自然科学7人;戏剧学10人;其他科学7人;未知385人。① 可见,美国区域研究在高校成功建制后,大多数学者仍保留明确的专业属性;当提及另一重身份时,则倾向于使用区域问题专家来指代。

---

① The Association for Asian Studies, Inc., At the Age of Twenty: Annual Report for 1967-1968, *The Journal of Asian Studies*, Vol. 28, No. 1, 1968, pp. 223-224.

然而，区域研究并非不追求学理上的贡献，只不过项目设计者将视野放在社会科学这个更大的思考范畴。区域研究的诞生本来就与其时盛行于美国的"行为科学运动"密切相关。[1]行为科学致力于研究个人行为与人类关系，特别强调跨学科合作和社会调查。在"行为科学运动"影响下，原本"处于（高校）机构列表边缘地带"的新社会科学学科，如心理学、社会学和人类学走向了中央地带，[2]也引发了私人基金会的极大热情。在私人基金会和知识精英看来，拓展有关人类行为的知识，是战后增进"人类福祉"的最大保障，其重要性不亚于自然科学创造的知识产品。美国需要"支持旨在增加影响和决定人类行动之相关知识的科学活动，并为推动个人和社会的最大利益而传播这种知识"。[3]而区域研究在高校的建制，本质上是这一大的学术潮流的一部分。可以说，各种社会科学理论为区域研究提供了基础方法，而区域研究则为行为科学提供了无限宽广的多样性社会和文化的实验场地。被视为美国区域研究"宪章"的霍尔委员会报告强调，社会科学研究理事会（SSRC）推

---

[1] 战后美国"行为科学运动"（Behavioral Science Movement）的影响几乎遍及所有社会科学学科。其定义极其宽泛，但一般强调对研究对象进行科学探究：使用科学方法进行假设检验和数据收集，以便对演绎模型进行开发和测试。H. Rowan Gaither, Jr., *Report of the Study for the Ford Foundation on Policy and Program*, The Ford Foundation, 1949, p. 90; Jong S. Jun, Renewing the Study of Comparative Administration: Some Reflections on the Current Possibilities, *Public Administration Review*, Vol. 36, No. 6, 1976, p. 642.

[2] Joel Isaac, Theorist at Work: Talcott Parsons and the Carnegie Project on Theory, 1949-1951, *Journal of the History of Ideas*, Vol. 71, No. 2, 2010, p. 296.

[3] H. Rowan Gaither, Jr., *Report of the Study for the Ford Foundation on Policy and Program*, p. 93.

动区域研究项目的一个目的是推进社会科学发展。[1]对于学术共同体本身来说，区域研究更重要的功能是提供一个知识生产平台和测试程序，借此提出新问题，促进新方法论的产生。区域研究与人文社会科学总体上的学理性发展密不可分。

与之相关的还有区域研究培养理念的设定：是培养应用型人才，还是培养学术型人才。除了知识生产，区域研究在高校建制的另一个目标是教育和培训。美国的区域研究项目一开始主要用于培养应用型人才，即掌握目标国家（或地区）的语言，并对当地社会文化有广泛了解的外交人员和商业领域的专业人才。战后初期成立的三大俄国研究中心——哥伦比亚大学的俄国研究所、哈佛大学的俄国研究中心和麻省理工学院的国际研究中心，很重要的功能是为美国国家安全和情报机构培训人员。[2]但随着时间的推移，官私机构的资助越来越指向学术人才的培养。美国官方资助"语言和区域中心"的主要立法是1958年《国防教育法》第六款。该法是在1957年"苏联卫星效应"影响下，联邦政府为保证美国在教育和科技领域的竞争优势而通过的旨在"加强基础教育"的立法。[3]在

---

[1] Robert B. Hall, *Area Studies: With Special Reference to Their Implications for Research in the Social Sciences*, Edwards Brothers, Inc., 1947, p. 2.

[2] Matthias Duller, History of Area Studies, in James D. Wright, ed., *International Encyclopedia of the Social & Behavioral Sciences*, 2nd Edition, Vol. 1, Elsevier, 2015, p. 952; Robert B. Hall, *Area Studies: With Special Reference to Their Implications for Research in the Social Sciences*, pp. 10-11.

[3] 1958年《国防教育法》第六款规定，接受资助的"语言和区域中心"不仅要进行语言教学，而且为使美国能够"对使用这些语言的区域、地区或国家有充分的了解"，还要进行历史学、政治学、语言学、经济学、社会学、地理学和人类学等领域的教学。National Defense Education Act of 1958, *U. S. Statutes at Large*, Public Law 85-864, pp. 1580-1605. http://tucnak.fsv.cuni.cz/~calda/Documents/1950s/Education_58.html[2021-12-20].

此背景下出台的政策，其视野不会仅限于解决短期的应用人才缺口。事实上，美国高校在具体落实该项政策时，明确区域研究中心的培养目标有三个：其一，为学术研究和教学、政府机构、商业和新闻业培养区域专家；其二，推动大学课程设置中不常见的学科的发展；其三，通过对外国文化的比较研究深化对美国文化的理解，扩大教学的范畴。[1]可见，美国区域研究项目的教育目标更偏重学术型人才的培养。

当然，区域研究发展的核心动力仍然是现实需求，但无论在哪个社会，这一需求都不会长期存在。由于外部环境的变化，美国区域研究的资金链曾经几次断裂。到1980年，在全球经济联系日益紧密、冷战缓和的背景下，《国防教育法》第六款被纳入《高等教育法》。这意味着区域和国际研究更加强调高等教育使命，弱化了支持军事和安全需求的功能；[2]同时，也意味着官方资助的急剧减少。即便如此，作为近30年大力扶助的结果，区域研究的美国范式已经成形。并且，通过突破学科界限，打破学术藩篱，区域研究推动了大众传播学、人类学、政治学等诸多新兴学科的发展，亦催生了诸如女性研究和民族研究这样"应用跨学科方法"的新研究方向。[3]迄今，以政治学、心理学、人类学等学科为代表的美国社会

---

[1] Bureau of Intelligence and Research, External Research Division, Area Study Programs in American Universities, 1959, U. S. Department of State, p. 1.

[2] International Education Programs Service, The History of Title VI and Fulbright-Hays: An Impressive International Timeline, U. S. Department of Education. http://www.ed.gov/about/offices/list/ope/iegps/index.html[2021-12-20].

[3] Immanuel Wallerstein, The Unintended Consequences of Cold War Area Studies, in Noam Chomsky, et al., *The Cold War and the University: Toward an Intellectual History of the Postwar Years*, The New Press, 1997, p. 227.

科学的研究均处于世界领先地位，对美国国际影响力的增强有极其重要的作用。由是观之，抓住变革时期的历史契机，做出适当的学术规划是极其重要的。

目前中国的区域研究正处于高校建制的关键时期，如果没有一个具有前瞻性的学术定位，便可能无法与更为广泛的社会科学发展目标整合起来。更重要的是，这样也无益于在研究方法、学术思想、分析框架、问题意识和研究议程等方面提供一个受到认可的中国方案。高校区域国别中心建立起来后，如何通过制度性安排与各学科建立联系，如何最大限度地激发跨学科方法的创新能力，如何使区域研究滋养更大范围内的社会科学知识生产，是需要深思熟虑的问题。

二、国际定位：知识和人员跨国流动中的权力构建

由于研究对象的特殊性，区域研究获得有组织的推动和大规模的资助后，必然会引发极其显著的知识和人员跨国流动的现象。但现有思考大多停留在区域研究在高等教育体系内部组织化和制度化过程中产生的问题上，似乎很少有人意识到这样一种以田野调查为主要方法的学术活动，会引发大规模的人际交流和知识传递，以及其间产生的诸多重要的学术权力和话语权力构建问题。从美国研究来看，区域研究项目从一开始就包含着知识跨国传播的国际战略考量。其产生的影响不容小觑。事实上，几乎没有人否认区域研究与大国战略外向之间的关联。汉斯·摩根索认为，区域研究毫无疑问是美国在全世界范围内加速推进其外交政策的必然结果；学者们不仅致力于研究由某些地区、国家或组织引发的问题，而且致力于向

167

外传播这些科学知识。①无论如何，国内学术界和战略界加强对区域研究项目之国际定位的思考，正当其时。

以福特、洛克菲勒和卡内基为代表的美国私人基金会，是美国区域研究高校建制的主要赞助者，同时也是区域研究国际化的重要推动者。三大基金会的理念原本就是"自由"国际主义的，力主美国承担战后世界的领导责任，主张"不惜任何代价加强自由人民的力量……向欠发达地区的人民输出知识、指导和资本"。②洛克菲勒基金会多次强调，某一区域研究中心在美国建立起来后，应立刻转而发展相应的海外中心。③美国官方则从教育交流和文化冷战两个层面开启了海外知识输出活动。1961年，美国国会通过《富布赖特-海斯法》("Fulbright-Hays Act")，正式授权行政机构"向外国推行促进知识、加强全世界教育、科学和文化的项目"。④在很大程度上，美国官方视《富布赖特-海斯法》为《国防教育法》第六款的配套政策，分别指向海外和国内区域研究的能力建设。⑤

---

① Immanuel Wallerstein, The Unintended Consequences of Cold War Area Studies, pp. 206-207.
② H. Rowan Gaither, Jr., Report of the Study for the Ford Foundation on Policy and Program, pp. 26-27.
③ Charles B. Fahs, Brief on Language and Area Studies in the U. S., Dec. 3, 1946, Rockefeller Archive Center, *Rockefeller Foundation Records, Administration, Program and Policy,* RG 3. 2, series 900, box 31, folder 165, p. 2; Rockefeller Brothers Fund, *Prospect for America: The Rockefeller Panel Reports,* Doubleday, 1961, pp. xx-xxi.
④ 这里是指"广义的区域研究"，包括两部分：外国区域研究和国内区域研究（美国学），有时也包括国际研究和跨文化研究。Walter Johnson, American Studies Abroad: Progress and Difficulties in Selected Countries, *A Special Report from the United States Advisory Commission on International Educational and Cultural Affairs,* U. S. Government Printing Office, 1963, pp. 5-6.
⑤ International Education Programs Service, The History of Title VI and Fulbright-Hays: An Impressive International Timeline.

在美国官私组织看来，推动这场规模堪称宏大的跨国知识传播运动，至少有三重理据。其一，培养对美国"世界领袖"身份的广泛认同。战后美国的对外教育和文化活动，特别着力于把自身打造为知识的前导，进而助益美国的身份塑造。这一点在区域研究项目的国际化进程中体现得尤为明显。美国新闻署在实施海外美国学项目时，确认其目标是通过支持美国题材的学术尊享地位，"增进对美国文明的信任"，"克服对美国领导世界能力的质疑"。[1]福特基金会在谈到资助区域和国际研究项目的目的时表示，基金会已经认识到有必要提高美国在国际事务中履行责任的能力，尤其是在帮助新兴国家发展社会经济方面的能力。[2]以20世纪五六十年代美国的东南亚研究为例，学者们关注的研究议题主要是东南亚的社会变革、国家构建、经济发展和政治制度化，而各大高校则借助东南亚研究中心开启了双向交流活动。大量美国学者将在东南亚高校任职和田野调查两项使命整合起来，东南亚地区则有为数众多的学生到美国求学。美国知识权威地位在此进程中逐渐确立。有学者认为，东南亚"区域研究"最早正是在美国的帮助下由这些海归学子创建的。[3]

其二，培养所谓"愿景认同"。作为"西方文明"的一部分，

---

[1] United States Information Agency, Regional Analytical Survey for the Western Europe Area, Sep. 15, 1967, Database: U. S. Declassified Documents Online (USDDO), CK2349196076, pp. 44-45; Leo Marx, Thoughts on the Origin and Character of the American Studies Movement, *American Quarterly*, Vol. 31, No. 3, 1979, p. 400.

[2] Joel L. Fleishman, J. Scott Kohler and Steven Schindler, Casebook for the Foundation: A Great American Secret, *Public Affairs*, 2007, p. 73.

[3] Vedi R. Hadiz and Daniel Dhakidae, eds., *Social Science and Power in Indonesia*, Equinox Publishing (Asia) Pte. Ltd., 2005, p. 12; 张杨：《冷战与亚洲中国学的初创——以费正清和亚洲基金会为个案的研究》，《美国研究》2018年第4期。

美国必然会承袭西方国家在前殖民地的负面形象。因此，美国在对外信息与教育交流活动中不断强调，要将美国的政策意图"有效传递"到有重要影响力群体的思想和情感中，进而影响这些政府的行动和民众的态度；要使亚洲人民相信美国与他们有共同的愿景，并且有意愿和能力帮助他们实现自己的合法愿景。[1]区域研究项目在争取新兴国家学术领袖和舆论领袖方面有突出的作用。《富布赖特－海斯法》规定下的博士论文海外研究项目、教师海外研究项目、团体项目海外计划和外国课程顾问项目，全面支持区域研究学者进行田野调查活动。[2]以美国学为主的富布赖特奖学金项目，其目的之一是向世界各国提供美国的文化使者，并将外国学者和有发展潜力的学生带到美国，"以构建一个世界观适合西方民主国家的领导群体"。[3]另有各种基金会项目和各行政机构的外包项目，支持国际学术研讨会、海外区域中心、著作出版等。[4]毋庸置疑，围绕

---

[1] Department of State, Guidelines for U. S. Policy and Operations in Southeast Asia, May 1, 1962, Database: Declassified Documents Reference System (DDRS), CK3100484769, p. 10; Asia and the United States, Presented by Dr. Haydn Williams, President, The Asia Foundation at the Asilomar Conference, Pacific Grove, California, May 6, 1966, Columbia University Archives, Central Files, Asia Foundation Files, 1954-1969, Box 590; Renewal of Project DTPILLAR Approved for FY 1966, Nov. 12, 1965, Annex: Request for CA Project Renewal, p. 2, CIA FOIA, Collection: Nazi War Crimes Disclosure Act, Vol. 3, No.14.

[2] International Education Programs Service, The History of Title VI and Fulbright-Hays: An Impressive International Timeline.

[3] Masao Miyoshi & H. D. Harootunian, eds., *Learning Places: The Afterlives of Area Studies*, Duke University Press, 2002, p. 3.

[4] Youth and Leadership in the Developing Nations, Summary Report on a Conference Sponsored by the International Education Subcommittee, Foreign Area Research Coordination Group, intro, University of Arkansas Libraries, Special Collections Division, Bureau of Educational and Cultural Affairs Historical Collection (CU), Box 328, Folder: MC 468 Youth and Leadership in the Developing Nations, 1967, 328-4.

区域问题展开学术合作，是打破文化歧见的最佳方式之一。

其三，培养"反共"共识。美国区域研究的盛衰与冷战进程密切相关。尽管有学者反对"冷战社会科学"这一命题，但区域研究在美国的兴起，的确得到冷战需求的大力推动；而冷战结束，促进区域研究计划形成的战略考虑也随之消失。实际上，美国官私组织在冷战缓和年代已经失去了资助区域研究的动力。在冷战尖锐对峙时期，美国国家安全机构对区域研究项目的使用是极其功利的。如迪安·腊斯克所说，反击共产主义在亚洲的"侵略"，不仅需要培训美国战士，更需要向亚洲盟友开放美国的"培训设施"，以训练更多的"反共斗士"。[1]美国国防部资助的人类学和社会学方向的区域研究项目，大多为找出欠发达社会冲突和危机的根源，以应对"共产主义支持下的民族解放战争"。[2]更加意味深长的是，战后众多新兴国家正处于重建民族国家叙事的关键时期，这一重建将在很大程度上影响各自国家未来的道路选择。因此，美国冷战机构挑选了一些特定的区域研究项目，希望能有助于"为亚洲国家（地区）的民族主义目标创设适当的历史情境"。[3]

不可否认的是，美国官私机构不仅资助区域研究的知识生产，

---

[1] Vedi R. Hadiz and Daniel Dhakidae, eds., *Social Science and Power in Indonesia*, p. 11.

[2] Behavioral Sciences and the National Security, together with Part IX of the Hearings on Winning the Cold War: The U. S. Ideological Offensive, by the Subcommittee on International Organizations and Movements of the Committee on Foreign Affairs, House of Representatives, Jan. 25, 1966, 89th Congress, 2nd Session, p. 3.

[3] Request for Funding from PRF: XXVII International Congress of Orientalists, Mar. 23, 1966, Hoover Institution Archives, *The Asia Foundation Records*, Box P-330, Folder: U. S. & Intl. Conference, Prof./Scient. Orientalists Intl. Congress and Symposium on Chinese Art 8/12/67 I.

而且推动了美国范式区域研究的全球复制，使之成为20世纪美国知识迁移这一宏大历史场景的一部分。许多国家和地区的区域研究，以及和区域研究有关的单一学科，在学缘构成、组织创建、研究议程和学科思想方面深受美国范式影响。与此同时，美国区域研究及其跨国传播，对目标国家和地区造成了冲击，引发了负面效应。一些后殖民理论家甚至担心，美国构建的区域叙事替代了当地叙事，成为美国全球霸权的重要组成部分。美国区域研究国际化战略究竟对世界学术共同体、单个国家，以及国际秩序产生了怎样的影响，还需进一步分析。但对现阶段的中国来说，制定区域研究的国际化战略是当务之急。当前，已经有一些中国高校在海外建立了区域研究中心，但数量不多，投入亦有限，其目的多为获取学术资源，加强人文交流。这一现实与中国现有国力和国际发展并不匹配。

三、观念与视域：融入统一而有机的历史进程

区域研究引发的诸多争议中，一个根本性的、首先面临的问题是：我们以何种世界观和认知方式来指导区域研究。或者说，中国范式的区域研究如何在满足现实需要的同时，顺应历史潮流，契合时代大势，进而回应目标地区的知识期待？我们很难不借鉴包括美国区域研究在内的已有知识成果，但又有着与其截然不同的文化传统、社会环境、政治意识和时代背景。因此，完全沿用既有的研究范式，嫁接前人的学术议程，进入他人的话语体系，显然是极不可取的。

美国区域研究的生成与创制，得失兼有，但总体上满足了官

方、社会精英、学术界的观念和理想，形成了内在一致而又充满张力的知识体系。大多数学者注意到，区域研究在高校制度化的时代背景是美国海外兴趣和利益的增强，社会主义国家的涌现，以及非殖民化运动和新兴国家国族构建正当其时。这是美国遭遇的"百年未有之大变局"，首先投射在区域研究项目上的现实影像是自我认知，这是始终未曾间断的美国国家构建的重要组成部分。洛克菲勒基金会直接用"拓宽文化视野"来概括区域研究的宏观指向，即通过整合从世界各地人类最好的思想和创造性工作中学到的东西来丰富自己的文化，并宣称"我们必须使世界文化成为我们自己的（文化组成部分）"。[1]前文亦提到，区域研究的教育功能是充实美国大学中有关他者文化的课程设置，通过对外国文化的比较研究，深化对自身文化的理解。区域研究事实上成为新形势下美国塑造民族自我意识的重要途径，在很大程度上，也是通过对外部世界的认知来构建自己作为全球大国身份的重要途径。[2]

然而，一个难以回避的现实是，区域研究作为民族国家主导的知识生产方式，很难超越固有的文化立场和价值观念。自20世纪70年代以来，美国范式的区域研究遭到激烈批判。后殖民理论家指责其通过坚持既定的西方概念工具，以帝国主义的视角再现他们研究的地区。[3]虽然不断有美国学者试图冲破"西方中心主义"的

---

[1] Charles B. Fahs, Widening Our Cultural Horizons, Nov. 12, 1954, Rockefeller Archive Center, *Rockefeller Foundation Records, Administration, Program and Policy*, RG 3. 2, series 900, box 31, folder 166, pp. 1-2.

[2] Christina Klein, *Cold War Orientalism: Asia in the Middlebrow Imagination, 1945-1961*, University of California Press, 2003, p. 9.

[3] Matthias Duller, History of Area Studies, *International Encyclopedia of the Social & Behavioral Sciences*, 2nd Edition, Vol. 1, pp. 953-954.

藩篱，但很难摆脱二元对立的思维方式。学者创作中的问题意识一般都来自主体文明，间或带有一种"救赎"心态，很难真正理解"他者"社会的真实样貌。一个经典的案例是战后二十年间，美国学者从现代化视角出发，对非西方国家的叙事重构。20世纪60年代，现代化理论成为区域研究学者广泛接受的理论假设。在"区域研究＋现代化理论"模式下，非西方国家被视为一个线性发展的、具有潜在普遍意义的合理性和进步进程的产物，而美国（西方）的发展模式是值得这些国家仿效的对象。[1]区域研究因此在很大程度上成为构建和维护这一新叙事，以及论证美国研究有效性的工具，[2]如"冲击—反应"论、传统与现代社会、大分流等理论假设，其背后的思维方式和价值观念都是西方式的。

当然，始终有另外一条区域研究的发展路径可供选择。早在20世纪60年代中期，就有学者呼吁打破二元对立，摒弃文明优劣之分，"在一个因科技冲击而变得愈益统一起来的世界，我们必须学会将这一幅人类文明铺展开来的画卷视为统一而有机的进程"。[3]与此同时，各种学术背景影响下的亚洲本土学者开始著书立说，越来越强调亚洲人自身的研究视角，对旧有的"西方中心观"构成了

---

[1] Paul Drake and Lisa Hilbink, Latin American Studies: Theory and Practice, in David Szanton ed., *The Politics of Knowledge: Area Studies and the Disciplines*, University of California Press, 2003, p. 10.

[2] Pinar Bilgin, Review: Is the 'Orientalist' Past the Future of Middle East Studies?, *Third World Quarterly*, Vol. 25, No. 2, 2004, p. 425.

[3] Proceedings of the 26th International Congress of Orientalists, New Delhi, 4th-10th, Jan. 1964, Vol. I, Organising Committee, XXVI International Congress of Orientalists, p. 46; From Our Special Correspondent, Delhi Impresses Orientalists, *Times*, Jan. 6, 1964, p. 9.

挑战。①只不过，在学术话语权仍掌控在西方国家的情况下，这些努力如同投石入海。

20世纪与21世纪之交，中国开始有序推进区域国别研究培育计划。有学者认为，冷战结束后，全球化问题凸显，全球主义和跨国主义兴起，区域研究这一关注地区特征的领域逐渐"落伍了"。事实上，关注民族国家发展历程和现代化进程的区域研究"旧范式"的确已经过时。包括美国在内，许多国家都在探讨新范式的可能路径。美国社会科学研究理事会早在20世纪80年代就已经建立起区域比较研究（CAS）委员会。当前，从比较视野来考察跨区域问题正成为欧美学界的主要趋势。②区域研究仍是美国观察、认知和影响世界不可或缺的方式。只不过，在全球化和权力分散化的国际形势下，其认识论和方法论不再适用，甚至遭到激烈批判。

新旧范式鼎革之际，中国的举措恰逢其时。近年来，中国活跃在国际经贸和文化领域，跨区域"流动"的中国元素愈益增多。相对于欧美国家，中国有天然的身份优势，与知识空间的"全球南方"③有相似的历史体验和现实需求。中国范式的区域国别研究，其固有的认识论应当是"去西方中心主义"，可以同其他区域和国

---

① Goh Beng-Lan, ed., *Decentring and Diversifying Southeast Asian Studies: Perspectives from the Region*, Institute of Southeast Asian Studies, 2011, pp. 46-47.

② Matthias Duller, History of Area Studies, *International Encyclopedia of the Social & Behavioral Sciences*, 2nd Edition, Vol. I, pp. 953-954; Ariel I. Ahram, Patrick Köllner and Rudra Sil eds., *Comparative Area Studies: Methodological Rationales and Cross-Regional Applications*, Oxford University Press, 2018, p. 11.

③ 有学者指出，在知识领域，由于西方对社会科学知识流动的控制和影响，存在一个"全球南方"。Kathinka Sinha-Kerkhoff and Syed Farid Alatas, *Academic Dependency in the Social Sciences: Structural Reality and Intellectual Challenges*, Manohar, 2010, p. 18.

家共享和共情。从这个角度来看,"人类命运共同体"这一全球价值观的提出对区域研究有重要启示意义。中国范式的区域国别学,要强调共同体意识,从全球视角看区域问题,也要从区域实证来解释全球现象;要通过学科交融和文化交流来促进学术话语能力的增强;要高屋建瓴,真正做到使区域叙事融入统一而有机的全球化进程。

(原载《史学理论研究》2022年第2期)

国别思维与区域视角[1]

程美宝

用什么人文地理单位来研究人的活动最为合适？毫无疑问，"区域"和"国别"是其中一对具有人文意义的地理单位。对研究者来说，两者在很多情况下都是有效的分析框架和话语；对"被研究者"或当事人来说，区域或国别与他们有什么关系视乎这些单位会给他们带来什么机遇和掣肘。当某些地方因各种相通或互利的因素而形成或被界定为一个区域时，当国别的分野成为窒碍人们在某个区域内游走的因素时，区域和国别对当事人来说则都是有关系的，也正因如此，这两个单位自然也成为研究者的出发点。

长期以来，从华人的视角出发，"华南—南洋"[2]自成一域，闽粤人群活跃此间，不会时常感受到现实的异邦或己国的存在，自身亦会借着文字、礼仪和宗教在所属社群中建立对"中华"的认同。这种情况，即便到了20世纪初，中国政体由帝制转为共和，仍继续以"帝国"和"民族—国家"并存的话语在某些范畴内延续至

---

[1] 本文是中国香港特别行政区研究资助局优配研究金计划"小提琴、夏威夷滑音棒吉他及班祖的粤化：西洋乐器在粤剧棚面的应用与调适"（项目编号：CityU 11600720）的阶段性成果。

[2] 我们还可以考虑王赓武提出的"中国之南"在漫长的历史过程中所具备的多重含义。Wang Gungwu, *China Reconnects: Joining a Deep-rooted Past to a New World Order,* World Scientific Publishing Co. Pte. Ltd., 2019, Chapter VI, "China's South".

今。最常见的例子就是，直至今天，仪式专家在撰写文书时，仍有不少以干支与公元并列表示时间，用他们以为的清代地方行政体系表示地方的表达。[1]可以说，在这个广大的区域里，人们在日常生活中不一定时刻感受到国别，但在很多场合中有意无意地表达着"中国认同"。我们或许可以借用吴小安《区域与国别之间》中"之间"这个概念，去理解在南洋、泛太平洋，以至更广阔的世界中活跃的华人，如何在区域与国别之间经营自己的空间。[2]

在回答这些问题之前，我们必须先处理两个问题，一是何谓区域或什么构成一个区域，二是中国性是什么或怎样做中国人。关于这两个问题，在过去半个世纪已有相当多的研究成果。如果让我选取几把重要的钥匙，去打开这两道探问之门，我认为有助于回答"何谓区域"的钥匙是施坚雅（G. William Skinner）从古典经济学出发构建的市场和社会结构发展出来的模型及由此延展的巨区划分。此外，近年斯科特（James Scott）著作中提及的范申德尔（Willem van Schendel）提出的"佐米亚"（Zomia）引起了一些中国研究者的注意，也开拓了另一个有助于我们突破国别藩篱的思考维度，去想象各种"之间"的状态。至于解决"中国性"问题的钥匙，笔者认为，最具启发性的是华德英（Barbara Ward）基于结构主义发展出来的意识模型。在中文世界，有关施坚雅市场结构的讨

---

[1] 这里说"他们以为的"，是因为我们在许多打醮或丧事仪式中，都会看到道士用"省府州县"的序列来书写地名。这样的写法往往是不符合历史事实的，却表达了他们对历史的理解和帮助死者魂归"故里"的用意。

[2] 从其书名的英译可见，吴小安讨论的"区域研究"更接近英语世界的"area studies"；而本文所论的"区域研究取向"，更接近的英语同义词是"regional approach"。此外，吴小安讨论的更多是从研究者身份出发的研究范式问题，与本文的关怀亦略有差异。

论在20世纪90年代遍地开花，介绍佐米亚的论述近年也方兴未艾，但华德英的意识模型却未得到足够的重视。[1]笔者不打算在本文再展开基础性的介绍，而是通过一个笔者比较熟悉的课题——粤语的声影世界和相关人群的活动（一个在中国和东南亚研究中也许被认为属于"边缘"的范畴），夹叙夹议地阐述这些分析模型和概念如何为我们思考"区域与国别之间"的问题提供帮助。

一、"区域"的范围：延展与边界

何谓"区域"？20世纪80年代初，中国"六五"计划期间，哲学社会科学规划重点研究项目"中国经济史"中设置的"区域经济史研究"子项目，可说是近半个世纪中国区域研究取向的里程碑。[2]在这个项目的带动下，以"区域取向"为名的研究很快流行起来。研究者们往往在每个区域（当时通常在省一级）开展某种地方史研

---

[1] 参见刘志伟、孙歌：《在历史中寻找中国：关于区域史研究认识论的对话》，上海：东方出版中心，2016年，第17—20、107—120页。至于从中国研究出发的有关斯科特和范申德尔的论述，参见何翠萍等：《论James Scott 高地东南亚新命名Zomia的意义与未来》，《历史人类学学刊》第9卷第1期，2011年4月；刘志伟：《丛书总序·天地所以隔外内》，吴滔等主编《南岭历史地理研究》第1辑，广州：广东人民出版社，2016年。

[2] 这个项目涵盖时间（断代）和空间（区域）两个维度。空间研究是将不同的区域分配给相关大学负责。由此，南京大学负责江南（长江下游地区），厦门大学负责福建，中山大学负责广东。应该指出的是，冀朝鼎早在20世纪30年代便完成的英文论著 *Key Economic Areas in Chinese History: As Revealed in the Development of Public Works for Water-control*（冀朝鼎：《中国历史上的基本经济区与水利事业的发展》，朱诗鳌译，北京：中国社会科学出版社，1981年）所划出的研究中国经济史基础的"基本经济区"，尽管从国家的视角出发，但也建立起一种跨越行政界限的区域概念。

究。然而，在"区域史"这把大伞底下，研究的问题和方法千差万别。许多人做的研究是列举区域特征，因而被批评说无非是"中国通史教科书的地方性版本"。

真正为中国区域史研究提供分析模型的，是施坚雅运用中心地理论的多层级嵌套的六边形模型分析四川市场体系的研究。施坚雅的学说在20世纪80年代初首次引入中国，但他在60年代在英文世界出版的《中国农村的市场和社会结构》一书则到1998年才首次出版中文全译本。之后，在国内各种相关学术场合或论著中，都曾不同程度地提到"施坚雅模型"。在那些旨在批判"施坚雅模型"的作品中，许多往往只是对其计算出的市场数量、如何划定巨区的边界、应使用圆形还是六边形来绘制模型、抽象模型与现实是否相符等问题提出异议。较深入的讨论，如王庆成和史建云者，则比较少见。

如果我们把眼光转到海外，便会察觉在20世纪八九十年代，一些研究中国的学者，开始在以"施坚雅模型"为出发点的前提下，或将之细致化，或提出超越古典经济市场体系的模型，来理解中国。1995年出版的《扎根乡土：华南社会的地域联系》，编者萧凤霞与科大卫在"导言"中便阐明，他们主张的区域研究，既从施坚雅的讨论出发，也企图超越施坚雅。他们说：

> 本文集的作者都从一个共识出发，就是以区域取向来研究中国的历史过程是必需的。区域取向在施坚雅的研究中至为重要，其所强调的是国家与市场所发挥的整合功能，如何与地域差异毗邻并置。在亚洲研究学会的主席就职发言中，施坚雅总结自己的观点谓：不论朝代更替的年序看起来多单一和统一，中国历史总是被区域系统特有的结构性转变所模塑。本文集进

一步提出，如果我们把区域视为一个有意识的历史建构，并且可以从创造这个历史建构的人的文化表达来加以捕捉的话，则施坚雅的研究取向会变得更有层次。我们认为，市场网络和行政结构并非形塑文化感情的独立变数，而是在区域认同的形成过程中，与文化意涵相互交织的。①

《扎根乡土》这部英文论文集，也许至今仍未得到中文学界足够的关注。但进入21世纪后，许多基于文献深耕和田野考察所得的研究，都有与施坚雅模型的对话，而这些研究提出的许多进一步的问题，与《扎根乡土》"导言"中几个面向——市场网络、行政阶序、文化认同——的关系，其实并无二致。研究者发现，在历史过程中逐步形成的社会结构、个人与群体的文化身份与阶层认同，推动着宏观的经济体系甚至自然地貌的产生与变迁，反之亦然。萧凤霞后来进一步发挥社会学家菲力普·阿布拉姆斯（Philip Abrams）提出的以"结构过程"（structuring）来解开"结构"（社会学）与"变迁"（历史学）这对看似截然二分的概念的对立，指出个人通过他们有目的、有意识的行动（即人的能动性），织造了关系和意义的网络，而这些网络又进一步帮助或限制人自己的行动，这是一个无休止的过程。② 刘志伟其后以"结构过程"为出发

---

① Helen F. Siu, David Faure, Introduction, in David Faure and Helen F. Siu eds., *Down to Earth: The Territorial Bond in South China*, Stanford University Press, 1995, p. 1.

② 参见 Helen F. Siu, Reflections on Historical Anthropology, in Helen F. Siu, *Tracing China: A Forty-Year Ethnographic Journey*, Hong Kong University Press, 2016, pp. 9-29; Philip Abrams, History, Sociology, Historical Sociology, *Past and Present*, No. 87, 1980，pp. 3-16。菲力普·阿布拉姆斯在这篇文章第7—8页中，对"人的能动性"（human agency）这个问题有非常精辟的论述。

点，从宗族、神明、户籍、族群等几个方面，解释珠江三角洲土地开垦中形成的"沙田—民田"的空间格局，不仅是土地自然形态的差别，"更是在地方社会历史发展过程中形成的一种经济关系，一种地方政治格局，一种身份区分，一种'族群'认同标记"。①

以市场网络和文化认同多于以行政秩序来划出区域范畴作为研究的出发点，也可见于郑振满对福建莆田平原的研究和陈春声提供的关于粤东韩江三角洲的案例。郑著揭示了地方认同感和地方事务的运作如何被层层的社区体系塑造；这些社区体系是在从北宋到清代漫长的历史过程中形成的，其间不同形式的地方组织和祭祀中心——水利机构、里甲、里社、村庙、宗族、村落联盟，相互取代、合并、交织。②陈著则论述客家人的身份认同如何从17世纪至20世纪逐渐演化，在300年左右的历史进程中，韩江三角洲的一系列事件——明末动乱、清初迁海、编纂家谱制造出明确了祖先来源的"信史"、汕头作为条约口岸在19世纪60年代的兴起等，相互交错，触发不同方言群体间的流动和碰撞，导致了19世纪与20世纪之交客家人意识的产生。③

上述20世纪八九十年代逐步发展的"区域研究"，诚然跨越了行政边界，更靠近施坚雅"巨区"的讨论，但正因如此，也都没有迈出以朝代为纬的"中华帝国"的范围，尽管研究者不论在珠江、

---

① 刘志伟：《地域社会与文化的结构过程：珠江三角洲研究的历史学与人类学对话》，《历史研究》2003年第1期。
② 郑振满：《乡族与国家：多元视野中的闽台传统社会》，北京：生活·读书·新知三联书店，2009年。
③ 陈春声：《地方故事与国家历史：韩江中下游地域的社会变迁》，北京：生活·读书·新知三联书店，2021年。

韩江流域，抑或在莆田平原，都不会忽略他们研究的"村民"足迹遍布"中华帝国"之外的事实。①这一方面是由于八九十年代从地方社会发掘的文献材料和田野考察已经足够让这些研究者深耕细作，实验重新书写"中国史"尤其是社会经济史的论述；另一方面由于语言的限制和学科分类，中国史学者和东南亚史或世界史学者之间颇有藩篱，而治"华侨"或"海外华人"史者，也往往聚焦于海外文献，并倾向于用"侨乡"或"原乡"等类目，将这类地方社会过度特殊化。

区域作为当事人活动的空间和研究者思考的范畴，如何能延展到国别之外？在这个问题上，滨下武志提出了很多"跨国"而非"国际"的区域研究取向思考模型，可供我们思考。早在20世纪80年代，滨下武志便强调在"国家"与"国际"之间，须把握具有复合和多重色彩的实态"地域圈"内在联系的重要性。他指出，施坚雅具有全国性视角的"市场圈"理论，更多以市场圈的内涵（向心性、构造性）为中心，而他自己更强调市场圈的外延（离心性、关联性）。他提到的中国地域市场的三种基本关系——"沿岸贸易中的南北关系""内陆关系中的东西关系"，尤其是"周边的华南、东南亚关系"——便属于这种对市场圈外延的关怀的延伸。②滨下武志同时提出，在欧美各国进入亚洲水域之前，亚洲内部已形成以多

---

① 参见郑振满：《从民间社会理解中国与"全球化"》，《历史教学（下半月刊）》2021年第9期；刘志伟：《海上人群是中国海洋历史的主角》，《历史教学（下半月刊）》2021年第9期。
② 滨下武志：《中国近代经济史研究：清末海关财政与通商口岸市场圈》，高淑娟、孙彬译，南京：江苏人民出版社，2008年，第341、345、390—392页。

个朝贡体系为中心的域内经济关系。①在接下来的研究和观察中，他又把注意力投放到亚洲的"海域"上，一方面勾画出"海洋利用的五层结构"；另一方面又圈出层层叠合的十个海洋世界。②近年，他又提出"知域"（知识空间，尤其是"民智"，即相对于学者和思想家的民间知识）的概念，来理解中国与亚洲世界的层级与秩序。③

二、由"知域"而"声域"：粤语商品市场圈的外延性

滨下武志从朝贡体系（话语）出发，将"区域"的范围延展到"中华帝国"以外，划出具有分析性意义的"亚洲地域圈和海洋圈"，同时指出新加坡、马六甲、琉球、中国香港等地在近代亚洲人、财、物的流动中发挥了重要的"中枢地"作用。④这些中枢地俨如骨节般结线成网，使得这个广阔的区域不至于"漫无止境"。这种基于历史上的人、财、物在区域间流通而绘画的图像式思维，在笔者思考近年集中研究的以粤剧、粤曲、粤乐的流动现象为中心的粤语声域（Cantonese soundscape，更常见的翻译是"声景"）的形成过程时，给予了许多启发。这类研究一般被归入戏剧曲艺、语言甚或文学的范畴，但当我们将这些无形的声音视作依附于人和物

---

① 滨下武志：《近代中国的国际契机：朝贡贸易体系与近代亚洲经济圈》，朱荫贵、欧阳菲译，北京：中国社会科学出版社，1999年。
② 滨下武志：《中国、东亚与全球经济——区域和历史的视角》，王玉茹等译，北京：社会科学文献出版社，2009年，第95、104页。
③ 滨下武志、张婧：《关于"知域"的思考：对话"知域"和"地域"》，《华文文学》2012年第2期。
④ 滨下武志：《近代中国的国际契机：朝贡贸易体系与近代亚洲经济圈》，"中文版前言"，第7页。

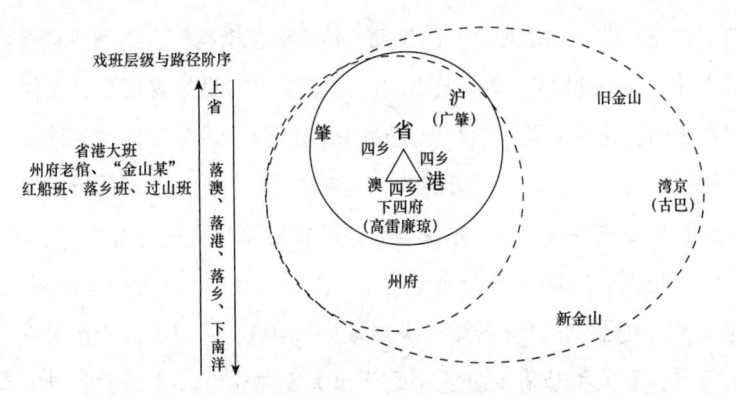

以粤班流动为例的粤语声域示意图

等媒体的商品或服务，明白它涉及许多人、财、物的流动时，便会发现用一个跨越国别的、外延的区域性思考，对理解这种特定的商品或服务的流通、其中表达的文化认同和地理方位观念，以及如何框定这个声域范围，是十分有用的。在这里，笔者且狗尾续貂，在滨下武志提出的市场圈外延、层级结构，尤其是近年提出的知域的思考模型上，加上声域这个关怀，绘出一幅"以粤班流动为例的粤语声域示意图"，作为本文的讨论个案。①

面对不同领域的读者，此处有必要解释一下本文所谓"粤班"作为一种"商品"的意涵及与本文讨论相关的思考。跟中国所有戏曲一样，粤剧从来都不只是现代人所谓的表演艺术，而更多的是一种商品与服务。戏班中的人要吃饭，戏是要"卖"的。过去，因为这种商品需要通过人来传播，人（表演者）本身便是商品的现场制

---

① 本文通篇使用"粤班"一词，因为过去两广地区的戏班，唱的是中州话（又称戏台官话），含义与"粤剧"不同。全面改用粤语演出的粤剧要到20世纪二三十年代才相对定型。

造者，商品的流动也等于人的流动，流动的范围越广，市场便越能最大化。在19世纪下半叶城市的室内剧场和20世纪现代影音载体出现之前，尤其如此。但戏班流动的范围受文化和历史因素等许多条件的制约。过去，大部分的戏是演来酬神的，因此戏班的流动范围尤其集中在乡村社会，往往与庙宇的神诞和醮仪周期相关。[①]在珠江三角洲，戏班从一个演出地点（大多是乡村社区庙宇前的空地，往往也是圩市所在或附近）到另一个地点，乃通过红船在水道上行走，而大型戏班的班主（或公司）则往往坐镇省城（广州），接洽来自各乡的生意。这些戏班因此又被称为"红船班"或"落乡班"。19世纪中后期，国内外陆续出现新埠头，将戏班的流动从四乡（红船）经轮船延伸至海外；另外，逐渐增长的城市人口，也足以支持室内剧场，养活一些相对固定的戏班。19世纪50年代至20世纪初，建立戏院供粤班演出的城市便至少有香港、澳门、广州、上海、旧金山、新金山（泛指澳大利亚墨尔本等地）、湾京（即古巴首都夏湾拿）及南洋各埠。[②]粤班市场圈沿着粤人的活动轨迹扩张，这就是滨下武志所说的"市场圈的外延"。

[①] 关于华南和南洋地区打醮和酬神演戏的活动，参见田仲一成、蔡志祥、陈守仁、容世诚等人的研究。

[②] 参见吴雪君：《香港粤剧戏园发展（1840—1940）》，容世诚主编《戏园·红船·影画：源氏珍藏"太平戏院文物"研究》，香港：香港文化博物馆编制，2015年；曾金莲：《晚清澳门中国戏院初探》，程美宝、黄素娟主编《省港澳大众文化与都市变迁》，北京：社会科学文献出版社，2017年；程美宝：《清末粤商所建戏园与戏院管窥》，《史学月刊》2008年第6期；程美宝：《近代地方文化的跨地域性——20世纪二三十年代粤剧、粤乐和粤曲在上海》，《近代史研究》2007年第2期。有关美国19—20世纪的粤剧与戏院的情况，参见Wing Chung Ng, *The Rise of Cantonese Opera*, Hong Kong University Press, 2015; Nancy Yunhwa Rao, *Chinatown Opera Theater in North America*, University of Illinois Press, 2017.

然而，正如商品也有层级之别一样，在各地流动或停驻的粤班，也有质量高低之分，而这种高低之分与地域层级之别又有一定的关系，这就是为什么在这张声域图中要用不同字号来表示各地在戏班人员心目中的重要性。其中，香港和省城（广州）的字号最大，象征着20世纪上半叶"省港大班"难以匹敌的地位。滨下武志指出了香港在近代亚洲史上人、财、物的流动中所发挥的"中枢地"作用；冼玉仪也强调香港在太平洋世纪（Pacific Century）扮演的中间地带和节点的角色。[1]的确，后来的历史充分表现出香港生产粤语影音商品的龙头作用。另外，在20世纪中期以前，省港两地"声气"相通，在声色娱乐和物质消费上有着共同的趣味；同时又由于两地政治社会制度不同，但往返交通便利，促使人们游走两地，从差异（或曰"比较优势"）中取得较大的利益。这些都是造就"省港大班"的重要条件。此外还需要点出的是，"省"具备了一个"港"没有的"原生性"地位，就是一切粤语商品的"标准音"其实是18—19世纪开始被视为省城白话标准音的"西关音"。这种具有文化意涵的西关音，是广州、香港及其他粤人聚居的埠头共享的"城市之声"，也成为20世纪二三十年代粤班逐渐用粤语取代"官话"唱戏时统一采用的语音。[2]

明白了"省港"在图的中心位置后，再逐一说明其他各地的地位。澳门虽小，但它是东西洋贸易最早的中国站点之一，地位与一般乡镇不可同日而语，加上地理位置接近，与省港两地结成一个三

---

[1] 参见 Elizabeth Sinn, *Pacific Crossing: California Gold, Chinese Migration, and the Making of Hong Kong*, Hong Kong University Press, 2013.

[2] 关于以西关音作为标准音及其对歌乐的影响，参见程美宝：《城市之声西关音：由省至港及沪》，《中国语文通讯》第99卷第1期，2020年1月。

角关系——"驰名省港澳"曾经是常见的广告用语——但澳门的规模注定它只能是个最后的选择。①在省港澳周围大大小小的乡镇,称为"四乡",其中不少经济实力雄厚,是戏班的重要金主。一旦四乡不买戏,戏班便没有"落乡班"可做,再扎堆城市就难以为继。"沪"字在图中比"省港"二字小,但比"澳"大,因为它粤商云集,至20世纪二三十年代后更是制作唱片和电影的重镇。图中特意在"沪"字下面加上"广肇"二字,是因为上海的粤人在晚清便建立了"广肇公所"。所谓"广肇",指清代的广州府和肇庆府,也就是广东省粤语人口最集中的两个府。肇庆位于广东西部,是明代两广总督府所在(清初移至广州)。再往西便是高州、雷州、廉州,以及琼州(海南岛),这四个时人合称为"下四府"的地区,语言混杂,在彼地演出的戏班中也有粤班,又称"过山班"。当省港大班已发展出比较符合都市品位的风格时,过山班以武打取胜,往往保留更多古老传统。

图中用"州府"一词表示第一环虚线圈的范围。"州府"是中国的地方行政名称,却被华人用来称呼当时由欧人管治的南洋地区,包括海峡殖民地、马来联邦、马来属邦、越南的堤岸和菲律宾等地,与"下四府"相映成趣。因此,在南洋等地出身的演员叫"州府老倌",一旦表现出色,便会被省港大班延聘。而在第二环虚线范围尤其是金山(一般专指旧金山)演出过的伶人,会以"金山某"为艺名,俨如"金山客"一样矜贵。至于在新金山和湾京,也

---

① 随着中国的上海、广州、香港分别于1937年11月、1938年10月及1941年12月沦陷,澳门因葡萄牙属中立国,成为省港及邻近地区华人的避难所。原来主要活跃于省港两地的戏班,此时纷纷移驻澳门,但战后便陆续散班离澳。

有粤班演出，但极少会被认为能与省港大班甚至州府老倌相媲美。

这幅图的几个圈，大体表达了从省港出发的粤语声域市场圈的外延情况。实线圈表示中国；较小的虚线圈显示的是闽粤人群自明代以来便活跃的区域，用"州府"称呼，多少意味着这是自己的地方；而最外一个较大的虚线圈所表示的范围，华人大抵不会认为这些地方是自己的。此外，动词的运用也说明了方位、层级和亲疏关系。长期以来，去省城是"上"或"晋"；去澳门、香港、四乡是"落"；去南洋是"下"；而从省港等大码头出发到南洋和金山再在彼地各埠头间巡回演出，则称为"走州府""走埠"。这幅图用形状和线条来表示空间关系，用时人的话语来表示层级或阶序高低，将18世纪中期至20世纪中期大概两百年的历史压缩在一个平面和同一套语言上，正与《扎根乡土》中提出的主张相呼应：区域是有意识的历史建构，市场网络和行政结构在区域认同的形成过程中与文化意涵相互交织。

三、微观世界的飞地：国别的藩篱与对国家的想象

诚然，这幅粤语声域图只能粗略显示以经济活动为基础的市场圈的外延状况，也正因如此，除了中国以实线圈显示之外，其他国别的存在，并没有呈现出来。事实上，如果国别的存在是指边界和出入境管制的话，在20世纪50年代之前，国别在第一、二圈的范围内，是不太明显的。不过，到了第三圈的范围，尤其是推行"排华法"的北美，国别的藩篱很早便存在。饶韵华在其有关北美唐人街粤剧的专著中，专辟两章讨论19世纪末至20世纪上半叶，美国"排华法"和各种入境条例如何令戏班人员难以定居，或入境时遭

到为难而需要到处游走的处境。①充满悖论的是，这种国别藩篱也造就了以市场最大化为原则的经济区域的扩张——去北美演出的戏班人员，因受入境政策限制，不能在一埠停留太久，为了取得最佳效益，他们都会多走几个埠头或城镇才回国。

对于华人尤其是闽粤人民来说，第二圈的"州府"世界历史较为悠久，明显比第三圈的"金山"世界有更多的游走空间。到了20世纪，当中华从"帝国"蜕变为共和国，南洋也成为人们有意识缔造的"新"中华飞地。由沪上粤商主导约于1909年创立的精武体育会的活动形式和话语，便是其中一个例子。精武体育会总会设于上海，在汉口、广州等地发展分会。1920年，核心成员陈公哲等五人，从香港出发到新加坡、吉隆坡、槟城、棉兰、爪哇三宝垄、泗水等地宣传。②在此次被称为"五使下南洋"的活动后，南洋多处先后成立了精武会。这些由当地粤、闽、客籍商人支持的精武会，通过一系列模仿建立现代民族国家认同的手段——练国术、操国乐、编演国旗舞，设会徽、会歌、会旗、会服——使海内外精武会至少在表面上呈现出一种统一的面貌，并让当地基层的华人有机会投入集体，通过身体和感官的训练，体验也"体现"现代中华。

在南洋精武会的话语体系中，海峡殖民地、马来联邦和属邦、荷属印度尼西亚，不是域外或海外，而是州府、南洋、南溟。因

---

① Nancy Yunhwa Rao, *Chinatown Opera Theater in North America*, Chs. 2 and 3.
② 关于精武体育会的历史及20世纪20年代"五使下南洋"的细节，参见黎俊忻：《近代中国武术组织与民族主义：以精武体育会、中央国术馆为中心（1909—1953）》，中山大学博士学位论文，2016年；黎俊忻：《新马粤侨武术与体育运动研究（1874—1953）》（未刊稿）。

此，聘自华北的武师尤其是霍元甲之子霍东阁到荷属精武会开班授武时，被比喻为北溟之鲲鹏来到"环境卑劣""质性萎靡"的南溟，给当地人（包括华人和马来人）启蒙，"固不问其为同我族类否也"。① 旧有的天下观，还活在民国时期的话语中。

人类学家华德英在其对香港新界滘西一位钟姓渔民研究的基础上，丰富了克洛德·列维-斯特劳斯（Claude Lévi-Strauss）"自觉意识模型"的讨论，为我们处理"何谓中国（人）"的问题提供了一个十分有效的思考模型。滘西的地理位置和钟先生的社会地位同样处于"边缘"，对某些研究者来说，可能代表性不够，不足以讨论"何谓中国（人）"的问题。然而，华德英正是基于这"边缘"的田野个案，提炼出更精致的"他们的自觉意识模型"，将之细分为"他们的近身模型""他们的理想观念模型"和"他们的观察者模型"，并且将"他们的观察者模型"进一步分为"内部"和"外部"。② 必须注意的是，这里"他们的"三字，一定不能省略掉，因为这个意识模型要我们直面的正是当事人的想法。

南洋特别是南溟精武会的例子，不但让我们通过文献（主事者的出版物）理解有资本和人脉并具备书写能力的人的理念，因其会员来自各阶层，也让我们较有可能理解识字能力有限的人的想法。③ 这些身在南洋的人士位处"边缘"，固然清楚与自己直接相

---

① 何心平：《勘南溟》，《南溟精武大事记》，"言论"，第1页（此书出版地不详，出版年不详，记事至1926年。此份材料亦蒙黎俊忻博士惠示）。
② Barbara Ward, *Through Other Eyes: Essays in Understanding "Conscious Models"-Mostly in Hong Kong*, The Chinese University Press, 1985.
③ 笔者曾在2013年3月随黎俊忻博士在新加坡拜访精武会会员，他们部分来自劳工阶层，在言语间流露出作为精武会成员能在工余时练功习武的自豪感。

关的家庭和家族的圈子,也意识到自己身处的异邦政权的存在;与"他者"相处时,亦有内(如同样被归类为华人的以语言、籍贯划分的群体)、外(马来人和其他土著、英国人、荷兰人等)之别。同样重要的是,他们也具备一个"理想观念模型",有"中国人或中国文化应该是怎样的"的想法,这种想法通过习俗、神明崇拜、教育、戏曲等多种方式形塑。到了20世纪,又加入了现代民族—国家的元素,像精武会这类团体,就是政府以外积极参与形塑"现代中国"理想观念的能动者。华德英这种多重的自觉意识形态模型,有助于我们从当事人的视角出发,突破狭义的国别的局限,思考国家作为一种意识形态或理想观念的形成过程。

我们或许比较容易从"域外有域"的方向去扩充这幅声域图,但图既是用来简明示意的,则"域内有域"的情况便难以嵌入了,只能在此处补充说明。所谓"域内有域",其一,指某个区域中的城镇,我们也许可以用施坚雅的中间集镇或中间市场来理解。以加拿大为例,19世纪中期至20世纪有很多规模较小的城镇,如埃德蒙顿(Edmonton)和卡尔加里(Calgary,又称为卡技利)等,华人人数不多,但都有粤剧演出和粤曲社团。[①]其二,指在各层级的集镇或城市中建立的会馆、庙宇、学校、会堂、戏院、游乐场等华人社区空间,还有各色批发零售商店及书报社,后者往往也是银信(汇款)和消息流通的中转站。[②]其三,还有一处不可忽略的场所,是离城镇和市场颇远的矿场。华人经营的矿场主为慰劳矿工,会延

[①] 张劳坤仪:《粤剧在北美的跨国性》,余少华等主编《中国戏曲志》(香港卷),即出。
[②] 有关华侨汇款的网络机制,参见滨下武志:《资本的旅行:华侨、侨汇与中华网》,王珍珍译,北京:社会科学文献出版社,2021年,第146—163页。

聘平日在城市戏院和游乐场活动的戏班到矿场演出。这种情况，在马来西亚、澳大利亚和加拿大都有。[①]这些微观层面的空间，既是"帝国"和民国时期的中国政府难以企及的，也是东南亚的殖民地政府不太干预的，却是经年累月通过感官方式传播和创造华人认同感的所在。

四、"之间"是江湖：让区域视角解放国别思维

走笔至此，可以借用范申德尔在讨论佐米亚一文中提出的思考方向总结本文。在该文中，范申德尔认为我们有必要重新检视社会生活的空间性（the spatiality of social life）。一直以来，社会科学把空间看成"不证自明、毫无疑问、与理论无涉"的，只是历史发生的所在。范申德尔认为，我们应把空间看成一个变化的过程，故而提出"过程地理"的研究取向。其实，人文地理学家早已提出，用来表示空间的各种地理尺度（如地方、国别、区域、全球）本身就是一种社会建构。范申德尔认为，要丰富地理尺度的理论，首先，要在社会经济因素以外，考虑社会文化和话语的（discursive）因素；其次，研究者往往集中注意都市、国别和全球等尺度，而忽略国别与全球之间的尺度，例如，世界区域

[①] 澳大利亚的情况，参见 Joanne Tompkins, Liyang Xia, Mid-Nineteenth-Century Cantonese Opera Performances in the Victorian Goldfields, in Gilli Bush-Bailey, Kate Flaherty eds., *Touring Performance and Global Exchange 1850-1960: Making Tracks*, Routledge, 2021；马来西亚的情况，参见王胜泉：《朱庆祥的艺术与生活》，香港：明报出版社有限公司，2010年，第9页。1927年生于怡保的朱庆祥20世纪四五十年代在马来西亚从事戏班拍和，他家住怡保，但经常到其他"埠仔"如安顺、金宝、美罗、槟城和马六甲演出。

（world regions）这个尺度便尤其值得探讨；最后，他引用了阿帕杜赖（Arjun Appadurai）的一句话"世界可能包含了许多区域，但区域也在想象它们自己的世界"，并提倡建立一个新的"社空词库"（sociospatial lexicon），去发展和理解新的地理尺度；而要探讨区域间的相互联系，最佳的办法莫过于从物与人在跨国或跨区的流动开始。[1]这应该就是他说的如何将隐喻性的空间和物质性的空间联系起来的两个向度了。本文着意用时人的用语和空间感来绘画这幅"粤语声域示意图"，就是受到上述范申德尔观点的启发。

为什么国别与全球之间的尺度会被忽视呢？这可能是因为在现实中，随着第二次世界大战后东南亚民族国家的崛起，加上亚太地区冷战的地缘政治作祟，这些"之间"地带一直在萎缩。研究者绝大部分是民族国家的产物，他们本该有的区域视野，也往往为国别的思维所束缚，而未能对其研究对象有足够的同情之理解。笔者在另一篇文章中，描述了一个失明歌者从肇庆辗转到四乡、广州、港岛西环，最终流落到九龙的历程，并借用了他的话，指这个流转的空间就是他闯荡的"江湖"。[2]在这二三百年间，粤语声域的"江湖"，逐步发展成一个以"省港澳＋沪"为核心，向南洋和金山辐射的一个域外有域、域内有域的有着很多"之间"地带的"超巨区"。但从种种情况来看，这个超巨区已逐渐萎缩，"之间"也随着

---

[1] Willem van Schendel, Geographies of Knowing, Geographies of Ignorance: Jumping Scale in Southeast Asia, *Environment and Planning D: Society and Space*, Vol. 20, 2002, pp. 647-668.

[2] May Bo Ching, Itinerant Singers: Triangulating the Canton-Hong Kong-Macau Soundscape, in Eric Tagliacozzo, Helen F. Siu, Peter C. Perdue eds., *Asia Inside Out: Itinerant People*, Harvard University Press, 2019.

日趋狭隘的国别意识的强化，一个个地消失了。研究者有必要更新地理观念，以区域的视角，从人、财、物的流动来理解这个逐渐消失的世界，才有可能让思想空间和日常生活的"江湖"得以活现在研究之中。

（原载《史学理论研究》2022年第2期）

区域国别视野下的中国东南亚史研究[①]

祝湘辉　李晨阳

中国是记载古代东南亚史料最多的国家，历代保存下来的正史、地方志、档案等史料浩如烟海。当时统治王朝强调"华夷之辨"，将东南亚诸国视为"蛮夷"之地，试图将其纳入朝贡体系。直到晚清，随着与中国交往的增加，东南亚作为一个区域才重新进入中国的视野，各地书局相继出版了《越南地舆图说》《缅述》《黄辀日记》等涉及东南亚的书籍，体现了中国人对东南亚观念的更新。陈序经说："欲研究东南亚各国历史，尤其是古代东南亚，非用中国资料，就不容易或不可能了解东南亚各国历史的重要事件。"[②] 霍尔说："要获得关于这一地区原始历史的任何知识，中文资源是必不可少的。"[③] 然而，这些并非严格意义上的东南亚史学术研究。

中国真正的东南亚史研究始于20世纪三四十年代。第一阶段，东南亚研究者首先转向了传统书籍，穷经皓首地梳理和考证古籍，

[①] 本文是国家社会科学基金中国历史研究院重大历史问题研究专项（项目编号：2021MZD013/21@WTA005）的阶段性成果。

[②] 陈序经：《陈序经东南亚古史研究合集》上卷，深圳：海天出版社，1992年，第7页。

[③] D. G. E. Hall, Recent Tendencies in the Study of the Early History of South-East Asia, *Pacific Affairs*, Vol. 39, Issues 3-4, 1966-1967, p. 346.

全面挖掘有关东南亚的史料，并重新进行校注和诠释。新中国成立后的20年间，中国东南亚史研究以翻译国外东南亚书籍和考证南海、华侨等个别问题为主，研究范围有限。改革开放后，中国东南亚史研究进入了第二阶段转型期，学界开始大量引入新理论和新范式，拓宽了东南亚史研究的题材和领域。进入21世纪后，随着中国区域国别研究的兴起，东南亚史研究经历了第三阶段的理论探讨和学科实践，走向了与区域国别研究结合之路。

目前评论中国东南亚史研究的成果主要有史耀南的《中国对东南亚史的研究》、戴可来和王介南的《中国十年来对东南亚的研究》、贺圣达的《中国东南亚史研究的成就和展望》、袁丁的《评中国有关东南亚的研究》、陈奉林的《近十年来国内东南亚殖民主义史研究述评》、梁志明和李一平的《中国东南亚史学研究的进展与评估》，以及范宏伟的《新世纪以来关于冷战时期中国与东南亚关系史研究现状分析》。这些作品全面梳理了以往中国学界对东南亚史研究的主要成果，指出了研究问题、范式和路径的变迁。本文在前人成果的基础上，进一步在区域国别视域下，剖析不同思潮、理论和方法之短长，透视区域国别理论与实践的相互影响和能动作用，以不同时期中国东南亚史研究的代表性著述为例，构建中国东南亚史的发展进程。

中国东南亚史研究的成果很多，难以全部进行考察，因此需对其范围作出限定：本文着重考察研究东南亚区域和国别的论著，简化专门史作品，排除古籍资料、游记、传记等记叙性作品。即便如此，由于篇幅所限，笔者仍不得不放弃对部分优秀文献的梳理。

一、传统考据时代与东南亚史研究的边界

20世纪三四十年代,李长傅、岑仲勉、陈序经、冯承钧等学者以挖掘和考证中国古籍为主,辅以西方资料,集中论证中国—东南亚关系史和华侨华人史相关问题。李长傅的《南洋各国史》《南洋史纲要》、冯承钧的《中国南洋交通史》、王婆楞的《中缅关系史纲要》、黎正甫的《中暹关系史》、王任叔的《印尼社会发展概观》和夏光南的《中印缅道交通史》都是该时期的重要研究成果。①

学者们探讨了东南亚史研究的边界。冯承钧认为,"今之所谓南洋,包括明代之东西洋而言。东西洋之称,似首见《岛夷志略》著录,然至明代始盛行。大致以马来半岛与苏门答腊以西,质言之,今之印度洋为西洋,以东为东洋,昔日大食人亦以此两地为印度与中国之分界。然在元以前则概名之曰南海或西南海"。②在元明时期,当今的东南亚地区涵盖了东洋和西洋部分地区。陈显泗认为:"至清初,乃有南洋及东南洋之名;清中叶以后,今日的东南亚地区概称为南洋。今天的东南亚,就是历史上的南海(一部分)、东洋和南洋,在这个地域内的国家,就是我们东南亚史研究的范围。"③

---

① 李长傅:《南洋各国史》,上海:暨南大学海外文化事业部,1935年;李长傅:《南洋史纲要》,北京:商务印书馆,1938年;冯承钧:《中国南洋交通史》,北京:商务印书馆,1937年;黎正甫:《中暹关系史》,贵阳:文通书局,1944年;王婆楞:《中缅关系史纲要》,南京:正中书局,1945年;王任叔:《印尼社会发展概观》,北京:生活书店,1948年;夏光南:《中印缅道交通史》,北京:中华书局,1948年。
② 冯承钧:《中国南洋交通史》,第1页。
③ 陈显泗:《台湾的东南亚历史研究述评》,《印度支那》1987年第4期。

"东南亚"在第二次世界大战中作为盟军战区之一，在战后成为一个政治、地理和历史概念，被学术界广泛采用。中国学者也接受了这一概念。在吴小安看来，从"南洋"到"东南亚"，不仅是名称的变化，而且代表了两种不同取向、不同历史时代、不同国际政治霸权、不同身份认同和学术传统。南洋研究以中国和华侨华人为中心，而东南亚研究呈现出非常浓厚的政治与意识形态色彩，表现为非殖民主义、冷战、发展与现代化等。[1]

不过，阿米塔·阿查亚质疑，今天被称为东南亚的这片区域并不是第二次世界大战后西方的发明。他表明，尽管早期东南亚各民族并不将自己视为东南亚的一部分，但长期的历史联系已然将东南亚融合为一个整体。[2] 阿查亚试图淡化东南亚的地理特征，强调东南亚各民族自古具有共同的思想、相似的生活方式和长期文化纽带，因而形成了一致性和区域性特征。

有一点可以确认，在对东南亚国家早期起源的研究中，中国古籍和学者的书写发挥了重要作用。中国古籍和学者对该区域的解释、创造和传播，经过伯希和、马司帛乐和戈岱司等西方学者的介绍，回流到东南亚，推动了东南亚区域认同的形成。缅甸的蒲甘、柬埔寨的吴哥、泰国的素可泰和爪哇的满者伯夷等古代王国进入了现代民族国家的叙事中。依靠中国古籍关于本民族起源和迁徙的记录，殖民地历史学家重构了被欧洲殖民之前的历史，这使得本民族

---

[1] 吴小安:《从"南洋研究"到"东南亚研究"：一位中国学者的观察与思考》，李晨阳、祝湘辉主编《〈剑桥东南亚史〉评述与中国东南亚史研究》，广州：广东世界图书出版公司，2010年，第411—412页。

[2] Amitav Acharya, *The Quest for Identity: International Relations of Southeast Asia*, Oxford University Press, 2000, p. 5.

能够重新审视被殖民者贬低的过去，增强民族自豪感，以对抗欧洲文化的入侵。他们在中国古籍中找到了悠久的王朝世系、辉煌的文治武功和引以为豪的文化遗产。独立后的东南亚新兴国家利用这些知识重建了民族谱系。长期以来，中国学者和古籍帮助东南亚各民族唤醒集体记忆，对其国家构建发挥了重要作用。

二、传统路线延续与新理论、新范式的引进

从20世纪50年代到70年代，中国东南亚史学者延续了早期路线，重点翻译国外史学著作、研究华侨问题和国别史料汇编。如姚楠（姚梓良）译注的《缅甸史》、陈序经的《陈序经东南亚古史研究合集》。总体而言，这一时期的东南亚史研究打上了深刻的时代烙印，多数成果以内部研究、讲义和时事读物为主，对策性较强，集中在东南亚民族解放运动、中国与东南亚关系史等领域。

改革开放以来，中国东南亚史研究进入新的发展时期。在20世纪80年代，中文古籍、史料整理和校注方面也有一些新作问世，如江应樑的《百夷传校注》、苏继顾的《岛夷志略校释》、夏鼐的《真腊风土记校注》、谢方点校的《东西洋考》。韩振华主编的《我国南海诸岛史料汇编》收集了图书、地图、档案、方志、报刊和调查资料，融合了1982年以前有关南海诸岛的所有资料。黄国安等著《中越关系史简编》阐述了古代交趾与中国的交往，以及从公元10世纪中叶至20世纪70年代末中越关系的变迁。陈显泗等合编的《中国古籍中的柬埔寨史料》收集自东汉至明清一百多种古籍中有关柬埔寨的记载。郑鹤声、郑一钧的《郑和下西洋资料汇编》根据郑和下西洋的文物和调查资料，认为郑和不仅到过西洋，也到过东

洋即婆罗国以东地区。① 可见，东南亚史学经历了前一时期的断层和跌宕后，重新复苏和延续了。尽管缺乏突破，但为后续东南亚史学的转向奠定了基础，提供了新的灵感来源。

20世纪80年代是一个承上启下的时期，东南亚史的研究重点转移到与现实相关的问题上，注重以史为鉴，古为今用。中国学者正本清源，驳斥东南亚史中流传已久的谬见。杜玉亭、陈吕范的《忽必烈平大理国是否引起泰族大量南迁》、陈吕范的《素可泰访古——再论忽必烈平大理国是否引起泰族大量南迁》《泰族起源问题研究》，提出南诏、大理国的文物具有彝族和白族特色，大理和素可泰属于两种完全不同的文化，确证了南诏、大理国非泰族所建，推翻了一百多年前由拉古柏里假设、流传甚广的"泰族建南诏王国说"。② 蒙文通的《越史丛考》驳斥了越南史学家陶维英提出的楚、越同族之说，"楚、越畛域既殊，楚、越亦不同祖，又据诸书所载，楚、越人民亦不得为同族也"。③

从20世纪90年代起，中国学者主动吸收新的理论和范式，出

---

① 哈威：《缅甸史》，姚楠译注，北京：商务印书馆，1943年；陈序经：《陈序经东南亚古史研究合集》；钱古训著，江应樑校注：《百夷传校注》，昆明：云南人民出版社，1980年；汪大渊著，苏继庼校注：《岛夷志略校释》，北京：中华书局，1981年；周达观著，夏鼐校注：《真腊风土记校注》，北京：中华书局，1981年；张燮：《东西洋考》，谢方点校，北京：中华书局，1981年；韩振华：《我国南海诸岛史料汇编》，北京：东方出版社，1988年；黄国安等：《中越关系史简编》，桂林：广西人民出版社，1986年；郑鹤声、郑一钧编：《郑和下西洋资料汇编》，济南：齐鲁书社，1980年。
② 杜玉亭、陈吕范：《忽必烈平大理国是否引起泰族大量南迁》，《历史研究》1978年第2期；陈吕范：《素可泰访古——再论忽必烈平大理国是否引起泰族大量南迁》，《东南亚》1986年第1期；陈吕范：《泰族起源问题研究》，北京：国际文化出版公司，1990年。
③ 蒙文通：《越史丛考》，北京：人民出版社，1983年，第12页。

版了一系列东南亚通史、国别史和华人华侨史著作。新的著作超越了早期对东南亚史描述性的书写，利用科学研究方法，探索其发展的规律和机制。这一时期的学者更注重审视和反思传统研究的主题和思路。梁志明的《殖民主义史·东南亚卷》系统论证了殖民主义对东南亚历史发展的影响，以及东南亚殖民地社会的特点。汪新生的《世纪的回顾：现代东南亚政治与外交》探讨了战后东南亚各国的发展道路和现代化进程。何平的《东南亚的封建—奴隶制结构与古代东方社会》指出古代东南亚在原始社会解体后形成的并非典型的奴隶制社会，而是封建制因素与奴隶制因素相伴而生的社会。贺圣达等人的《战后东南亚历史发展（1945—1994）》将战后东南亚历史划分为西方议会民主制时期、集权型时期和调整变革时期，现代化进程与社会秩序稳定呈正相关关系，稳定和渐进改革的东南亚国家取得了更明显的发展效绩。梁英明等合著的《近现代东南亚（1511—1992）》强调16世纪欧洲殖民者到来后，东南亚"内部的联系空前增加了"，贸易和市场将东南亚与全球网络联结在一起，从而为东南亚带来了近代性和现代性。[1]中国学者注意到东南亚地区的整体性特征，并从地理结构、民族迁徙和生产力发展的角度解释早期东南亚发展的一致性。随着大陆东南亚缅、泰、越族的崛起和海岛东南亚伊斯兰教的传入，东南亚走上了多元、复杂的发

---

[1] 梁志明主编：《殖民主义史·东南亚卷》，北京：北京大学出版社，1999年；汪新生：《世纪的回顾：现代东南亚政治与外交》，桂林：广西人民出版社，1998年；何平：《东南亚的封建—奴隶制结构与古代东方社会》，昆明：云南大学出版社，1999年；贺圣达等：《战后东南亚历史发展（1945—1994）》，昆明：云南大学出版社，1995年；梁英明等：《近现代东南亚（1511—1992）》，北京：北京大学出版社，1994年。

展道路。西方殖民统治、华人移居东南亚，进一步加深了其多元化程度，形成民族和宗教的"马赛克"社会。在国别史方面，陈显泗的《柬埔寨两千年史》运用中国古代文献和柬埔寨学者的文献，论述了史前时期到独立时期的柬埔寨史。王任叔的《印度尼西亚古代史》引用大量古籍、考古发掘、碑铭，证明了印尼民族与亚洲大陆的民族起源于同一民族共同体，拔罗婆字体或纳加里字体书写的梵文碑铭证明古代印尼曾出现印度化国家；《印度尼西亚近代史》展示了近代印尼人民的反抗殖民者斗争和民族解放运动进程。贺圣达的《缅甸史》采用中国古籍和西方学者的有关记载，发掘缅甸历史发展各个阶段的内在联系，对早期国家、英国对缅甸殖民统治的特点和民族解放运动都提出新的探讨。金应熙主编的《菲律宾史》阐述了从旧石器时代到民族独立运动时期的菲律宾历史。[1]

在东南亚文化史方面，梁志明的《古代东南亚印度化问题刍议》在肯定印度文化对东南亚古代文明影响的同时，强调东南亚自身的文化特征，批驳了简单将古代东南亚看作"印度化国家"的观点。贺圣达的《东南亚文化发展史》指出早期东南亚文化由于其原始性，具有较高的一致性。随着生产力发展和对外交往的增加，海岛东南亚和大陆东南亚之间，以及各地区内部之间的差异日益增大。童恩正的《南方文明》认为亚洲栽培稻起源于中国长江以南，东南亚早期文明中的许多因素，与越人文化及百越民族南下有关联。这推翻了稻作、动物驯养和青铜器都起源于东南亚，东南亚为"东亚古代

---

[1] 陈显泗：《柬埔寨两千年史》，郑州：中州古籍出版社，1990年；王任叔：《印度尼西亚古代史》，北京：中国社会科学出版社，1987年；王任叔：《印度尼西亚近代史》，北京：北京大学出版社，1995年；贺圣达：《缅甸史》，北京：人民出版社，1992年；金应熙主编：《菲律宾史》，郑州：河南大学出版社，1990年。

文化中心"之说。王介南的《中国与东南亚文化交流志》阐述了中国与东南亚文化交流的特点和趋势，认为稻谷由中国传入东南亚，棉花由东南亚通过两条途径传入中国，勾勒了中国与东南亚物质文化交流的路线。邓殿臣的《南传佛教史简编》采用了东南亚语和僧伽罗语资料，将斯里兰卡、缅甸、柬埔寨、泰国、老挝等纳入"南传上座部佛教文化圈"，分析了各国南传佛教间的传承关系。[①]

尽管这一时期中国学者强调东南亚文化的多样性和整体区域史观，但综合而言，中国东南亚史学者的视角是以民族国家为指向，以国家认同为基础的。民族国家是近代西方政治最突出的特征，由于西方的扩张和影响，这一概念被自觉或不自觉地运用到区域国别研究中，东南亚研究也难逃此窠臼。与此同时，西方学者已将目光投向"次区域"，如缅北克钦山区、婆罗洲中部雨林带、吕宋岛北部山区等。部分学者将研究重心转向了佐米亚（Zomia）这一处于低地平原主导的国家之外的边缘地区。佐米亚的政治特征是它的"非国家空间"、独特的地理环境和逃避国家统治的群体。西方学者想象了印度东北部、孟加拉东部与缅甸西北部交界这一与"中心区域"相对的"边缘区域"，并构建了该区域的知识话语体系。佐米亚范式部分解释了东南亚高地民族反对其所属国家主导的民族国家构建现象。将目光投向佐米亚这类边缘区域，有助于我们打破民族国家的单一视角，克服狭隘的区域史观。不过，韩恩泽等中国学者

---

① 梁志明：《古代东南亚印度化问题刍议》，《南亚东南亚评论》第4辑，北京：北京大学出版社，1990年；贺圣达：《东南亚文化发展史》，昆明：云南人民出版社，1996年；童恩正：《中国南方农业的起源及其特征》，《童恩正文集·学术系列·南方文明》，重庆：重庆出版社，1998年；王介南：《中国与东南亚文化交流志》，上海：上海人民出版社，1998年；邓殿臣：《南传佛教史简编》，中国佛教协会，1991年。

也注意到，佐米亚在20世纪上半叶以来成了现代国家渗透的目标，主权野心、现代化、技术力量和国家构建都破坏了以往无政府的空间。佐米亚被分解为不同国家的组成部分，现代民族国家改变了当地人的"不可读"状态。①

三、跨学科和多领域导向的东南亚史

21世纪以来，中国学者使用了新理论和新模型，既推进了国别研究和专门史研究，又促进了区域研究和综合性整体研究。年鉴学派和后殖民主义史学理论等扩大了中国东南亚史的视野，比较研究、定量分析、口述调查等跨学科方法对东南亚史的书写产生了影响，思想史、女性史、口述史和环境史等受到关注。

这一时期华人华侨研究取得了一些新进展。东南亚华人族群、华侨民族主义、基督教与华人、华人迁移史、华人对东南亚国家发展的贡献及影响等议题进入学者们的研究视野。庄国土认为"东南亚华人族群"是东南亚本地的多元族群之一，不再是中华民族的组成部分，具有其自身族群性；随着华族政治地位改善和土著经济地位上升以及族群交流频繁，华族与土著关系将趋于和谐。张坚总结了20世纪初东南亚华侨民族主义的目标和内在动力。朱峰从文化适应的角度，探讨近代移民东南亚的华人基督徒在文化交流与冲击中建立新的身份认同、宗教社区与族群传统的过程。高伟浓认为近代中国超负荷人口载量、经济衰败等导致华人向东南亚迁移；华侨的

---

① Enze Han, Neighborhood Effect of Borderland State Consolidation: Evidence from Myanmar and Its Neighbors, *The Pacific Review*, Vol. 33, No. 2, 2020, pp. 305-330.

经济行为自成一体,具有高度的原发性。国别华人华侨史研究也获得相应发展,缅甸、新加坡、马来西亚等地的华人华侨成为研究焦点。①

东南亚国别史、中国与东南亚关系史研究在这一时期有了纵深发展,《越南历史与现状研究》《越南通史》《军人政权与缅甸现代化进程研究》《中缅关系史》《中泰关系史》等相继出版。② 这些学者坚守在国别领域,尽可能接近研究对象国文本和田野资源,对对象国历史进行精细化研究。尽管学界的兴趣越来越转向广泛的整体区域,国别研究者处于艰难时期,但他们的叙事摆脱了基于对象国政治制度、宗教信仰、经济社会和传统习俗等就事论事的窠臼,引入了政治地理、民族主义和现代化等主题,体现了国别视角下东南亚史研究的趋势和指向,无疑丰富了新一代东南亚研究者的专业知识,重新唤起了研究者对国别研究的兴趣。

跨学科方法在东南亚史研究中也被采用。包茂红分析了东南亚环境史作为一门新兴跨领域学科在东南亚史研究中的地位、研究现

---

① 庄国土等:《二战以后东南亚华族社会地位的变化》,厦门:厦门大学出版社,2003年;厦门大学南洋研究院:《东南亚华侨口述历史丛编》,桂林:广西师范大学出版社,2018年;张坚:《东南亚华侨民族主义发展研究(1912—1928)》,桂林:广西师范大学出版社,2008年;朱峰:《基督教与海外华人的文化适应——近代东南亚华人移民社区的个案研究》,北京:中华书局,2009年;高伟浓:《世界华侨华人通史·东南亚卷》,北京:中国华侨出版社,2019年;徐善福、林明华:《越南华侨史》,广州:广东高等教育出版社,2011年;范宏伟:《缅甸华侨华人史》,北京:中国华侨出版社,2016年;林远辉、张应龙:《新加坡马来西亚华侨史》,广州:广东高等教育出版社,2016年。
② 戴可来、于向东:《越南历史与现状研究》,香港:香港社会科学出版社,2006年;郭振铎、张笑梅主编:《越南通史》,北京:中国人民大学出版社,2001年;李晨阳:《军人政权与缅甸现代化进程研究(1962—2006)》,香港:香港社会科学出版社,2009年;余定邦:《中缅关系史》,北京:光明日报出版社,2000年;余定邦、陈树森:《中泰关系史》,北京:中华书局,2009年。

状和发展方向,以及战后菲律宾森林经济与生态发展矛盾的历史,用跨学科方法解释了菲律宾森林滥伐的原因和影响。范若兰从女性主义出发,聚焦于东南亚国家女性参与政治的路径,探讨父权制和性别秩序对东南亚女性推动政治民主化的影响。[1] 跨学科方法为我们研究东南亚史的一些问题提供了新的解释。环境和生态对东南亚国家形成和历史发展进程产生了重大影响,而该影响长期被东南亚研究者所忽视。东南亚地处热带,这种环境决定了东南亚农业模式和人口结构。热带森林植被繁茂、土地长期休耕、人口密度低导致主要依赖贸易和商业的城市出现较晚,这可以解释古代东南亚国家形成迟缓、王国中心易于崩溃或转移的原因。西方殖民者的到来,带来了新的开发模式和商业渗透,大规模毁林造田、推广水稻和橡胶种植,促进了集约型农业增长和人口稠密的定居社会出现,并不断将生产向边疆扩张。快速的环境变化对东南亚区域内贸易、社会和文化融合以及政治发展路径产生了巨大的冲击。

东南亚文化史在这一时期再次成为关注点。贺圣达、梁志明、曹云华、周伟民、唐玲玲等学者从区域文化视角出发,探讨东南亚国家文化的共性、特色及变迁。[2] 他们将东南亚定义为具有共同文

---

[1] 包茂红:《东南亚环境史研究述评》,《东南亚研究》2008年第4期;包茂红:《森林与发展:菲律宾森林滥伐研究(1946—1995)》,北京:中国环境科学出版社,2008年;范若兰:《移民、性别与华人社会:马来亚华人妇女研究(1929—1941)》,北京:中国华侨出版社,2005年;范若兰:《东南亚女性的政治参与》,北京:社会科学文献出版社,2015年。

[2] 贺圣达:《东南亚历史重大问题研究——东南亚历史和文化:从原始社会到19世纪初》,昆明:云南人民出版社,2015年;梁志明等:《东南亚古代史》,北京:北京大学出版社,2013年;曹云华:《变异与保持——东南亚华人的文化适应》,北京:中国华侨出版社,2001年;周伟民、唐玲玲:《中国与马来西亚文化交流史》,海口:海南出版社,2008年。

化特征和历史经验的独特区域,一方面承认东南亚文化的多样性,另一方面探索其文化、宗教和政治组织方面的共性。综合而言,在寻找塑造东南亚早期历史的总体框架时,中西方学者采取了不同路径。中国学者从文化角度强调东南亚整体史观,以"通东南亚古今之变"。西方学者强调文化范式对理解东南亚的至关重要的作用,利用"曼陀罗"等文化人类学概念,试图解释东南亚的政治和历史演变过程。

这一时期中国学者强调东南亚区域的本土性和一致性。同样作为东南亚之外的他者,西方学者创造了"曼陀罗""银河政体"和"尼加拉"等概念描述古代东南亚国家结构和国家间体系。[①] 沃尔特斯将曼陀罗概念推广到对蒲甘、吴哥、素可泰和占城等王朝的叙事中,在中国东南亚学界产生巨大影响力。借助对19世纪巴厘岛社会组织的观察和构思,克利福德·格尔兹提出了本土文化导向的"尼加拉"范式,即由国王、神灵、仪式造就的古代东南亚"神王秩序"。这其实是"曼陀罗"的升级版。

西方学者发明了这些概念并沉浸其中。在他们看来,这些概念反映了古代东南亚国家传统秩序的实质,区别于世界其他地区。首先,它们是一种继承自古印度的"本土"模式,因此"保护"了东

---

① "曼陀罗"(Mandala)在梵语中是"圆圈"之意,奥利弗·沃尔特斯(Oliver Wolters)用这一概念描述古代东南亚政治结构:国王统治集中于首都周边地区,离首都越远则统治权力越弱,曼陀罗具有非中央集权、领土范围变化的特征。"银河政体"是斯坦利·坦拜雅(Stanley Tambiah)以从文明中心散发的银河系结构描述拥有霸权但并非实施直接统治的东南亚古代王国。"尼加拉"(Negara)在印尼语中是"国家"或"政治权力机构"之意,克利福德·格尔兹(Clifford Geertz)以巴厘岛为例证明了古代东南亚国家的特征,当地政权并不实施专制、征服或有效治理,相反,专注于举行盛大传统仪式,又称"剧场国家"(Theater State)。

南亚研究免受以欧洲为中心的概念影响。其次，它们来源于人类学和社会学，更具有人文主义倾向，减少了国家政治色彩，这增加了其学术吸引力和解释力。实际上，它们并非本土概念，只是西方学者从当地原始资料中发掘的词语，但赋予了其新的含义。这些模式延续了西方对东南亚地区的东方主义想象和构建。时至今日，孙来臣提醒东南亚史学者避免"以中国为中心、片面看待东南亚、夸大中国影响"的"中国中心主义"。[①] 在学习西方理论、范式和方法的同时，我们同样要关注中西方东南亚史叙事中的想象和构建成分。

四、走向新区域国别研究之路

当前，区域国别研究已成为学界关注的焦点。然而，区域国别研究如何融入史学，如何推动跨学科对话，如何夯实其作为一门基础性学科的地位，是我们面临的紧迫问题。区域国别研究是传统学科对外国研究的地域延伸和综合应用，因此，东南亚史研究也可以理解为中国史学对东南亚地区的延伸。东南亚史研究作为跨学科的学术领域，也具有明显的区域国别特征。

"旧"区域国别研究的起源可以追溯到殖民时代。欧洲殖民官员通过实地考察收集的详尽数据，与探险家的游记和记述，成为最初区域国别的书写方式。第一次世界大战后，奥匈帝国、奥斯曼土耳其等古老帝国的崩溃促成了拥有本土语言、文化和政治特征的新民族国家建立。第二次世界大战后，大批亚非拉殖民地纷纷独立，美苏冷战加剧，地缘政治格局发生新变化，理解和研究不同国家和

[①] 孙来臣：《中国东南亚研究评述》，《南洋问题研究》2010年第4期。

区域已关系到大国的国家利益。冷战期间，以美国为代表的西方区域国别研究迅速发展。到20世纪90年代，区域国别研究开始衰落。冷战结束并不是区域国别研究退潮的唯一原因，随着全球化的发展，区域特殊性不再是理解的障碍，也降低了其重要性。"9·11事件"后二十余年内，美国再次加大了区域国别研究的力度。建立于殖民需求和冷战霸权争夺基础上的区域国别研究，我们称之为"旧"区域国别研究。

中国推进区域国别研究时自身面临的环境已然发生了变化。西方殖民者对弱小民族鲸吞掠夺、丛林法则盛行的殖民世界已演变为后殖民世界，知识生产中心不再固定于西方，东南亚和其他非西方地区从研究对象转变为知识生产者，通信技术进步、基础设施完善和全球网络扩张深刻改变了民族国家的重要性。与此同时，区域国别研究与国家利益之间产生了更密切的联系。随着中国日益发展和"走出去"的步伐加大，对区域国别研究的需求比以往任何时期都更加强烈。

全球化不会导致各地区各国文化的同质化，区域间、国家间和群体间的差异将持续存在。宏大学科理论并不适用于世界所有问题。区域国别研究的问题和方法必须适应不同国家和社会独特的政治发展水平、文化模式或社会组织水平。区域国别研究提倡获取特定国家和区域的"深层经验知识"，鼓励理论、方法多元化和跨学科研究，契合了中国在面对来自不同区域和国家的不同问题时，采取精细化、分层次和个性化应对措施的需要。建立在这一基础上的研究，我们可以称之为"新"区域国别研究。

在一些国家的学术体系中，区域国别研究很早就被纳入历史学科之中。东南亚史研究应将区域国别研究与史学研究方法结合起来，为史学提供非西方的知识，验证和补充史学理论，并以理论指导进一步的实证研究。

早期中国东南亚史学者注重国别研究，此后日益强调该地区的整体性。进入21世纪以来，区域国别视角成为东南亚史研究中日益突出的特征。一般而言，中国东南亚史的研究重点放在东南亚地区和国家的研究及文献上，更具有区域国别导向。相比之下，西方学者对跨时空的普遍理论原则更感兴趣，更具有大学科导向。今天，中国学者也越来越重视跨学科方法，寻求融合科学和人文路径，探索区域国别和史学之间的交叉点。一些学者呼吁，区域国别研究通过培养"学术理论和洞察力"和"方法论上的自觉性"来满足其理论潜力和拓展研究的需要。

东南亚研究作为一个区域研究具有"外生性"，研究该地区的主要是中国和西方学者。西方对东南亚研究拥有历史上的霸权地位，中国正在迎头赶上。除新加坡，整个东南亚的历史研究并没有蓬勃发展起来，这影响了该领域的研究范式和方法。中国学者面对殖民主义史学和当地民族主义史学，选择了重建而非构建东南亚史，这对于"维护东南亚史"至关重要，尤其是当地民族主义史学试图提升东南亚独立自主意识，却又无法与殖民主义史学切割，反而求助于西方虚构的神话时，中国学者的研究起到了辨别谬误、回归本真的作用。随着东南亚史学走上新区域国别研究之路，中国关于东南亚的区域知识将不断提升，问题导向将更加明确，研究边界也将不断扩展。

（原载《史学理论研究》2022年第2期）

第三部分

圆桌讨论与个人访谈

《区域与国别之间》导读：兼论中国区域研究的热潮与学科构建

吴小安　王霆懿　熊星翰

李宇晴：今天（2021年10月9日）我们很荣幸邀请了吴小安教授来到清华园。吴小安教授是东南亚研究，特别是华人华侨研究方面的著名专家，对区域国别研究的相关问题有着非常深入的系统思考。今天的讲座以对谈的形式进行，除我之外，还有清华大学国际与地区研究院助理研究员王霆懿、助理研究员熊星翰参与对谈。

吴小安：谢谢。这是我第一次来清华做讲座，很高兴受邀做客清华地区研究院的"两乡讲坛"。这几天我一直在想，"两乡"是什么意思？就专业的理解，应该是"他乡变故乡"。除此之外，对我个人而言，"两乡"应该还有两点重要的智识思考。其一，它筛选了一个永恒的课题——"我和他的关系"，包括"我们和他们的关系""我国和他国的关系"，还有我们的文明、我们的社会、我们的政治制度、我们的经济、我们的文化等对称外延关系。这依然属于"我"和"他"的关系范畴。其二，大家都知道故乡和家乡，但是故乡未必就是家乡，故乡未必永远就是家乡。人是流动的，那么家乡究竟在哪里呢？

回到讲座的主题"《区域与国别之间》导读：兼论中国区域研究热潮与学科构建"。在拙著中，我相信，我应该把区域和国别的概念辨析得很清楚了。区域和国别到底是什么关系，到底是怎么转换的？"区域国别"是中文对 Area Studies（区域研究）的一个文化理解，但是缺乏全球属性的理解。纵观 Area Studies 的历史，所有的对外研究，都有三个智识的源泉。其一是古典学，是古希腊、古罗马的。然而，世界从来就不是只属于西方人的，以前东方也一直是世界文明的中心，是世界文明的源泉，现如今，东方研究却变成了由他者界定的域外研究、异域研究的重要领域。所以，东方学（Oriental Studies）应该不只是一个建构的和解构的东西，它更包括以文本、考据、翻译等方法和手段对东方文明进行研究的知识传统。所以，东方学依然是，或者我们姑且说是，涉外的研究、对他者的研究、对世界的研究、对其他文明的研究的一个重要智识来源。

继古典研究之后，区域研究的第二大智识来源是近代的 Colonial Studies（殖民研究）。古典学研究主要是针对世界还没有经历地理大发现之前讲的，古典世界就是古希腊、古罗马。尽管在地理大发现之前，西方周围还存在别的区域文明，却没有发展成跨大洋的互动——跨太平洋的、跨大西洋的、跨印度洋的长距离文明与区域互动。所以那时候，还没有一个真正的全球视角。殖民时代，特别是工业革命之后的殖民时代，才开始有了真正意义上的全球视角与全球互动。对欧洲而言，殖民主义是全球覆盖的，但它的方式是一种殖民拓展、军事征服与政治统治，所以，其知识生产是一种关于殖民的知识、统治的艺术以及权力关系。Colonial Studies 的意思就是宗主国和殖民地之间的关系，包括殖民地社会、殖民地当地语言、殖民地的风俗习惯、殖民地的资源调查等，以及通过博物馆、植物园等方式来记录的其他知识生产活动。

直到第二次世界大战结束，"殖民研究"才开始真正转型为 Area Studies。实际上，这是"二战"结束后国际学界对 Colonial Studies 的一种批判与转型。这是因为"二战"结束以后（经历的）是反殖民主义运动、民族主义、国家构建的一个重大历程，而且兼具"去欧洲中心论"和"去殖民主义"的历史政治使命。与此同时，世界的权力中心则从欧洲转移到美洲，从英国转移到美国。在这个大背景下，Area Studies 应运而生。从美国开始，区域研究作为新兴霸权的一个工具性知识生产范式，承继欧洲殖民主义，发展为"新帝国主义"和"新殖民主义"。这样一个新权力中心的构成对全球、对世界的文明、对地区社会历史产生了一种新的知识生产、新的范式、新的学术组织方式的需求。当然，另一个全球权力关系的重大背景就是冷战（Cold War）——冷战中，东西方在争夺三个中间地带，其核心就是亚非拉地区。实际上，Area Studies 是美国面对中间地带，特别是面对亚非拉地区的一个新的研究范式。

当然，区域研究还强调了"发展研究"（Development Studies）。发展研究，归结起来就是：在冷战这个层面，在政治和军事的层面，体现在社会和经济层面上的一个"发展"面向，是针对第三世界摆脱贫困与开启现代化的一个专门范式。所以，某种意义上，日本的 IDE（Institute of Developing Economies）——亚洲经济研究所就是一个典型的例子。IDE 的日文名称为"亚洲经济研究所"，但英文是另外一个很有意思的名称——"发展经济研究所"；并且 IDE 还在不断重组与扩大，发展成为覆盖亚非拉地区的研究所。为什么呢？因为受安全理论多米诺骨牌效应的驱动。多米诺骨牌效应就是在第三世界中间地带进行争夺的话语，因为你如果有饭吃就不会倒向另外一方。新加坡前总理李光耀就是一个很典型的例子，他有一句著名的话，大意是亚洲人只要有饭吃、有地方住，就不会上街游行、上山造反。这是发展经济学背后的一个基本考量。Green Revolution（绿色革命）则是另外一种应对方式，就是解决吃的问题，然后从发展生产力开始，从水稻种植开始，是从最基本的饭碗开始。所以你看，当时亚洲开发银行设在马尼拉，背后就是与冷战和发展经济学相关联的。包括冷战前的第一场热战，从朝鲜半岛到印支半岛的几次印度支那战争，再到中东的几场战争，都是两大阵营在博弈，通过代理人来博弈，然后再通过军人政权来维持。所以，我们今天谈到 global governance（全球治理），实际上也就是要解决这个问题，解决所有国家、社会和人民的核心问题。对个人来讲，这是迫切的现实问题；对社会来讲，这是基本的生存和发展问题。这就是从20世纪50年代到冷战结束的整个历史时期政治经济、社会文化与权力关系的生态。这样一个生态的后果，就是民族国家的作用和视角是无法回避的，也是必须关注的。现在你是哪个国家的公民，拥有哪国国籍，还有国际旅行的 passport control（边检），等等，涉及的都是民族国家的权力关系。

你们有多少人看过霍布斯鲍姆的"年代四部曲"？很少有学人能够一个人以这样宏大叙事、长时段视角的方式呈现出几个世纪的、全球的、跨学科的、多维度的历史画卷，而且是以非常精细的学术的方式，用一种极富想象力、分析力、渗透力与感染力的方式来进行的，同时兼顾历史与当代，并极具可读性。你们如果看了年鉴学派布罗代尔的著作可能会知道，年鉴学派研究的呈现方式是一种整体的视角，但是，霍布斯鲍姆不一样。所以，大家应该知道，做自己的研究，都是先从模仿好的榜样开始，通过慢慢地熏陶开始。

Area Studies 到20世纪90年代冷战结束后，就遇到了严重的危机。我这里讲的危机，不仅是指来自外部其他学科学者的批判，而且Area Studies本身就在发生变化，也在严肃反省，因为路走不下去了。为什么呢？因为Area Studies有几个重大的政治安全框架，就是靠几场地区战争的支撑，亚洲东部是朝鲜战争，然后是越南战争；亚洲西部是几十年的中东战争。战争的需要、安全的需要对于区域研究很关键。所以，包括美国国务院，包括福特基金会，投入资金进行研究，就像我们这几年一样，迫切需要填补和拯救安全需要的匮乏。这是国家当下一个非常迫切的重要日程。

冷战结束后，区域研究学界有一个过渡期，有一段深刻反省期。1993年，当时我在阿姆斯特丹。我记得，那时Global Studies刚刚兴起；但是对我来讲，并不仅仅是如今天一开始所说的那种文化冲击，还有从一个社会制度到另一个社会制度这一层面的智识震撼。如同很多刚出国的学人一样，一开始，我一直是带着审视的目光去看待资本主义的，始终提防着，以免掉进资本主义的深渊。在那个世界里，的确很自由，没有人管你；如果你没有高度的自律，是什么事情都可以做的。但是，你也可能因此把自己给玩进去。自由有一个前提，是在能够接受约束的前提下，才能享受自由；自由一定是有法律框架掣肘的，自律则是道德层面。自由是这么一个东西，是在受法律的、法治的、社会的、政治的规范之后，才能享受的权利。

大家可能读过杜赞奇的 *Rescuing History from the Nation*，直译成《从民族国家拯救历史》。"从民族国家拯救历史"是什么意思？真实的意思是，所有的历史其实都是一种国家层面的叙事、公民教育与话语垄断。所以，Rescuing history from the nation就是要"去民族国家"。去民族国家的霸权强调什么呢？强调的不仅是国家的霸权、中心的霸权，还有兼顾多元的、边缘的、社会的和公民的诉求。所以，那时候早就已经有了社会研究、性别研究、边缘研究、族群研究和文化研究等领域。因此，你们一定要从教科书跳出来，认识到专题研究著作（monograph studies）和教科书是不一样的；你们一定要看到的是这样的一个东西，而不是那样的一种东西。这就是差别，也是专业的共识。

我的书里，除了区域和国别的概念，我还谈及区域研究的范式，也讨论区域与国别之间的智识含义。我为什么要提"区域与国别之间"呢？这就是我要强调的核心主题。我们所有的研究都需要标新立异，我们做研究肯定要跟人家不同，而不同到底体现在哪里？这个问题很重要。不同的合理性、吸引力在哪里？这个问题同样重要。一个基本前提是，你一定要拥有自己的知识产权，一定要言之有理、言之有据，一定能够说服别人。这实际上就是我们通常所强调的研究创新。所以，"不同"不是自我命题的，不是自说自话、自导自演的。这个"不同"必须有传承和超越，还需要有批判与建构。"区域和国别之间"有两个基本点——我们刚才讲的是概念的东西与谱系或范式的东西，但是区域和国别之间涉及的到底是什么呢？简单地说，那便是需要在新的历史条件下，在新的学术史脉络和范式变迁中，研究自己的问题。这才是问题的核心。

大家都知道招标投标吧？投标和招标的意义不仅仅是预算设计、创意、成本等，或者是给你绘制一幅蓝图，你拿到标书成功申请立项就到此为止了。像我们国家，现在很多的国家重大课题——至少人文社会科学课题，就是拿到课题以后，研究过程的80%就算完成了，招标投标的过程大部分替代了科学研究的过程。这不是科学研究的概念，更不是科学研究的全过程。就像刚才你们听讲座一样，严肃的学术研究是需要自己做家庭作业（homework）的。什么叫"家庭作业"？我在本科的时候，就至少把国内所有大学文科历史系的主要强项和大牌教授都了解了一下。然后在我出国前的三四年里，我又把全球非常好的大学在心里默默梳理、过滤了一遍。那时资讯不发达，又没有互联网，但这是最基本的准备。你得看别人的东西，你得看好的著作。我看很多学者教授的书房80%的空间都是书。书多固然重要，但是什么内容的书、什么档次的书、什么学科层面的书，才是最重要的。你一看就会知道他的关注点、知识面向和品性在哪里。这个是很有指标性的。

"Between areas and nation-states"是什么意思呢？我关注的是理论与方法论的层面，是学术研究和学术课题的基本问题，是如何做研究、如何认真地做研究、如何创新地做研究的问题。但是Area Studies机构里的某些学者，他们所专注的却是学科。学科是什么东西？学科是人类社会某些专门知识的集成、规范、分类、理论与方法，这里它既是工具性的，又是平台。那么，学科到底是什么呢？比如说，它就是执照（licence）。给你一个头衔、一个名号，你可以去招生。做好研究最重要的是填补学科空白，支撑学科后十年的发展。

学科是你的范式，在全球是什么，在过去和现在是什么。所以，Area Studies，清华叫International and Area Studies，这是一种说法；还有叫Global and Area Studies的，这也是一种说法。我们讲这是一个框架、一个规定，是学科的大的框架规定。但是做研究则不一样，其实Area Studies的核心分析单元就是民族国家（nation-state），其分析架构的核心就在民族国家里。为什么冷战是Area

Studies 一个最大的背景,这才是重要的原因。所以,International and Area Studies 里面还有一个 international 的规定。因此,Area Studies 里面应该包括 between areas and nation-states。

那么,什么叫 between area and the nation-state?这才是问题的核心。你不做研究,就根本不知道问题究竟出在哪里。做研究是有设计的,就像做科学实验一样;实验室操作是有假设、材料、程序与规范的,是有设置不同参数的。研究结果做出来,错了,就证明假设错了,命题不成立了。所以,任何科学研究,任何深入性的、严谨的研究都会变成真实的东西,变成原理的东西。实际上,这里涉及一个很核心的问题。除了 between areas and nation-states,你的研究是从美国这个中心来看的,还是从欧洲中心来看的?你真正做研究的时候,那是一个浩瀚的地理、社会、政治、经济和文明的空间概念,以及历史的时间概念。这样,你的研究才能够通过个案研究的形式展现整体的、认识论的东西。这是所有研究的方法论的一个基本点。

Area Studies 作为学科的范畴,如果你做一个博士研究项目时,唯 Area Studies 而谈 Area Studies,最终只是在外围的概念里打转,还不能算是一流的和有典型意义的研究,因为所有的概念对应的都是历史的、经验的和具体的现象。因为现象,特别是非凡的现象,是用概念的标签来识别的。我们整个文明的记录,学术图书馆之所以存放这些记录,就是以这种方式进行的。如果没有把这个东西打通,你做研究,而且还不在过程中来呈现这个研究,那么,即使你拿到了博士学位,或许可以这么说,你也根本就不是在做研究,或者你根本就没做研究。

最后一个问题,我想与大家分享。我觉得,2002年之前,我真的一直很勤奋，但是写的东西特别少。我那么勤奋，而且又不算太笨，都那么少，这应该是一个很有意思的悖论。所以，虽然我一直为此很纠结，但也一直都是坚定的。我的第一本代表作是英文的，第二本代表作是中文的。第一本英文著作我花了几乎整十年工夫，第二本中文专著我花了二十年才完成。这固然很惭愧，却很正常，因为我并没有偷懒。我之所以花十年，甚至二十年才出一本书，应该说是很用心的。我的这本中文书分上半部和下半部，前面是理论和方法，后面是个案研究。需要指出的是，这本中文书一定要联系我的第一本英文专著来读，你才会感觉到我这本书的用心到底在哪里。为什么我一直拖着到现在才出呢？如果不是因为疫情的话，我很可能是不会静下心来整理出版这部中文著作的，因为我一直都行走在路上。我这个人不是功利主义者，因为我自己知道，我写了就是写了，我不会马上拿它去兑换名利。我从来不去做这种江湖上乱七八糟的事情。

疫情居家隔离倒是给了我一个机遇。我觉得，我应该有一个总结，把平时写的东西整理成一本像样的书。我知道，很多人就是把这些放在一起，花一个月就可以完成。这对我来说，肯定是不行的。我知道写书是怎么回事。于我而言，整合（integration）是很难的，因为一本书的各章节构成上下两个部分，然后放在一起，构成体例，既需要互不重叠，又能够相互说明。而且，每个出版社的风格也都不一样。这是很有挑战性的，至少我尽力做到了。如今呈现在大家面前的书是整体的、有连贯性的。有的篇章，我是将三篇文章，或者两篇文章整合在一起的，而我最后要做到这两篇文章整合在一起之后，读者是看不出来的。

所谓的理论和方法论，所谓的理论和经验的研究，应该是随时可以把它像拼图一样，拆开来再拼上，而且不只是成为一个整体，还得有图案，还得有画面，还得有主题，还得有不同元素与亮点。这是一个很核心的问题。你要做到这一点，就像我刚才讲的，能够将你的概念使用和你日常生活中对应的经验打通、贯通；或者说，能够很快地将你自己智识中的那些概念，与你现实的、历史的那些东西联结起来。如果你还没有能力做到的话，那么就可能是你教科书读得太多、专题著作读得太少。读专题著作的过程，同时也是智识探索的过程。不要以为只有理科才是做实验的，文科同样如此。所谓"新文科"，不是知识大杂烩或者你与他的价值观的复制叠加，更重要的是知识的科学生产与敏锐的判断力，能够在复杂、无序的现象里，很快发现本质与有序。作为导读，我就这么给大家开个头。我只是开个头，期待与大家讨论互动。

* * * * * *

李宇晴：谢谢吴老师给我们做了一个内容非常丰富的开头，把高大上的学术理念以浅显易懂而又非常深入的方式梳理了一遍，我们能够从中体会到一种在不同的时间和空间进行智识跳跃的感觉，进而对中国的区域研究有一个更广阔的背景认识与思考。接下来，进入对谈时间，先请王霆懿研究员发言。

王霆懿：非常感谢吴老师，今天很荣幸参与讨论。关于开篇的导论，我其实先后读过两遍。这本书刚出版的时候我就很关注，当时还无法看到全文，导论部分是我偶然在一个公众号上先睹为快，印象较为深刻。我为什么对这本书如此关注？因为这本书是近年来国内少有的一部关于区域国别的专题著作。第一次阅读时，就引起了我的一些思考。由于今天要对谈，我昨天又细细读了一遍，与第一次读时相比，又有了一些新的、不一样的思考。今天的对话题目也非常好，导读之外还涉及学科构建热潮。针对这两点，我谈一些个人的想法。

我觉得之所以有"热潮"这个概念，可能与区域国别研究尚不成熟，还有一定的成长空间有关，不然何以形成一个热潮？2016年，《国际政治研究》第5期发表了区域国别研究相关的专题研究，汇编了多篇佳作。其中王缉思教授以《中国的地区国别政治研究：历史、理论与方法》为题提出了多个重要问题，包括区域国别政治发展的理论基础、研究范围、研究方法、不同区域国别研究的共性和特色等。从2016年至今已有5年时间，扪心自问，这些问题我们现在能够回答吗？我觉得，大部分还是不能的。首先是概念问题。您使用了"区域"一词，清华是"地区研究院"，这些不同的中文概念在不同场合都在使用。这是我们需要厘清的概念问题。

英文中，同样存在类似的概念问题，虽然使用Area Studies较多，但同样也使用Regional Studies，您的书中也有提及。相对而言，Region更侧重地理概念。从机构名称来看，清华是"国际与地区研究院"，北大是"区域与国别研究院"，牛津大学是Oxford School of Global and Area Studies，普林斯顿是Princeton Institute for International and Regional Studies（PIIRS），阿姆斯特丹大学有Amsterdam Institute for Social Science Research（AISSR），莱顿大学既有以区域冠名的研究院Leiden Institute for Area Studies（LIAS），又有专门的某一区域研究院，如19世纪中叶成立的古老的Royal Netherlands Institute of Southeast Asian and Caribbean Studies

（Koninklijk Instituut voor Taal-，Land-en Volkenkunde，KITLV）和20世纪90年代初成立的International Institute for Asian Studies（IAS）；战后的区域研究院，如哈佛大学、耶鲁大学、康奈尔大学、京都大学和新加坡等地的科研机构，自不必说。所以，无论中外，确实都存在概念交汇的情况。概念交汇固然是学科交叉与院系合作的直接反映；然而，最核心的概念都是如此不清晰，可见这一学科在构建过程中，学者们达成共识需要一个过程，尤其面临当前大规模的整合，存在巨大的挑战。

其次，所谓"区域和国别"的区别。很多学者从事国际问题研究，较为关注外部的整个区域。您这里提到了内在的区域，就是中国内部的"区域"。这是非常难得的一点。对此，我们一直在探索，当我们了解了其他的一些区域之后，能不能再回头审视中国的一些问题，或由内而外，或由外而内地互通比较。这是另一个挑战。还有亚非拉国别和全球性国别的问题，涉及对发展中国家和发达国家之研究的权重和投入。这是一个研究侧重点的问题，也需要我们认真思考，因为不同类型的研究项目都是存在的。

有关历史追溯，您刚才是从美国算起，但其实有不同的论述。一些欧洲学者认为，在14世纪至18世纪，一些独立于政府的个体学者，以个人的方式推动了区域研究，譬如旅行探索等。还有一些学者认为，从19世纪后到"二战"前的一个时期，一些西方政府为了推动殖民，加强了这一领域的研究。到了"二战"以后，美苏争霸让区域研究达到新的顶峰，其背后是激烈的大国争霸和强权投入。苏联解体以后，区域研究相对衰落、全球化兴起，很多人认为区域研究没有那么重要了。直至逆全球化萌芽以及中东和其他一些地区爆发了新的地区性战争，美国还有欧洲、日本、韩国等重新对区域研究进行资源投入。如伊拉克战争极大地刺激了英国政府重新关注中东，包括培养语言人才和加强资金投入等各个方面。近年来，以中国为代表的新兴国家，由于全球利益的拓展也开始推动新的区域国别研究探索。所以这其实是一个不断地驱动的历史概念。

与此同时，国内的学者甚至追溯到更久远的时期，如汉唐宋时期的异域志、游记等，这些著作在广义上也可以被定义为区域国别研究，当然时代背景已经有非常大的变化。那么，在这里其实我还有一些困惑：区域国别应该包含哪些基本要素？知识性、理论性、政策性，这三个不同层面分别包含了哪些不同的含义？还有方法论，由于涉及的学科过于繁杂，区域研究是否有共同的方法、路径和框架？这是清华地区研究院发展中国家研究博士项目成立十年来，我们一直在探索和思考的一些问题。在此还需要提及深重的殖民主义、大国博弈和政策影响等外部因素，如何去规避它们可能对区域研究带来的负面影响。有很多学者从人文关怀的视角去研究某个国家，可能会产生一定位移和共鸣。但也有一部分人在做区域国别研究时，带有非常强烈的功利色彩和政策目标指引，譬如阿富汗战争、伊拉克战争等。他们想要了解当地进而推动战争，给当地和人民造成了非常大的创伤。

关于学科构建，我想简要谈谈自己的想法，主要是区域研究跟学科之间的张力，以及区域研究的内在构建，这也是您书中反复强调的。区域研究要成长，它必须有自身的特性和共性。既往我们能看到有关地区差异性的研究，譬如不同地区之间、区域内部和国家内部的差异性。而随着全球化的迅速发展和不同国家地区间交流的增多，我们逐渐在区域研究中发现一些共性，即不同区域之间、不同国家之间、不同的族群之间，甚至不同政体之间可能存在的共性，这为在不同国家乃至不同地区之间进行比较研究奠定了基础。我认为这是一个非常有意义的探索方向。与此同时，您在书中也提到了"悖论"的问题，即区域研究难以成为一个一级学科，因为它自身的一些特点以及与各学科之间的张力。但现实情况是，国内有关学术机构正在试图推动区域研究成为一级学科，这与我国的学术生态和学科体系背景相关。这件事情能否成功？如果要建立一级学科，需要具备哪些条件？也有人提出，区域研究需要持续地跨学科，不断地测试学科边界，进而促进学科自身成长，由于这一矛盾张力的存在，导致了"悖论"的产生。

理论化程度不高是区域研究长期以来受到主流学科批评的核心原因之一。因为过于杂糅，且具有较多描述性、叙述性和表征性内容，这对区域研究的学科发展构成了巨大挑战。如果区域研究要构建一级学科，变成一个更坚实的领域，就需要突破这一挑战。在此过程中，东南亚研究对于区域研究的学科理论构建做出了较大贡献。从全球来看，近年来东南亚的区域研究在理论构建方面涌现出一批非常具有影响力的学者，他们在不断地往前推进和整合区域研究。就此而言，其他地区的学者可以做些什么？

最后，我还有一些困惑，就是中国的区域研究应该有哪些不同？我们是在中国的全球利益不断拓展的前景下，去推动中国的区域研究的，涉及经济、商贸、地缘政治等方面的利益。不难发现，在全球很多国家，中国商人——尤其是小商人——走在了政府、国企和大型私营企业前面，已经把触角伸到那里。学界的动作也相对较慢。对于清华地区研究院而言，更为侧重发展中国家研究。但即使以发展中国家为首要目标，这里仍有一个潜在内涵——需要去发达国家学习。正如刚才您提到的"两乡"问题，我们究竟是"两乡"还是"三乡",是"两者"还是"三者"？我们既要扎根中国,也要去发达国家和发展中国家。另外还有国别、区域和全球研究进展的问题。您这里称之为"区域与国别之间",其实有一种交互和互融的状态。举例来说,就是有一些学者已经慢慢从国别——聚焦单一国家,开始逐渐扩展到不同国家和区域。因为研究两个、三个国家之后,慢慢会有区域性扩展。但也有人反其道而行之,从一个区域慢慢地聚焦到一个或两个国家。还有一种新兴现象,就是在全球化、比较研究和跨学科的视野下,由国别、区域到全球研究的新进展。这是不是可以成为中国区域研究可能具有创新性的一个特点？这也是我对于区域研究三个不同层面的思考,以及在探索学科构建过程中的一些困惑。难得有机会和您当面进行学术交流,希望能听听您的见解。

吴小安：我觉得霆懿博士还是非常认真的啊,总结得非常到位。我不敢说我能够全部回答你的问题,我努力吧。第一点是我们关于 Area Studies 的中文译法千万不要从字面上去理解,我们一定要把它以前的谱系和观点弄清楚。作为范式的 Area Studies 是有历史的、智识的、谱系的定位,还有全球政经的、变迁的、特定的维度规定。这是一个全球的维度。霆懿提到了很重要的一点是,中国的区域国别研究是在中国语义背景下的区域国别研究。这是中国的维度。刚才讲到,中国语义背景下的区域国别研究经常会有很多歧义,也就是 Foreign Studies 通常被视为区域国别研究,然后国际问题研究也被视作 Area Studies。其实,这是误区！Area Studies 在中国,无论是研究国际问题的学人,还是研究国际关系、国际政治的学人,或者是外国语学院的学人,都是很活跃的。这个误区在哪里呢？"拿过来吧，用就是了，我就是做 Area Studies 啊！"这个概念就这么理所当然地个性化和朴素化了，然后想当然地在不知不觉间被异化了。

第二个是关于全球南方（Global South）跟所谓西方主流的根本不同性。这里，我是比较用心地、比较委婉地讨论的。我国的 Area Studies，地区的研究，字面上就是 regional 的、area 的，或者说对外的。这也是我刚才已经强调了的。除了范式参照与讨论之外，有没有做过真正的外国研究的科研项目，有没有按照国际的标准或者国内一流的标准去做，这个基本点判断非常重要。如果做了，如果能够达到国内一流、国际入流的，做得很规范，那么，我们进一步讨论的基本前提和共识就厚实了；反之，则会非常困难，甚至陷于或者纸上谈兵，或者对牛弹琴，或者阳春白雪的认识论困境。

当下，中国学界的很多学术出版根本不是科学研究意义上的项目，即使厚厚地出版了，即使是在学术出版社出版的，很多也都不是严格意义上的学术著作，都不能视为学术专著。专题研究（Monograph Studies）是很重要的，如果你做好、做实了，那你在理论框架上做外国研究，就过关了，就有学术资格了。这是什么意思呢？因为所有的 Area Studies 都同时具有两个重要的维度含义。你们都讲，"我是做东南亚的"；然后我会再问，"你是做东南亚哪个国家啊"；答曰"马来西亚"。反过来说，你究竟是做婆罗洲，或者沙巴州，或者砂拉越的小镇诗巫呢，还是别的地方？然后呢，研究标识就变成了"我做砂拉越的""我做东马研究的"，进而变成了"我做婆罗洲的"，再后变成了"我做马来西亚研究的""我做东南亚研究的"，等等。从外到内、再到外，这个身份的转换是多重的，是叠加（overlapping）的。这个重叠是一点都不奇怪的，它跟分裂是两码事。什么叫分裂？形变就是分裂的。我们需要跨学科、开放式的研究群（Open Cluster），它有Sociological的，有Anthropological的，还有Development Studies，有好多个方面汇集在一起才形成一个多学科的研究。这是所有的研究都必须有的，最后是合一的、一体的。世界上不是只有诗巫的人在研究那个小地方的本土性问题，全球所有做诗巫研究的人都在这儿。对他们而言，诗巫这个地方就是一个联结点、一个标签、一个共生共振的场域。譬如印度尼西亚研究，就有Java Studies、Sulawesi Studies、Sumatra Studies。这是一个标准的区域研究的、跨学科的身份标识。但是，在中国的学术机构、学科和升职体系中，这些专门的学术专业分工与对话平台，目前对于我们来说，依然过于奢侈、过于精细，与学者专业研究脱节脱得太多了、太远了。

关于我们中国的Area Studies，如果说要探讨啊，大概可以分成这样一个历史发展线索。近代洋务运动的时候，我们开始了解或者被迫了解西方；以前，我们是长期俯视周边的，或者藐视外部世界的。洋务运动是要在多个层面上学习西方的，但是它跟Area Studies究竟还是不一样的，千万别想当然、一厢情愿地混淆了。这是两码事，虽然有不少关联。所以，我觉得，Area Studies的中国特色应该是有足够的合法性、合理性的。但是，学术研究与对话讨论中，中国特色不能只是成为一个万能标签、成为一个权宜标签，更不能成为一个自我保护、防护的政治标签。如果是，那最好是外在的标签、社会文化的标签、学术传统的标签。

中国特色的区域研究，必须真正从两个基本点出发，才能具有学术意义：其一，从中国的历史与学术传统出发、从中国的国家利益出发、从独特的国情出发，就像美国从美国出发、欧洲从欧洲的这个角度出发一样，兼容国际的智识生产讨论，而不只是为了彰显中国特色，坚持这个基本点很重要。其二，关联中国特色和全球南方才会更有意义，不仅具有人类知识生产独特的普遍性意义，而且具有比照西方长期垄断人类社会现代知识生产的方法论意义。我刚才讲了，现代文明与社会科学的理论知识，长期以来都是以西方社会为样板、以西方经验为实验场地、以西方模式为路径选择来进行的。比较而言，非西方社会的经验，尤其是当代的非西方发展的经验，在社会科学理论的贡献方面，基本被忽视了，或者被故意忽视了。这才是最不对称的智识生产，以及最严重的狭隘、偏见、局限和霸权。所以说，这个新兴的实验场恰恰是丰富了整个人类文明、全球文明的，还是社会科学理论的一个最重要的经验场域。这应该理直气壮地成为中国区域国别研究的一个最大的合理性。同时呢，中国作为一个新兴的大国，改变着全球的政经体系，是谓百年之大变局也。

那么，区域国别研究的书写是什么呢？我发现，我们现在好多正规的一流出版社在出版什么著作呢？说起来非常有意思，竟然是纷纷隆重推出"列国志"！打比方来讲，"二战"前后，哈佛大学一位教授写了一本厚厚的《马来西亚》，包括马来西亚历史等各个方面。今天看来，这应该依然是美国关于马来西亚最早的、最经典的学术著作。这种标准的东西才是我们应该做的，而不是那种简介式的、列国志式的、导游图式的碎片化的玩意儿。那种东西，就像现在我们有不少人刻意把整个大学变成一个大智库一样低级。其实，大学本身一直就是最大的智库；但它不是现代意义上的专门智库，它叫university，它超越时空、超越地域、超越国家、超越族群、超越宗教、超越文明、超越所有专门的东西。大学最核心的原则就是真理与科学，人文关怀与求真务实，这才叫 university。那么，university 是指什么呢？与宇宙一样，university 是普遍的、整体的和包罗万象的，科学地、专门地和专业地研究一切宇宙与人类社会的奥秘；university 同时是多元（diverse）的，是超越个人的，所有东西都包含在里面。大学的功能是面对整个人类，面对整个自然界（以前 society and nature 是人类为中心、地球为中心的概念，现在的自然界应该是超越地球、包含太空的）。所以说，你需要这样看大学、这样看学术、这样看学人，才会更全面而自觉。实际上，你看我们现在谈区域国别研究与智库的关联，就发觉很不是味道了。不是说智库不重要、不被需要，而是说智库与大学的研究性质是不同的。问题在于，智库本来应该是学人严肃的专业研究，最后却变相沦为新闻媒体的第二职业；智库的东西，就变成新闻记者所有的东西。

那么，区域国别到底应该怎么研究呢？第一，如同我们反对西方中心论、抱怨西方的傲慢与偏见一样，对于西方，特别是西方学术，我们也千万不要抱有偏见。实际上，西方有很多很好的东西是永远值得我们借鉴学习的，例如科研机构的设立、智库的定位、学人的立场，还有私人基金会等，它们认真、严谨的精神，在科学上大胆追求探索，开放且精益求精。

我们讲中国的 Area Studies 时，有一个特别重要的东西是学科的设置。可以说，中国 Area Studies 升级为一级学科是一定会成的，而且是进行时。在中国，最重要的一点就是，在应该与时俱进的时候，千万不要去跟风，一出问题就死了。回到刚才谈的一个核心问题，就是外国语学院学科专业设置与培养方向出了大问题，迫切需要及时进行学科调整。20世纪80年代，我们研究语言；90年代，还可以加一个文化的帽子，或者再加个社会的标签；21世纪初，大学面临国际化的激烈竞争，外国语学院要成功地升级换代，走出来与走出去，第一次面临学科与人才培养的严肃问题。学科设置涉及的第二点，就是中国的对外研究。中国的 Area Studies 最活跃的依然是中外关系研究领域里的一帮学人。实际上，Area Studies 是说，你们是真正活跃在第一线的国家、第一线的社会、第一线的文化、第一线的研究领域的学人，而不只是情报的、咨询式的、讲解式的，不只是翻译与介绍性的。中国区域研究生产的产品，应该是作为一个面向全球学术专业市场和全球图书馆那样的产品。

你谈到独立学者和中世纪之前的区域研究。我可以肯定的是，那绝对不能叫 Area Studies。首先我得承认，起初我看"区域国别研究"这个新鲜事物与概念，就本能地觉得它很别扭，觉得这简直就是一个拼凑的与权宜的折中或者说故意模糊。实际上，我心里对它一开始是存疑的。其次，区域国别学科的提出揭示了中国一个迫切需要正视和解决的根本问题。我们现在面临的形势是，比如我们做东南亚的，有关东南亚的背景知识有可能说得头头是道了，但是作为创新的学人与研究，如果按照一般学术专业标准（遑论国际标准），甚至很多人可能连做学人的资格都够不上。你们会说，他们可是写了好多本著作的，而且是正教授和博导之类。但是他们没有做过像样的一线的经验研究，没有原创性的学术代表作做标识啊。所以，这是两个不同性质的概念，需要认清，不能混淆。专业研究和非专业的差别在于，即使你写了好几本书，即使你很有名，但是如果你没有做过真正的研究，你仍不能称为真正意义上的研究型的大学教授。你还会说，东南亚的知识我可是懂好多，甚至什么东西都懂,但你终究没有自己的原创性专业贡献啊。这是学术规则与标准判断的基本常识。

2019年初,美国大学的一个主编写信邀请我写一个东西,关于the Cambridge history of global migrations。剑桥史系列应该是国际学界一个口碑很好的品牌系列,主编分配我写作的题目叫什么呢?英文是migrants and brokers,中文主题的意思是移民与中介,从19世纪之后直到当下,不只做华侨移民。这个题目,说实话,是一个非常社会科学的课题,对我来讲肯定是新的东西,也肯定不是我以前写的东西。我很兴奋,这非常富有挑战性,所以我接受了,实际上这个机会很多学人是无法抗拒、不能放弃的。但是,如果这次写的东西达不到标准,人家照样放弃你没商量。所以,我专门找了一个特别私密的空间,躲在新西兰一个学期专心写作。做学者,都是需要有优秀作品的。我开始认真找资料。找资料不是说随便就可以找到的;就算找到了资料,也不是说随便就可以用的。有时,你只能用其中的一句话;有时,你只能从中得到一个启发,还不能引用。之后的工作就是处理资料、分析资料与反复思考。最后,才是构思成文的过程,才能动笔。我不知道,大家动笔是一个什么样的过程,你们有没有写大纲,又是怎么写大纲的呢?是读完大量文献再写大纲,还是直接就写大纲?这是两码事。你需要有一个大致的想法,收集许多资料,初步阅读,然后形成一个初步的东西,而且还是一个很肤浅的东西。你再深入的话,大纲能够变成长期的研究计划。你再一本一本、一篇一篇地阅读细化,一步一步地完成,最后把这些东西整合起来。做科学研究,如果你没有遵循这个基本的过程与规范,你是做不了的。所以,这就回到了我们讨论的一个很核心的问题,也就是我们区域研究真正面临的问题。说到这里，我已经很冒犯了，我不想继续冒犯。几十年来，我的写作从来不针对某一个学者，从来是对事不对人的。

第三，是 home scholar 和 home studies 的问题。Home studies 可以是 domestic studies，是做自己原乡研究的，我们有时候也讲 national studies，或者叫 local studies。我觉得，我们把 home studies 称为 domestic studies 和 national studies 是比较合适的。但是 local studies 就不一样了。Local studies，在中国历史上有一个学术传统叫"方志"。Local studies，在学术研究上有一个普遍性方法论意义是经验研究的工具性、操作性切入。你们可以看看，所有20世纪80年代或者90年代初出去留学的人，基本是理工科的。如果是文科的学人，研究都是做中国研究（China Studies）；如果做外国研究的，去美国留学的就做美国研究，去英国留学的就做英国研究，去德国留学的就做德国研究，等等。这是一种特殊的历史与文化现象。

中国人出去留学，如果回国求职，有两点很关键：第一，如果我是面试官，我肯定会一直讲一件事，如果你是哈佛、普林斯顿、牛津或剑桥的博士，我肯定会问的第一个问题是，你的奖学金哪里来的？如果是中国留学基金委的，我心里会打折扣，因为这是基于不同学术标准、不同评审标准、不同竞争规则的，与获得当地大学、当地国家奖学金的同学是不一样的培养标准。如果你是拿牛津大学自己的奖学金、剑桥大学自己的奖学金，那么，该过的严关你几乎经过了，就不需要我们来审查了。第二，如果你的工作是靠你的老师找的，比如说你在市场上立足，如果你遇到任何问题始终是靠你的老师在背后给你找机会，那么，你是走不了多远的。你老师倒下的那一天，你也就倒下了。这应该是两个颠扑不破的真理。

回到我们的区域国别研究的主题。举个真实的例子。日本有一个学者,东京大学毕业的,然后去康奈尔当本尼迪克特·安德森的学生,最后留在康奈尔大学做教授。他是做爪哇研究的,在康奈尔大学出版社出的学术专著,要知道并不是每一个日本学人都能留在康奈尔任教的。中国现在有好多的学人,在美国的一流大学做教授,做什么呢?主要是做中国研究。如果中国做东南亚研究、南亚研究和中东研究的学人,很多能够在美国做一流大学的教授,那才是值得骄傲、令人鼓舞的新常态。不以自己的自留地、自己的文化背景作为优势,并且超越了这个东西,始终是学术与学人的天职。实际上,将来的中国学人,他们那一代是不会有太多沉重的历史、文化与政治包袱的。我的意思是说,你们这一代的青年学人,面临着很好的时代机遇。所以,你们做区域国别研究时,不能只是在外面做中国研究。你们应该勇敢地在外国主流大学做亚洲研究,在中国一流大学做"入流"的美国研究,能够在北京大学、清华大学和复旦大学做美国研究,那么,你的研究就是入流的——即使不是一流的。这应该成为我们中国区域研究的方向,其实也是我们中国学人努力的方向。

李宇晴:谢谢吴老师。其实中国的区域研究,一直处于一种建构的状态中。我之前一直在思考,对于我们所有人,包括博士生,这到底意味着什么。今天吴老师确实提醒我们需要仰望星空,就是让大家看到,不管这个研究叫什么名称,是什么学科或者是跨学科,只要你遵循某种学术科学研究的基本规范和基本标准,我们的研究就不会失去方向。下面请熊星翰研究员发言。

熊星翰：非常感谢吴老师的精彩讲述。我的第一个困惑是关于区域国别学研究中如何跨学科的问题。您是一位历史学家，而史学普遍上被归为人文学科，偏重描述性和阐释性。也就是说，研究更多的是从历史纷繁的材料或者现象中，挖掘并描述一些历史上的社会、经济、文化结构，及其运行机制。比如布罗代尔、滨下武志、沃勒斯坦等学者的成果，都是如此，包括您的书里其实也有一种类似的长时段研究。毫无疑问，这些成果是非常出色的；但是作为描述，这些史学成果经常遭遇不少质疑。人们认为，它们展现的都是历史的特殊性。与人文学科相对的，还存在被称为"社会科学"的学科。从学科类型的名称上，就可以看出它们强调自己对"科学性"的追求，或者说对于普遍规律性知识的追求。比如政治学、经济学这样的一些学科，它们就很注重自己的研究成果在解释力上的普遍性，在此基础上，进而强调知识产出应该具有预测性功能，或者某种放之四海皆准的结论。对于到底是追求普遍性知识还是特殊性知识，不同学科之间的这种差异上的区隔似乎很难弥合。在区域国别学的语境下，强调一种跨学科的视野或者方法，难免会出现不同学科在上述方法论和认识论上的矛盾困境。因此，我的第一个问题是：区域与国别研究到底是应该跨学科，还是立足于某一专门学科？

吴小安：感谢你的提问。就跨学科与单一学科的问题而言，首先，区域与国别研究是跨学科的。但是，我同时也想提醒年轻学者注意其中的陷阱与挑战。对于任何一位学者，如果跨界过多，把自己做成一个杂家，那么最后很可能啥都不是，在任何一个领域都是不专不精的半桶水。试想，专业的学术共同体会怎么看你？你到底来自哪个专业、哪个领域、专攻何业？对自身的学术应该有一个怎样的标识定位？目前为止，从事区域国别研究的学者，在博士期间都应该具有明确的学科归属，获得的学位也是既有的、已经成熟的某一专门学科，而不是跨学科或交叉学科，但应经历跨学科或交叉学科的相互培育。这才应该是区域国别学科领域人才培养的标准模式。无论社会学、人类学、政治学、历史学，它们各自作为一种经过长期发展和检验的学科范式，是每一位学者在博士论文研究中都需要内化到自我当中的。在区域国别研究中，这也正体现出专业学科研究和普通智库研究的重要区别。

因此，我要提醒同学们，即便大家毕业后开始尝试用跨学科方法从事区域国别研究，在此之前也需要先扎实地做好某一个学科的专业训练，并且通过这个学科规范（Discipline）的检验。其实，这一点也体现出研究型大学，特别是全球顶级研究型大学中通常存在的一个内在张力：一方面，学校鼓励学生去尝试、去创新、去跨界、去做梦；另一方面，学校也非常注重学科研究的规范性、科学性和深入性。而要做出规范、科学和深入的研究，采用学术共同体认可的范式无疑是非常重要的。换言之，学生在思想上要开阔、自由，但是在学术方法和实践上一定要严格要求和精益求精。通过这样一组看似互相对立实则统一的过程的检验之后，年轻学者才能更好地知道自己未来的可能性到底在什么地方，知道自己的兴趣和能力能够如何做到最好的结合。就我自己而言，博士阶段之前，我的学术训练相对任性，可以说是天马行空、野蛮生长的，我大学上课时是以不做笔记出名的，成天就泡在图书馆自由读书。进入博士后，我突然变得自觉了，自我规训了，开始严格按照研究的范式要求来治学。从阅读到做读书笔记，从文献收集到实地研究中的观察和日记,我都严格坚持按一个历史学者与区域研究学者的标准要求自己。如今回想起来,如果没有在这样一个多元、宽泛却严格的学科体系内的修炼过程,是很难写出合格的论文的,遑论在碎片化的材料中提炼出本质性、系统性的发现。

熊星翰: 在您的书中,您对本尼迪克特·安德森回忆录的评述让人印象深刻。安德森作为一位很有代表性的区域国别研究大家,在饱受挫折的田野工作中始终能迸发出让人惊叹的学术生命力。借此向您请教:作为一个学者,如何在长期的学术生涯中保持一种强烈的学术激情,使自己能够在不断成长、升华的过程中维持学术上的高产出?

吴小安: 要回答关于如何维持学术激情的问题,首先需要明确作为学者的两个基本条件——学科规范与学术兴趣(interest)。首先,所谓学科规范,是指遵守学科训练规范,并在学科的知识体系之外,具有学术操守、纪律性和规范性,以及学人的自律性,要能承受学科培养中的高强度训练和学人成长中面临的各种压力。比如,面对导师的训诫,需要以积极的心态去面对,不能因为心理脆弱就停止前进。学术兴趣当然也至关重要。只有不断的、持续的、浓厚的兴趣,才会热爱一项事业,并最终取得成就。在葆有学术兴趣的同时,尊重学科规范,才能脚踏实地做学问和做人。这样做出来的学术,不仅是诚实的和人文的,而且往往更富有创造性。

但是,激情也会有退潮甚至透支的时候。人毕竟是生物性的,需要睡觉,需要均衡,需要假期,需要阅读,需要充电。对于学术激情而言,学者不时地选择离开,到一个新的环境去刷新自我,很重要。这样能使新的东西被身体感知，然后放松调适，最后愉悦身心——无论是饮食、气候、文化气息，还是新鲜的人群，或者新鲜的经历。刷新了感知后，学者就会去思考、去改变，而改变则意味着一种成长的新可能性。记得有这么一句诗让我印象深刻：成长就是改变；完善则是不停地改变；成长是生命的唯一证明（To grow is to change; to be perfect is to change often; growth is the only evidence of life）。

安德森的学术生涯，其实就是对这句诗的很好的诠释。在不停的改变中，安德森始终在追求卓越，这种改变可能是完全主动的，也可能是在外部压力下做出的调适与应对。无论如何，富于激情与生命力的学者，总是需要不断去挑战自己和改变自己。当然，改变也存在风险。因此，在做出改变前，需要尽可能做好充足的准备；为应对改变进行的准备，则可以回到我们对于学术激情的讨论上来。对于学者而言，支撑学术激情的是学者自身的知识、见地、理想、境界与关怀，是一种具有超越性的个体意识与个人追求。正是它们构成学者对于自我追求的珍视和热爱，以及获得专业认同后的荣誉感与奉献精神。当一个学者真正具有学术激情的时候，实际上他就应该具备了坚定的信念和经常做出改变的勇气，并且不会因为在进行改变时遭遇的压力和挫折而扭曲自我，或是放弃追求。

保持学术激情还意味着，在自己的专业领域之外，学者必须拥有更广泛的兴趣和更深刻的关怀，比如对自然的热爱、对人类的热爱、对未知的向往、对不确定性的向往。特别地，对于社会与人文学科的研究者而言，无论研究的是自我还是他者，故乡还是异域，只要研究对象与人相关，那么，我们归根结底都是在研究人如何生活，如何更好地生活；如何相处，如何更友好地相处。从这个角度上讲，学术激情在于热爱，在于共情——学者首先要热爱生命、关爱自己；然后推己及人，把它投射到自己所处的环境中，投射到研究对象身上，投射到对于整个人类和世界的探索中。这也是为什么很多优秀的学者身上都散发着同样浓厚的艺术气息和人本主义情怀，甚至是浪漫主义色彩。最后，我希望，我们新一辈的学者，特别是从事海外田野调查的区域国别学研究者，也能热爱生活，热爱生命，享受田野，保持兴趣与好奇心，长久地保持学术激情。

* * * * * *

吴小安：我总结一下我今天的讲座。第一个是关于本学科和跨学科的关系问题。区域研究是跨学科的，但如果你脱离了基本面进行跨学科，变成了杂家和四不像，那么就陷入了另外一个困境。直接的问题有：别的学人怎么看待你、标识你？你到底是哪一个院系？哪一个学科门类和专业？哪一个研究地域与领域的定位？如果你继续在大学从事专业，就好像人在江湖，你到底属于哪一个码头？哪一个山头？哪一个武林派别？——如果我们把学科叫作码头和山头的话。这是第一点，却不是重点。重点是博士学位固然都是博士，都叫 PhD；但是你拿的究竟是 PhD in Anthropology、PhD in Sociology、PhD in Political Science，还是 PhD in History，又或者是 PhD in Southeast Asian Studies？这样的分类才真正具有学科专业的意义。你的求职与工作也会面临这样的情形。你的研究是学术科学研究，而非智库研究。无论你是做研究，还是做跨学科研究，你首先需要做一位训练有素的、某一学科的专业学人。

问题还会出在哪里呢？如果你入学前三年，就被某一个学科给局限死了，那你的学业前途很可能也就到此为止了，你同时需要关注学科交叉、多学科或者跨学科。反之亦然。这应该是所有全球研究型大学的一个共同趋势。只有这样，你将来才有可能变成一个有创造性的、发散性的、可持续的、复合型专业人才。如果不知道你将来的局限在哪里，你的可能性在哪里，而这又刚好是你人生最可以受塑造和锻造的时段，那么你正可以在这个时候尝试你想要做什么、能够做什么，你是什么都可以去做的。你现在处于一个最大的实验室里，什么梦都可以做，多么美好啊。在大学里，你是在做梦但不是空想，你知道吗？你要把它变成一个很可能实现的、真实的东西，而且会有很多人陪你，甚至教你一块儿去尝试这种探险。这就叫大学，而且这些人都是在用科学的方式、开放的方式、探索的方式和多元激荡的方式与你互动。所以，你需要认真地听课、记笔记和做作业。我大学上课是从来不做笔记的，总是"60分万岁"。如今回想起来，我必须承认，自己很后悔、很丢脸，走了很多弯路。我真正做历史研究，实际是区域研究，是在读博士的时候。我是真的系统地做了很多不同层级的档案研究的，而且是系统的原始档案研究，是在不同国家的档案馆研究，不是把别人旧的东西、整理好的现成的所谓档案汇编当作蜻蜓点水式的档案研究。今天我可以向大家透露，大学的时候，我的文笔，我的构思，始终都是很用心的，我写论文的文辞和思想都是很讲究的。所以，我的经验是，阅读、观察和思考，还有随时随地书写与记录，非常重要。以前的大学，很多人是做笔记、写日记的。如果你不做记录、不读东西、不练笔，那么很多想法很容易烟消云散，是很难找回来的。

我这里要特别强调，对于学人而言，激情（passion）始终非常重要。除了学科之外，除了献身精神之外，激情应该是每一位优秀学人身上最可贵的品质。什么叫学科,就是指学科专业训练,特别是其纪律性、自律性、规范性、强制性、高强度的含义。学者如果没有经过这种系统训练,如果老师打你几下、骂你几句,你就想不开、受不了、哭鼻子,就顶不住压力,就什么都不做了,那么,你可能就真的没出息。其次是兴趣。只有有兴趣才会热爱,只有热爱才会有激情。你只有有兴趣才会真正地热爱它,只有热爱才会干成大事。什么叫信仰呢?所有人做学问,跟做人都是一模一样的。如果你做人是脚踏实地的,那么你做学问也是脚踏实地的;如果你做人是诚实的,那么你的专业产品也是诚信的和富有创造性的。你看好多歌手、音乐家、画家都是这样。看你的阅读,看你的三观,你想做什么,你是什么样的人,等等,都是比照,都有共性。

  激情是会透支的。为什么我们要睡觉呢?为什么要有假期呢?就是需要充电,就是需要到别的地方、不同的环境去更新(refresh)自己。什么叫 refreshment?就是让新的知识、新的元素进入自己的身体,无论是饮料、食物,还是人或事,抑或空气。我们需要学会改变自己,与时俱进。所以啊,改变是最重要的。"To grow is to change; to be perfect is to change often; growth is the only evidence of life."生命最唯一的证据就是成长。成长是什么?人生是什么?成长是改变。完美的人生就是经常地改变。但改变是要成本的,是要有准备的;改变要有内驱的动力,还有外在的机会。说到做学者必须有激情,是因为激情是想象力一个最基本的底蕴和品质。什么叫想象力?你有没有见识?有没有理想?你有没有丰富的内心与憧憬?你的阅读是怎么样的?激情是超越的,它带着一份荣誉感;荣誉感也是超越的,与低俗的当官发财不一样。你很爱护自己,却不是因为真的自私,而是爱惜自己的羽毛。你有荣誉感,又有理想,还能够经得起考验，别人怎么打你，你依然不扭曲、不被污染、不同流合污，永远保持着、守护着那份信仰、那份激情。所以，除了好好做你的事情，认真学好你的专业，你一定要有关怀，对自然界的关怀、对人类的关怀、对社会的关怀，还有超越国家、超越个体的关怀。

人生就是这样的，职业的人生也是这样。人如何过这一生？那是一个永恒的命题，我们所有的研究都是围绕这个永恒的命题，如何让自己的这个人生过得有意义，不一定要做大事情，至少要做力所能及的事情。所以，它有一定的相对性。你热爱生活，这叫激情。我依然有一个梦想，在心里温暖着自己，这也叫激情。所以，激情是爱护自己，热爱世界，热爱生命，热爱生活。不仅关爱自己，而且关爱社会。检验一个人是不是优秀的学者，就是看他有没有激情，有没有创造力。我看，很多学者根本就不像学者；你看他写的东西和说的话，一点境界都没有，一点高度都没有，一点审美趣味都没有。为什么人们总是争论人文社会学家到底是艺术家还是社会科学家？问题的症结应该在这里。我希望，大家一直都保持这份激情，不仅是人生的，而且是职业的。祝福大家！

李宇晴：非常感谢吴老师今天对我们倾囊相授。很少有老师有这种魔力，一下子把我们带入这种深度的思考。也非常感谢大家的参与。

（原载《区域国别学》2022年秋季第1期）

融通——区域与国别、中国与世界、世界史与中国史

华侨大学讲席教授兼华侨华人与区域国别研究院院长吴小安教授专著《区域与国别之间》2021年3月由科学出版社出版，本书是"北京大学海上丝路与区域历史研究丛书"的第一本。同年5月22日上午，北京大学历史学系与科学出版社联合举办本书首发式，邀请相关专家学者举行座谈会。5月22日下午，主办方邀请清华大学仲伟民教授担任主持人，中山大学刘志伟教授、复旦大学任晓教授和本书作者吴小安教授作为对谈嘉宾，围绕"融通——区域与国别、中国与世界、世界史与中国史"主题做深度对谈。此次对谈涉及区域的概念、民族国家之内和之外的区域研究、区域研究的范式、中国区域国别研究的实践等问题。特此整理，以飨读者。

对谈环节

仲伟民：非常荣幸能够担任这么一次重要活动的主持人。在国内，严格地说国别史研究属于世界史的范畴。这几年国别与区域研究特别"热"，我所服务的清华大学也设立了国际与地区研究院，受到学校的特别重视，政策和经费的投入相当大。今天下午的主题是"融通——区域与国别、中国与世界、世界史与中国史"。这个

题目很大，几乎无所不包。我是纯粹的中国史学者，近两年非常关注中国社会经济史，尤其是华北区域。因个人研究兴趣所致，我经常在研究中用一些全球史的方法。但我做的全球史研究，（其实）有点投机取巧。因为我跨越区域与国别，没有对中国以外的任何国家和地区做过研究。严格地说，（我）用全球史研究方法写论文有点不可靠，这也是我感到非常惭愧的，因此我今天抱着学习的心情来参加这个活动。就区域与国别这个话题，我个人比较关注中国与东亚地区。把中国放在亚洲区域中思考，中国主流学者更加关注中国与东亚，尤其是与日本和韩国的关系。近年来"华南学派"的研究影响越来越大，使得中国与东南亚的关系逐渐受到关注。就此而言，我觉得吴小安的著作非常重要，因为它揭示了中国与东南亚的关系、东南亚在亚洲及国际关系中的地位。当然对我来说，落脚点还是关注中国与东南亚的关系。那么，我们首先请吴老师谈一谈，为什么要在这个时候出版这本书，以及这本书的出版意义何在？

吴小安：在回答伟民教授的问题之前，我先谈谈这个主题。为什么选择"融通"？融通，不仅仅是联结、整合、交汇、关联和融入；其对立面是阻隔、孤立、平行、互不往来。作为中国史的老师，荣新江教授在上午的座谈会上表示，过往中国史与世界史就是"老死不相往来"，即使是同事也是这样。这揭示了这样一个问题，所有在中国学界研究中国史的学者，没有世界史的眼光，也不在乎世界史，甚至漠视世界史、理直气壮地不需要世界史。反过来，研究世界史的学者觉得与中国史关系不大，觉得有关系的是做国际关系、国际政治、边疆、中外关系、周边国家研究的学者。这是我们目前的学术生态。今天的主题是"融通"，待会儿刘老师会详细阐述区域与国别，我想先谈谈中国与世界。正如伟民老师所说，以前

247

"中国是天下，我就是世界"，进入近代后发现"中国既不是天下，也不是世界"，而且中国还是挨打的，有长达一个世纪的屈辱历史。这不仅塑造了中国与世界的关系，也塑造了中国的民族主义或者说民族性格。在鸦片战争到新中国成立的百年中，我们仰视并学习西方的同时，也交织着清理、排斥和对抗西方。1949年之后西方更是成为坏的、恶的、毒的代表，中国与西方势不两立、公然对抗。但这段时间也有人偷偷学习西方、憧憬西方，并影响之后更大胆地、一边倒地学习西方的局面。改革开放成为影响中国学术界和整个中国国民生态的重大转折。近年来富强起来之后，我们开始强调中国要走出去。但中国依然被误解。我们困惑于西方为什么总是和中国过不去？问题到底出在哪里？回溯这百年来的历史，这些问题已经摆在我们面前，无法回避：到底是中国不了解世界，还是世界在误解中国？或者说是西方国家故意和中国作对？中国和平崛起已经影响了中国的周边形势、国际形势乃至国际格局。这个变局依然围绕"我"与"他"的关系、"中国"与"世界"的关系，其核心是中国与西方国家的关系、中国与周边国家的关系以及中国与"全球南方"（Global South）的关系。更重要的是，中国因其体量大、人口多及历史悠久、体制不同，从而使其与外国的关系又成为一种二元对立的、两种发展道路的关系。这是我们今天所谈主题的结构性背景。

仲伟民： 刚刚吴老师提到一个非常重要的问题——中国与世界。这学期我在清华有一门"现代化研究"的课程。我感觉中国从传统走向现代化的过程，是中国人从传统世界观走向新世界的过程。在我们几千年的传统观念中，中国人有自己的世界观，是中国人根据自己的知识构造与想象出来的世界——天圆地方、中国中心。但中国自从与西方接触以来，愈发觉得原来的世界观是假的、虚拟的、不真实的。最近两三百年中国现代化进程如此艰难，原因即在于中国很难从自己的世界走出来，不愿意从原来虚拟的世界走向现实的世界，或者说不愿意面对一个真实的世界。换言之，传统的世界观对中国人影响很大，我们很不情愿从过去的世界走出来去面对真实的世界。这就影响了我们处理历史与现实问题，也是强调世界史研究、区域国别研究的一个非常重要的原因。任老师是美国研究、东亚研究的专家，我想您在这一块儿有更多的发言权。

任晓：我不是历史学家，也许可以从政治学者的角度做些补充。我特别喜欢下午的主题"融通"。我觉得当代社会科学存在一个很严重的问题，就是学科的划分越来越细，学科之间的壁垒越来越多。学问好像越做越细、越做越深，但有时候又从大变小。我相信真正好的学问，是来自不同学科之间的互通。第二种融通是中西或中外之间的融通。如果说打破中国史、世界史的壁垒与鸿沟已经成为共识，那么这是一种非常重要的共识。中国在历史上与外部世界发生各种各样的联系与互动，如果在学科上一刀斩断，那就不是真实的历史了。比如朝贡体系的研究就不是中国史或世界史能覆盖的，而是中国与外部世界的互动关系。（仅仅从中国史的角度研究）"朝贡体系"这个术语可能具有误导性。这个问题是历史学者、政治学者以及国际关系学者可以共同探讨的话题。区域与国别之间，这个"区域"首先是地理区域。但这个地理区域也不是随意的，而是根据自然地理条件形成的，例如东南亚、南亚以及中亚。然而这样的区域划分也存在问题，例如阿富汗究竟是属于中亚还是南亚呢？大家也不是很清楚。过去20年来，阿富汗是经常出现在新闻中的一个国家，也是中国周边关系的组成部分。我们需要深入研究这个国家，但国内研究阿富汗的学者似乎比较少。这反映了我们对很多国家的研究不深入、不具体，缺少真正的国别与地区的研究。我们所说的区域是由若干个国家组成的地理区域。例如仲老师所说的东亚。但东亚的概念其实在不断变化，如今东亚还包括东南亚。当我们讲东亚合作的时候，包括10个东盟国家和中日韩。可以看出，这个区域概念中的不同国家存在着人文、历史的联系，这与国内诸如华南、华北的区域概念不同。此外，我想讲讲比较的方法。吴老师这本书给我的一个很重要的启示就是比较。吴老师在书中有一篇关于本·安德森自传的长书评（《"我在等风"：跨界与比较视野中的本·安德森回忆录》）。这本书一定是触发了吴老师敏感的神经并和他的思想发生了共振、共通，才会激发吴老师的写作。安德森是一位政治学家，专攻东南亚地区。1965年印尼发生"9·30事件"后，安德森和同事写了一份报告，认为该事件与印尼并没有关系。这个观点引发印尼苏哈托政权的不满，于是安德森被禁止入境印尼。他只好转向对东南亚其他国家的研究，从而催生了比较的思维方法，这反而使他因祸得福。这样一种比较的方法是社会科学研究中常见的方法，也是我们在未来的研究中需要加强的。政治学中有比较政治学研究，经济学中有比较经济体制的研究，可见比较是一种常见的、相通的方法。

仲伟民： 谢谢任老师。刚刚提到中国与周边国家的关系，"朝贡体系"一词是否合适，这确实是一个重要问题。我的感受是，中国除了与日本、越南、朝鲜等几个国家关系比较亲密以外，和其他国家并没有那么亲密，所以朝贡体系这个名词的确不合适。2019年刘老师在《区域史研究》创刊号上有个采访，访谈中刘老师提出了大区域、小区域的概念，可否请刘老师就区域的概念与我们谈一谈？

刘志伟：刚刚任老师讲到朝贡体系。我想学界尤其是中国学界对滨下武志教授的这套理论可能有些误解。一讲到滨下武志教授就会说他主张亚洲是个朝贡体系。其实，如果我理解不错的话，滨下老师和区域有关的最重要的概念是"知域"。这才是他理论的核心概念。朝贡体系只是"知域"的一种表现形式、体现方式。滨下老师最早翻译成中文的书是《近代中国的国际契机：朝贡贸易体系与近代亚洲经济圈》（1999年），那里面有很多个"圈"，沿海的、海域的、金融的，还有东亚的、俄罗斯的，这些"圈"就是他的"知域"。后来滨下老师做东南亚、华侨华人研究时，一个是通过汇丰银行的金融体系，一个是通过侨批的体系建立起来的。侨批体现出的金融体系和汇丰银行的体系又不是（完全）重叠的。虽然滨下老师没写"知域"，但他所有研究都是在"知域"视野下进行的，他喜欢讲"知域视野下的亚洲"。20世纪90年代有一段时间，滨下老师也跟着我们在乡村到处跑，他当时感兴趣的是妈祖这一个（文化）圈，也是一个知域。因此，我们可以理解亚洲其实可以被看作很多不同的"知域"，且各个知域也是互不重叠的。这一概念告诉我们，任何一种作为空间表述的区域，其实都是可以有很多不同空间范围的。

吴教授的书在开篇就谈到两种区域，一个是我们中国史所做的、民族国家内的区域；另一个是世界史学者做的、以民族国家为基础、多国甚至跨国的区域。小安非常努力地从这两部分出发，希望在清晰分类的基础上，重新架构"区域"的概念。这确实也是我们这群人的追求。我们在福建和广东地区，从乡村研究开始，所做的区域肯定是非常地方化的（localized）。但只要走到闽粤乡村去，我们很快就能感觉到，局限于这样一个民族国家范围内，聚焦局部的行政单元和地方，是没办法做我们希望做的研究的。讲一段我们80年代田野调查的经历。20世纪80年代我们选了好几个（田野）点，其中一个是在现在的南海沙头。我跟几个同事在那边住了一个月，找了很多人做访谈。当时找的都是70岁以上的老人，80年代70岁以上就意味着抗战前他们已经懂事了。结果我们没做下去。后来发现（没做下去）是大错特错、终生后悔的！因为当时他们都是解放后从东南亚或欧美回来的，他们讲来讲去都是澳大利亚的事、美国的事。我们觉得从他们那里研究乡村社会会被误导。后来回想是大错特错。20世纪90年代萧凤霞教授和新会侨联一起做研究，又碰到那些人。那时候就给我很大冲击——我们参照的是同样一批人，但他们给我们提供的生活空间、所营造的（我们不妨称之为）区域是跨国的。再想想我们在广州的亲戚朋友，三代以上肯定都有跨国的经历，最近的也去过澳门。这样，我们认识民族国家内的区域，自然而然地就和跨国的区域打通了。这就牵涉到我们受的学术训练及它给我们带来的影响。我和（李）庆新老师都是中山大学历史系毕业的。我不知道后面的情况如何，我们进校的时候一直到大概十来年前，蔡鸿生老师还经常教导我们，中国史和世界史要打通。中国的世界史学界（似乎）有一个说法——"中山大学没有世界史"。中大历史系原来的传统有清末民初的西域南海研究，也就是陈寅恪先生、岑仲勉先生那一脉。蔡老师就主张我们中大的世界史一定要打通中国史，这就造成了前面所说的"中大没有世界史"的印象。联系刚才几位老师提出的中国史与世界史融通的问题，现在回想起来，我倒是觉得蔡老师一直以来坚持的主张很有见地。

吴小安：刚刚刘老师和任老师都提到区域的概念，包括东亚、东南亚的概念，朝贡体系和华南区域研究的实践。我先谈第一点，作为界定的区域概念与区域研究的范式相关，但含义不同。我们通常所说的区域，是以自然条件、独特的人群和文化特征、相同的经济活动或是基本的权力架构等为规定的。所以什么是构成区域的核心要素，什么又构成区域内部板块之间的界限，是我们通常讨论区域的第一点。回到刘老师谈的"知域"，有这样几个维度。第一，作为历史的、世界体系的区域。比如沃勒斯坦提出的中心—边缘模式、作为霸权的区域，还有中间地带的区域，以及多米诺骨牌式的、关联周边国家的区域。这是相对静止的区域。第二，区域的活动伴随着经济活动、政治变迁等大的结构性变化而变化，所以不是静态与固定的，而始终是发展变化的。以前我们觉得不是一个区域，现在突然变成紧密联系的区域，就是典型的例子。第三，作为知识探索的区域，James Scott 的 Zomia 的概念，把南亚、东南亚和中国边疆地区建构起来，这就完全是知域的、智性的区域概念。接下来我想谈一下中国的区域研究。任老师也说了，中国的区域国别研究、区域与国别研究、国别与区域研究，归根结底是一个意思，就是区域研究。它和中国史学者在学科范围内做的"区域研究"是两码事。此外，这个区域研究还是战后特定美国范式的，现在变成国际的学术模式。为什么要特别强调这一点？这是因为当下中国的区域国别研究变成了大杂烩，把知识生产的科学规范、学术史的梳理和文献的对话，都统统抛弃了，（似乎）想怎么做都可以放进来。这是一个权宜的现象，也是很不严肃的，我从心底是非常不情愿的。不懂区域是怎么回事，什么是区域研究，就谈区域与国别、培养人才和授予学位，是很不得了的。这是我想强调的第二点。第三点，我们谈区域研究的基本前提是它是一个范式，更是一种知识的生产。现在还有国家战略的迫切需要，以及学界为其服务的知识产品。但（似乎）忘了一个基本事实：只有做了研究才能谈所谓的规范，才可以谈是什么、为什么并对其进行反思。如果大家都把前面基本的实践跳过，直接谈区域研究的范式和学科体系，那是把前提、过程和结果彻底颠倒了，违反科学和智识生产的基本规律。区域研究不（单）是头脑风暴。第四点，基本上所有的区域研究都是跨学科。跨学科的融通不是要消灭个性，而是把不同的个性集中起来，探讨到底是什么、意味着什么。因此融通的第一个前提不是消除学科，而是在彰显各学科基本属性的前提下倾听对方的视角、借鉴对方的成果，再对一个共同的区域/客体进行写作与研讨。在这个意义上回到刘老师提到的"华南学派"和西域南海问题。实际上，改革开放以来，华南研究和中国研究在很大程度上受域外东亚研究的影响。这种影响有几种方式，如通过翻译和对外交流。我认为华南学派最大的贡献不是创立了"华南学派"，而是把国际东亚研究、区域研究，特别是华南的研究模式，在中国大学（特别是广东、福建、香港和台湾）进行了本土化、区域化、代际化和机制化，并且还传播和影响了中国其他大学和学科。这是华南学派的贡献——不是作为范式而是作为实践和本土化的贡献。通过这样的实践，它在方法论上更践行了域外中国研究，将东亚研究精细化，更富有中国特色。由此也更深刻地理解了中国的历史与社会、中国的地方与边缘等中国历史、区域研究的核心问题。华南学派常常做华南与南海或者说五岭与南海的研究，但也要注意到南海不仅是我们的南海，南海之外还有东南亚和其他区域，不仅是陆地的更是海洋的。这样的融通与关联对我来说尤其有启发，也非常有前景。第五点，刚才谈的内容不仅是中国与世界、中国史与世界史、某一学科与其他学科的互动与关联，更牵涉学术与政治的内涵。联系当下就涉及"旧文科"与"新文科"的问题，联系历史就是中学与西学的问题。这些问题都围绕两个核心，一是中国（本土）的人文与社会科学，二是本源西方的、在中国实践的人文与社会科学，此二者的关系涉及中西学术与霸权。刘老师和任老师怎么看待这个问题？

刘志伟：刚刚我们谈到中国史与世界史的关系，好像在中国史的概念里形成一种世界观，就是中国和世界不能互通的概念。确实，我们近些年对此感触非常深，甚至有些焦虑。但这样一种观念，从广东人或福建人来看，倒不是这样的。吴教授书里有一章讲福建学的，我就从这个问题入手。我们知道东南亚研究的概念成果之一，是让大家知道东南亚是一个福建人的世界，还建立了一个不太学术但很形象的概念——"闽帝国"。这当然不是在现代政治格局下谈的民族国家概念，它谈的其实是一个"福建人的天下"的问题。这就非常典型地反映了小安刚刚讲的"区域"的概念。如果我们将福建也视为区域的话，它就不仅是山川海岸构成的自然地理，还真正包括东南亚，甚至更广的（区域）概念。有点儿类似改革开放初期大家熟悉的"温州人"概念。福建学者做这样的研究对我们是非常有启发的——如果闽帝国存在，那么和闽帝国同样的粤帝国、琼帝国、潮帝国和客家帝国也应该存在。如果我们将"福建人"所限定的范围都看成区域的概念，它可以帮助我们打破中国与世界的隔阂。仲老师一开始担忧的"中国人的世界和外国人的世界，好像是完全不同的宇宙"，广东人和福建人可能是没有这样的观念的。闽帝国、粤帝国不仅在学术层面值得我们思考，还可以举出当下的例子。大家可能不知道，香港TVB金像奖评选，香港的（观众）是次要的，马来西亚的投票才是最重要的。可见这样一种电视文化范围构成的区域，包括了东南亚。在北美也是，如果我们移民加拿大，基本上就生活在广东；如果到旧金山去，不仅生活在广东，基本就是在台山！不仅英语不用懂，连普通话都不用懂，就可以生活下去。这样的区域概念是可以推到非常极端的。

吴小安：我打断一下刘老师关于"闽帝国"的说法。我理解的帝国是超越国家主权之外，以强大武力、政治、军事文化为基础的。在这种意义上帝国首先是个中心 metropolitan，它和边疆形成对照。回到刚刚讲的"闽帝国"。实际上刚开始的时候根本不能叫"闽帝国"，应该是"海外福建帮"、海外福建人，即 Overseas Chinese Fujianese Community，Fujianese diaspora，这样比较贴切。因为它没有政治的疆界和隶属的关系，只是福建人可以跨越不同政治、文化疆域形成的共同体、共同的族群。

刘志伟：你最后这几句话的定义就对了。也就是说，我们在思考区域问题的时候，可以有很多不一样地划定边界的概念或方式。讲到这一点，有一个区域的概念对我影响是比较大的，也非常具有典范性——阿姆斯特丹大学 Willem van Schendel（范申德尔）教授提出的 Zomia 概念。中国学者以为 Schendel 受到 James Scott 的影响，以为 Zomia 是逃离国家的，其实不是，他讲的就是由人的跨国行为建立起来的一个范畴。吴小安刚才提到的从南岭到南海，其实也是这种区域。回到民族国家的框架，这种行为往往都是跨国的或者将国界消解掉的，国家是以后重新"加上来"的。其实 James Scott 的国家也是"加上来"的，但因为我们翻译的书名是《逃避统治的艺术》，大家就把它误读了。他本来讲的就是，由人群活动、流动与交往所形成的一个区域，然后国家怎么"加上来"的。这个概念也是刚才提到的"闽帝国"概念的内涵。我把这个概念在那篇文章中用自己的话理了一下，但国内历史学界好像还是有些误读，还是把Zomia理解为逃离国家的地区,其实不是。他讲的Zomia其实是:"把特定社会空间以及特定的分析规模具象化和自然化的地理隐喻,区域研究在产生出为人们所了解的特定地理单位的同时,也制造了学术视野之外的地理单位。区域研究的特定结构,形成一种区域的中心与边缘的认知模式,从而在认知上形成一个特定区域与特定的知识类型的周缘地带。以往,这些处在各区域之间的边界地区常常只被视为中心的边缘,没有以其独特的学术价值进入研究者的视野。然而,当我们要分析跨境流动的时候,以国家或区域作为研究单位就受限于规模的不适应。除了流动本身不会局限在这样的规模之外,在流动规则方面的竞争状态也一直持续不断地影响着地理单位规模的变动,并改变其相对的重要性,甚或创造出全新的地理单位。"[1]

这样看来,吴小安教授的研究能够用东南亚的实践案例,把这些理念很好地体现出来。这又使我想到中国史学界,讲区域研究就会提到施坚雅(William Skinner),但大家也只是讲他的"六边形网络结构"。梁肇庭教授的研究其实很好地体现了施坚雅的区域理论。梁肇庭所讲的南岭客家的区域,基本上也是这样的一个区域——由人的行为、人的活动划出的物理空间。吴小安教授的著作可能是在更加具体和更多实证分析的基础上,帮助我们打破和走出中国史研究一直以来对区域的理解。虽然吴小安教授做的是世界史研究,但也为我们研究民族国家内部的区域,提供了一个新的方向和视野。

吴小安:刘老师刚提到施坚雅。其实施坚雅后来做泰国研究,

---

[1] 刘志伟:《天地所以隔外内——"南岭历史地理研究丛书"总序》,吴滔、于薇、谢湜主编《南岭历史地理研究》,广州:广东人民出版社,2016年,第X—XI页。

20世纪90年代写了一篇很好的范文,把东南亚的土生华人,包括印尼的Peranakan,菲律宾的Mestizo和马来西亚的Baba做了人类学的比较。①此外region和area的概念是不同的,前者是地理和政治的概念;后者则是人类学家的文化概念、知识生产的范畴,是我们作为研究者mapping out和identification时用的概念,也是早期培养研究生的架构和平台。回到刘老师一开始提到的滨下老师的研究。滨下的区域和知域的概念,是他的终极关怀。他从三点来建构东亚、亚洲的区域:一是网络(networking)。网络和离散(diaspora)不同,后者是一个族群的概念,核心是共同体(community)和身份(identity)。网络对应的是机制(institution),是从下层活动对应一个国家的机制,建立一个跨国的、超越束缚的网络。他通过商人的机构、商人的族群来看他们的活动,看整个区域发展的动力到底是什么,区域发展的权力关系又是什么。我们在谈滨下老师的时候有很多维度,但他的终极指向依然是——在日本经过经济学和经济史训练的,对中国历史与社会、东南亚、南亚及西方有深刻关怀的学者。

任晓:我做两小点补充。一个是我在听他们讲的时候,想到"新文科"的提法,不太知道这个提法是怎么来的,有什么含义,目标是什么。第二个是关于朝贡的问题,过去我们比较多地根据中国历史记载,哪一年、哪一国派遣使节来到天朝,什么贡品、态度如何,等等。它反映了中国朝廷看待朝贡的视角。但外方又是如何看的呢?这是一个很不同的问题。我所服务的复旦大学,文史研究

---

① [美]施坚雅著,李雯译:《东南亚的混血华人社会》,(悉尼)《南方华裔研究杂志》2007年第1期,第199页。

院建立"从周边看中国"的研究项目，整理和利用朝鲜的《燕行录》，反映外方如何看待其与中国的往来。我觉得非常好。当我们把中方和外方的视角结合起来，就会看到很多不同。比如，中方想的是朝贡，在外方看来可能不是。将这样一种互动关系联系起来考察，就会是一种新的视野，给我们的思维打开新的空间。我想这就是一种融通，我们也需要这样的融通。

吴小安：我谈谈自己对新文科的看法。从纯粹学者的角度来看，新文科涉及很广的关系。第一点，如何在新形势下培养新一代学生，这涉及教育方式的问题。在新形势下，传授给学生什么样的知识、训练与方法论？学生能否满足社会与就业市场的需要？第二点，传统文科的设置是根据当时的、旧的政治经济与社会发展形势形成的框架。但我们经过长期的发展，尤其是大学扩张，这种（设置）已经面临瓶颈。面对新形势，我们势必要有新的文科发展举措。第三点，还牵涉中国的文科与国际接轨的问题，到底是在自己的平台上唱戏，还是把平台延伸到国外，与国际对话、互动和交流？这已经不单是学术、行政的划分问题，而是我们的学生已经走出国门、中国的经济活动已经走向世界（形势所需）。所以我认为新文科还是有用的。

仲伟民：广东人和福建人与外部接触确实较多，似乎对"两个世界"没有很清晰的划分。但从北京的（或者说主流的）视角来看，确实发现我们对世界的理解局限于内部。

刘志伟：对区域概念的理解，如果把它视为民族国家框架下的切片，就会造成问题。但如果是按照吴小安教授的理解，是政治经济等多方面、多维度的区域，就能打破中外。我们不能把区域作为民族国家的局部或样本。区域研究如果有什么意义的话，就是通过区域研究提出不一样的历史观和看待世界的视角。

仲伟民：李庆新老师这几年做海洋史做得风生水起，请李老师谈谈对海洋史的理解。

李庆新：区域的基本概念大概是空间的，民族国家内的区域、与国别相关的区域、与地理有关的区域（如海洋和陆地）。具体的政治、经济、文化、宗教区域都是落实在一定空间内的。国别对应的区域与刘老师所做的区域、海洋史所对应的区域，含义不太一样。区域研究的"小题大做"，意思是小问题要兼顾整体性和系统性，把小问题放到大区域中和全球范畴中理解。

吴小安："区域"的两层内涵，一是作为知识生产的地理空间；二是作为专题研究的智识工具，用来规范和操作研究。如此"区域"就脱离具体的历史、政治、经济和社会文化的背景，成为纯知识的建构。此外，我们谈某一个区域时，作为工具和智识地理空间仍然是真实存在的，并且不是孤立存在而是相互联系、构成系统框架的。完全脱离联系的区域就被异化了。因此，谈区域研究需要换位思考，在全球学术谱系中，外国学者研究中国问题也算是区域研究。我的第一本英文专著有两个明显的关怀。第一个维度是以华人家族为切入点，通过华人商业网络的构建、调适，华商与英殖民者、马来原住民的互动，追溯东南亚地方历史的形成和区域经济发展的动力。在此基础上进一步探讨移民与族群、国家与地方、殖民主义与东南亚变迁的大主题。第二个维度是作为西方大学的中国博士生，从东南亚内部的视角反对欧洲中心，并通过关联欧洲和中国的历史，来探讨东南亚地区与地方。构思与写作《区域与国别之间》，我已经是本土的中国学者、北大老师，不再是离散学者（diaspora academic）、西化学者，这种身份会对我的思考与写作有影响，是在离开荷兰、重新认识亚洲并在中国本土适应之后，重新审视区域、区域研究的结果。这对我自身的学术关怀意味着什么？这就是我的第三个维度，学者不是匠人和技工，要走出个案和专题研究的关怀，进行理论方法的自觉探索。这不仅是为了建立学者自身的学术和理论体系，也是每一位学者成长的必经之路。这个过程必须考虑更大范围的学科及学术谱系是什么。比如，从汉学研究（Sinology）到中国研究（China Studies），经历了费正清、芮玛丽（Mary C. Wright）等代际变迁的过程，是美国学科自我更新的产物。南洋研究和东南亚研究是不同的范式，现在已经不能再将南洋研究当作情怀来拥抱和实践了。创新是知识生产，要真正地与时俱进。

提问环节

陈世伦：动词的"融通"包含权力结构，名词的"融通"包含边界的内涵，如果把"融通"作为一个形容词和目标来理解，如何看待它的标准和效果？

任晓：与其说融通是动词，不如说是动名词。融通反映在很多方面，学科、地域还有文明之间的融通。融通的结果和目标，可能是走向更广泛的行为体之间的相互理解，以及对于他者的了解与尊重，最终达到更加和美的共处。但在这一过程中，存在各种矛盾冲突，使得世界呈现非常复杂的面貌。

吴小安：融通的对立面是孤立、平行，融通涉及我和他的关系、个体和多元的关系、开放和排斥的关系。当下我们的技术、经济活动已经发生革命性变化，以前把我们隔开的东西，现在已经没有障碍了。因此，融通不是想不想的问题，而是应该怎么做的问题。不是单纯intellectual（智识）的问题，更涉及日常政治经济社会文化关系的问题。学者"融通"涉及三个层面：第一，学者如何做研究？以什么样的学科方式、方法理论来研究？第二，学者的科学研究与学科专业市场的评估。比如，吴小安的研究首先要得到研究马来西亚学者的认可，其次是国际东南亚研究者的认可。这可能涉及超越大学的，多个地方、国家及欧洲、东南亚多个区域的东南亚研究的对话。如何在同一个平台上进行评估和对话，需要有一个共识。我的第一本书的review就来自历史学家、政治学家、人类学家、社会学家和商业史研究者多学科。这就是融通的具体实践。

学生提问（来自清华大学国际与地区研究院的博士生）：博士生的培养是在特定的专业之下，但同时也让不同学科背景的研究者交流讨论。在这个过程中，出现了各个学科范式的矛盾，融通是否能够达到更深层次，出现更"大一统"的研究？区域研究能否提出更清晰的学科范畴？如何处理地区研究院的实用导向和区域研究应然性之间的紧张关系？

刘志伟：不同区域研究的范式和研究取向，无论是实用性的还是学理性的，如果能够相互打通，也就能融通。因此不是问"融通"能不能（达到），而应该是能不能"融通"？作为表达的学科，一定要通过对立和分歧才能表现，但是我们表达的目的其实是交流和融通。因此，我们各自要在表达多样性和矛盾点的同时，找到促进自身学习和研究的"融通点"。

吴小安：作为研究课题的融通有其方法的维度，需要先做具体的实践研究再谈融通。因为所有的研究都指向两点，从个体到整体，从具体到一般。科学研究终极的方法论指向是融通，但前提是你的知识生产实践。因此，融通不是制造一个没有品牌标识的研究，而是将自己专业而科学的具体研究实践作为一个媒介，向学界和市场展示，这才是"融通"的实践。

仲伟民：清华同学的问题其实表现了一种焦虑。因为清华地区研究院的设立，其实是希望给政府提供政策研究，但学术的培养和政策研究有时又是矛盾的。我想，即使是政策性研究，也要经过严格的学术程序的认定。如果写成非常资政性的东西，反而难以通过学术评价，最终也就难以融通。

徐健：区域研究是多元的、流动的，也是和权力密切相关的。区域研究和民族国家的权力相关，在这个意义上，区域与国别相辅相成。如今中国史和世界史作为两个一级学科，有助于打破50年代以来行政干预下的学术分野，真正促进"融通"，我们今天的讨论也就显得非常必要。

仲伟民：我们今天讨论了6个关键词，最后我想做两点总结：第一，如果说18世纪以前的中国还算自给自足的话，那么理解19世纪以来的中国历史，就无法不关注世界对中国的影响。从全球史的视野看中国史才能更清晰。第二，研究世界史和国别史都需要有中国本位。切实认识到中国学者身份做世界史，一定能把研究做得更客观。同时世界史的研究观照一下中国会更好。

实现交叉融合的、具有中国元素的区域国别学探讨

2023年，区域国别学学科交叉融合成为学界讨论的焦点议题之一。区域国别学进行学科交叉融合时应注意哪些方面？区域国别学视野下的历史研究与传统的历史研究有什么区别？如何在借鉴既有成果的基础上创建中国自主知识体系？如何有效发出中国学者的声音？为实现跨学科交叉融合，机构可以在哪些方面进行探索？华侨华人与区域国别研究院院长吴小安教授接受《南大区域国别研究简讯》特刊第6期责任编辑王婉潞博士的访谈邀请，探讨上述问题。

在访谈中，吴小安教授深入阐释区域国别学学科融合的四个基本方面，谈及区域国别学视野下的历史研究，比较国际问题研究与区域研究的差异，并分享有关建立中国区域国别学自主话语体系的思考，指出新一代学人要在国家战略需求中真正地担责。以下为完整访谈内容。

王婉潞（以下简称"王"）：吴老师您好！非常感谢您接受《南大区域国别研究简讯》编辑部的邀请。您曾说，区域国别学建设与发展都应该建立在成熟的跨学科融合基础上，这是学术的基本共识，也是认知前提。我注意到，"融通"或"融合"是今年中国区

域国别学界的讨论焦点。请问想要实现融通、融合,具体应该怎样做呢?有什么理论或方法论吗?

吴小安教授(以下简称"吴"):有两个很重要的大背景,需要特别强调:一是中国当前正处在时代与发展的战略节点,用一个词来表达就是"中国式现代化",这是国内层面的;在国际层面,用另外一个词概括就是"世界百年未有之大变局"。两个层面又发生在中国学界新一轮的代际更替与学科发展节点上。这样,同时就有国际的、国内的、学界的三个结构性层面。二是"第二个结合",也就是思想大解放。所以,在这个背景下如何去浮躁、去泡沫、回归求是求真的基本学术本位,新一代学人要在国家未来战略需求中真正地担责。

对于"融通"或"融合",很难说有理论、有方法论;即使真理,都是相对的,何况融通仅仅是一个概念,很难说有理论和方法论。但是如果加上限制词,也就是说我们进行学科融通,含义就不一样了。对于你提出的问题,"融通"可能有四个基本方面的维度。第一是学科的交叉。我一直坚信,学界的一个共识是融通,融通通常是跨学科的;但是跨学科或者多学科,首先一定是建立在某单一学科的基础之上的。如此跨学科、如此融通才能够有独特性意义,才能够相互成就与支撑,才能够取长补短。这是什么意思呢?意思是学人必须有专门的学科、独特的专业,无论是学科的训练、专业的知识,还是专业的技能,这样不同专业的人聚合成跨学科团队,利用多学科团队的力量对整个问题进行全面的、深刻的、多维度的探讨。

另一个层面是,尽管当下出现逆全球化,但是在所有的大学,尤其是全球研究型大学,或者跨国大公司、一流实验室里,不能想象研究团队仅来自单一族群、单一宗教、单一肤色、单一阶级、单一国籍、单一专业，应该是多元的背景。什么叫多元性？就是多族群的、多文化的、不同国家的，甚至是不同学科训练的。这已经成为我们经济生活、社会生活、文化生活、智识生产的基本生态现实。实际上，前不久我还跟同事特别强调——而且我不认为这是在夸张，那就是这一代的学生，无论是人文学科的、社会科学的，还是自然科学的，如果没有学会在多元性团队里工作，如果没有跨学科、多学科的交往与欣赏，以及进行头脑风暴的审视批判能力，那么他基本上是老套的和局限的，适应不了世界和知识界的新形势和新趋势。所以，区域国别学跨学科、多学科交叉的战略性意义就在这里，对于全球中国发展的战略性意义也在这里。

第二个方面是学科的融通，例如历史学与人类学、人类学和社会学、历史学与经济学、人文学科和社会科学，甚至人文社会科学和自然科学的结合。这早已被证明不是假设了，早已有不同学科结合成团队在一起开展行之有效的工作了。例如在中国，特别是医学院，有研究传染病的，也有研究心理学、历史学、人类学和社会学的。再如，几十年来，日本京都大学东南亚研究所一直将人文社会科学和自然科学相结合，研究所里有自然科学家，以前我在访问的时候已经有两个医学院的正教授，有专门的农业灌溉专家，还有研究人类学文化、发展经济学、政治学、语言学、文学、历史学的专家，甚至有研究森林和环境的，这些学者长期在一个研究所里共同工作。

中国的学术生态有些不同，我们有前沿交叉类型的研究所，但似乎是高精尖的存在，而不是日常科研生态与机制，跟世界一流大学还有些距离。事实上，这应该成为大学日常的头脑风暴，应该成为教学科研工作的基本生态。此外，我觉得，融通、融合、交叉，除了学者在自己学术共同体或学术机构里，以及与各个机构相互合作，一个很重要的方面就是研究生的培养与高年级本科生课堂的教学方式；这个教研方式决定了新时代如何将创新的理念和实践对接，如何无缝地变成日常知识生产。这是知识互动很重要的生产方式，是我们这个时代、这个社会、整个世界的智识生态现实。我们应该如何面对这个现实生态，这才是关键。

为什么要提如何去面对这个现实生态呢？这是因为在我国人文社会科学学界，口号的、学术的概念和实际研究的过程与成果是分裂的，不是统一的。例如申请课题时，课题本身和研究本身是剥离的，不是统一的。这是很致命的讽刺。再如，很多博士生在博士毕业论文中写自己借鉴人类学、社会学、政治学、统计学等研究方法，但是这些研究方法的声明，就像八股文，只是摆列在那里，没有真正地贯彻运用；文献述评也经不起认真阅读，更不用说分析和批判层面，以及提出研究问题，很多博士生根本就不触及这种深层次的问题。如此这般怎么谈交叉，怎么谈融合呢？当然是不可能的。即使谈头脑风暴，也只是一个很时髦的概念标签，而不能成为有效的互动过程。什么叫头脑风暴呢？就是指针对一个议题，来自相同或不同学科背景的人能够认真地面对不同的，甚至是挑战性的想法，然后进行讨论。这个智识激荡的互动层面应该是学科交叉融合的典型反映。

第三个方面，谈学科交叉也好，学科融合也好，头脑风暴也好，以及跨学科创新也好，或者多学科手段也好，一个基本前提是有没有做过真正的原创研究，有没有实实在在地以科学研究的方法与过程、从头到尾来从事某一专题研究项目。理工科研究需要反复做实验，文科研究同样也有各种小实践和大实践，比如做小的读书报告、小的论文、期末论文，还有做本科高年级的实践论文，然后做毕业论文，不同层次的学术实践有不同的标准要求。为什么大学招聘专业教师最基本的要求是要有博士学位？这是因为大学学者一定要有做过原创性研究项目的经历与独立从事科研的能力。以前大部分时候，我们觉得原创参照系是在我们这个大学里，在我们这个国家里，在我们这种语言媒介层面里，在这种专门的、狭隘的范围内，觉得自己做的研究是很原创的。但是，几十年来中国大学发展早已发生革命性变化，原创参照系变成在全世界，在整个全球学界，无论是使用共同的国际性语言，还是非国际性语言。别人做到什么地步？你跟他的关联度到底在哪里？这应该是我们智识生产共处于全球同一时空的参照标志。

我们这一代学者一定要有这样的认识高度，而不能处于自我惯性与自我世界里孤芳自赏，或者说在自己所知晓的范围内封闭式地做研究。所以，现在做学问已经不能闭关自守，更不能脱离世界。尽管每个人都拥有自己的书房，享用大学图书馆、大学实验室和国家重点实验室，但是书房、图书馆和实验室的意义，是实验性的、参考性的和工具性的，它们是通向世界的窗口或工具，通向科学研究目标的模拟或平台。然后，以所从事研究的对象或课题与历史时空中的同行对话交流，吸纳对方优秀的成果，进而超越自己、提出问题。我觉得，这是全世界科学研究的一个基本方面。只有这样实实在在地来做，我们才可以讨论你刚才提出的问题，才可以引出我们的基本共识与争议，否则很难有进一步学理性讨论的基础。

我的第二层意思是，谈学科交叉，或者学科融合，或者头脑风暴，或者科研创新，除了上述讨论外，一个不成文的共识是必须围绕自己的专门学科，或者研究项目，从专门学科切入，从具体项目入手做起，否则就是空谈。问题意识之所以有意义，是因为你有学界一般性问题和自己独特的问题意识需要解决和澄清，否则我们就将永远处于空谈之中。这是智识生产的一般性、学科切入的专门性、研究时间的操作性与过程处理的原理性和技术性等层面。我觉得，这个基本把握是非常重要的。

第四点，我第一次知道你做南极问题研究，我没有做过南极研究，不过我听后立马有这样的感觉：那是一个未知的地区，它与中心地区、人类文明起源的地区、大部分人生活的地区，以及国家间密切互动的地区，是一个完全不同的概念，或者说它是一个很exceptional（独特）的概念。南极和北极是对称的，但都是很独特的。独特性不只是在国家层面、主权层面，还有它处于整个地球或人类活动中的位置的独特性，很少人居住、很少人访问、非常态的独特性，以及人类对其认知程度非常态的独特性，等等。这就意味着南极研究是实验性的、开创性的、前瞻性的，当然还是工具性的。工具性的意思是说，不只是对极地研究本身的工具性，还有对于整体研究的工具性意义，是怎样看整个宇宙以及人类生存环境、生态环境，以及南极和北极气候变化怎样影响到我们地球，影响到海洋，影响着人类，影响着我们的文明等的整体性概念。第三个独特性，就是它不像大学等研究机构拥有庞大的研究群体，它也容纳不了这样庞大的专业群体，因为条件不允许。所以做南极研究，一定不能是孤立的，一定要带着一种超越的，还有探索性的，而且带着冒险精神，带着超前的品质去做。这种融通与融合，应该具有开创性意义，也对于我们区域国别学具有另外一种独特的启示性意义。

我一直相信，所有的优秀学者到了一定地步，无论是文科还是理工科，最终做得出色的学人都拥有某种哲学式的理论和方法论关怀；而且需要做到相当深的程度、相当高的地步，才能明显地感觉到这种迫切需要。实际上，一个学人卓越与否，是否能够可持续发展，是否能够突破职业生涯的瓶颈，是否能够突破研究的困境，最终还是需要依托和上升到两个非专业性的基本关怀。一个是哲学式的关怀。哲学不只是一般性的东西，哲学是关于整个世界的，整个宇宙与整个人类的终极命题与辩证法。第二个是人文的关怀。除了终极的东西与认识论外，还应该有人文的关怀。人文的关怀就是对自然、对文明、对人类、对社会、对国家、对世界等的关怀。我们是什么？我们从哪里来？我们到哪里去？我们科学研究的目的是什么？对宇宙、自然、人类和科学等的系列大关怀，应该是每一个卓越学人的基本品质，无关国籍、肤色、宗教、性别、出身与阶级差别。

王：谢谢吴老师，非常受启发！关于学科交叉融合，我注意到今年学界围绕区域国别学与各支撑学科的融合展开了很多讨论。您曾说不同学科背景学者的学科交叉侧重点是不同的。历史学作为区域国别学的支撑学科之一，请问区域国别学视角下的历史研究，与传统历史研究存在哪些不同呢？

吴：好，这个问题大家很关注，我简单地谈谈个人想法。区域国别学视野下的历史研究与外国史研究相关，包括地区史和国别史，这个认知很重要。区域国别学视野下的历史研究，在两个大方面与传统历史研究有所不同。第一个大方面，以前我们受条件限制，首先基本上是在书斋里研究外国地区史或国别史，没有机会到海外、到现场获取地区史、国别史的重要材料。过去几十年来，中国的世界史研究一是依赖翻译，以翻译的资料来替代无法到海外做研究这一严重的不足；其次是在中国和外国的关联上，以中文的资料来替代中国的资料；最后是做历史研究，特别是世界现代史研究的历史学家，转而去做国际关系、国际政治研究，其研究依然以翻译的、议题的方式来重新转换。

第二个大方面要从两个维度来理解，一是国际维度，二是中国特色维度。国际维度的意思是，区域国别学视野下的历史研究是研究地区史、国别史，但某种程度上不只是做历史研究，而是在现代背景下，在新的视域与智识氛围下，将传统的历史学和社会科学相结合进行研究。在20世纪五六十年代，国际上就出现了这种趋势。当时，国际上涌现出一系列社会与历史、政治、经济、文化等相结合的学科交叉研究，尽管并不是很先进，但迈出了第一步。到现在，这种学科交叉在国际上已经发展得很成熟，体现为研究型大学的历史学家都拥有一种跨学科的关怀，如果未能实现学科交叉融合，至少也有跨学科的自觉。

中国特色的维度在于：第一，很长一段时间以来，中国史几乎无视世界史，中国史研究和世界史研究分属于两个不同的群体，而两个群体之间几乎没有交叉；中国史研究者与国际学界的关联也并不多。不过，也有一些好的、有条件的中国史学者，会与国际汉学家、中国研究者交往，这种知识性的交往是专业性的交往。第二，长期以来，国内的人文社会科学，特别是在大学里，包括一流大学的院系之间，其合作几乎还停留在自上而下的模式，而不是院系之间机构的、专业的融合上。本科生的选课已经做到交叉融合，研究生的选课在某种意义上尚未形成体制，依然是导师之间小圈子内的相互帮衬，没有真正做出学科交叉的制度化安排。这里除了与中国大学的现代发展有关，也许还在于中国大学，尤其是一流大学几乎没有生存危机，专业市场化的压力和动力不足。所以在这种意义上，学科交叉、跨学科融合，真正体现在学理上、方法论上，以及大学院系之间的指导上，还是很困难的，我认为在这两个维度上，区域国别学视野下的历史研究与传统研究有所不同。

另外一个挑战反映在中国的学术传统中，有两点是需要注意的：第一，中国学术底蕴深厚，具有优秀传统，但长期以来，世界史没有借鉴到中国史研究的厚实功底。反过来，古代史研究者认为只要有童子功、只要材料好，就是最重要的、最值得骄傲的。新一代中国史研究者，特别是中国古代史研究者都在努力地开拓尝试，这种开拓精神比世界史还要勇敢，这是很有意思的现象。第二，有一个困境，在区域国别视野下做中国史研究，不只是做地区史、国别史，或者在国外做国际中国学，或者是做与华侨相关的研究，或者是与中国相关的研究，即使懂英文材料，也只有一个来源维度，而不会把官方的多种多样的资料收集起来。并且，这种研究不是面向国际学者的，甚至不面向对象国，而是面向中国国内学界，在外面收集到资料就自诩为国际化。毫无疑问，这种自我感觉、自我定位是很危险的。

我们谈区域国别视野下的历史研究，在某种意义上已经不只是区域国别视野下的历史研究，还可以换成另外一种说法，即在新全球中国新形势背景下的、中国大学新文科建设背景下的、中国自主知识体系背景下的历史研究。中国学人，无论是做外国研究的，还是做中国研究的，或者做其他研究的，都共同面临一个问题：如何在秉承自己优秀文化和学术的基础上，同时吸收国际的、全人类的先进优秀作品，然后有效地联结、积极地去参与，根本性的问题就在这里。

　　王：跨学科融合视野带来对历史研究的重新审视，由此我想到另一个学科——国际关系学。在我国学界，国际问题研究长期以来深入参与到区域国别的研究之中。您在文章中曾提及，将国际问题研究视为区域研究是个误区。能否请您讲讲这个误区是什么？国际问题研究与区域国别研究这两者之间有什么不同呢？

　　吴：我读了你们的《简讯》，我觉得王逸舟老师很了不起，勇于自我批判，把卡赞斯坦（Peter Katzenstein）的一句话放在里面标识出来，我很钦佩。这句话大意就是：美国国际关系学界基本上是不做区域研究的。我觉得这个答案已经能够回答你的问题。

　　窃以为，真理的判断通常有几个基本前提。第一，两个人之间是没有真理的。第二，真理一定是超越的、客观的和经过检视的。这是什么意思呢？超越不仅是把自己的个人利益撇开，还有知识维度与检视标准的超越，就是你对问题的看法是基于特定的视角和实践维度，是建立在掌握充足证据的前提下，是在系统地、全面地和客观地来判断问题的是与非及真与伪的基础上。第三个超越就是必须超越既定的东西，必须超越庸俗的东西，必须超越利益和权力，等等。在这个前提下，我再来回复你提出的问题。

　　其实，当初美国的区域研究与情报收集、国家安全密切相关。实际上是"二战"后美国政府和大学，以及大学与社会之间形成的安全、政治、经济、社会文化的独特关系形式。美国区域研究是在欧洲的殖民研究基础上延伸出来的新范式，但是美国的区域研究继承了知识生产的政治工具性或霸权性，也就是说，它还肩负着支撑美国全球新霸权的学术使命。这就像殖民主义时代人类学、民俗学所发挥的作用一样，所有探险的知识、调查的知识，以及很多殖民地本土的知识,都是为殖民统治服务的权力工具。这种霸权性与工具性是相同的,这是我们需要承认的。

为什么讲国际关系、国际政治不是区域研究的主角呢?另外一个密切相关的惯性判断是中国学界通常理所当然地认为国际关系、国际政治研究是区域国别研究的主力军,而且享有得天独厚的学科优势。这既是中国国际问题研究学界的长期历史生态,也是一个特别突出的认知误区。这两个误区导致了我们目前对新时代背景下的区域国别研究在学科、学理上的共识出现严重偏差。时代层面的区域国别学、国家层面的区域国别学、世界层面的区域国别学,以及整个学科史层面的区域国别学等根本性的理解差异,与当下中国很多大学、很多机构、很多学人一哄而起纷纷拥抱区域国别学的考量,并不是吻合的,甚至是分离的,通过以学科的名义来达到分配资源、配置资源的目的。所以,这是一个很吊诡的悖论。这个悖论当然也与我国人文社会科学发展历史、与我国国情密切相关。在这个前提下,我再来讨论你刚才的提问,可能会比较客观和有借鉴意义。

美国区域研究是研究美国之外的区域,然后美国模式成为国际区域研究的学术模式,世界其他地方跟着美国模式走,如欧洲、日本、澳大利亚和世界其他地区也都有区域研究(Area Studies)。但是,无论是欧洲的殖民研究,或者说战后以美国为主导的区域研究,都是作为霸权的中心,研究非中心地方的国家和地区。区域研究是以世界区域划分为标识的,民族国家是区域研究的基本单元,然而区域研究又是有优先次序的,不可能研究每一个国家。所以,区域研究对世界的、科学的、或者说技术性的一个标识就是大的地区结构性板块,比如东亚、东南亚、南亚、中亚或者说中东,或者称为西亚北非，再加上东欧这些地区，然后加勒比海、拉丁美洲这些地方。由于欧美社会、欧美文明、欧美国家，始终是欧洲和美国大学的研究重点，加强区域研究就是加强对这些欧美以外区域的研究。

除了国家安全之外，美国"二战"后成为世界霸主，但在知识储备上却没有准备好，对世界很多地区、很多国家和地方都没有基本的知识储备与研究。美国需要形成自己关于域外地区的科学知识，而不只是国家安全的情报收集。而且，美国对整个世界、整个文明，还有对整个大学系统教学科研的设置，都与战后美国全球政治经济活动密切相关，与美国霸权密切相关，与美国国家发展战略密切相关。所以，美国区域研究的核心层面就是两大阵营之间的中间地带。为什么东南亚区域是 Top 1？为什么中亚、中东是重点区域？因为它们都是重量级的热点战略性中间区域，我觉得这个基本把握是必要的。

但是，在具体的技术层面上论证，会发现美国的区域研究跟我们目前的区域国别学理念还是不一样的。中国区域国别学有其独特的国情与时代的特色，因为中国的国情是不同的，所处的世界时代背景是不同的。在美国区域研究设置中，基础学科是历史学、比较政治学、发展经济学、人类学、外国语言文学，当然还有社会学、地理学，等等。在"二战"以前，世界很多地区是按照什么来划分的呢？是以地理的方位来划分，如热带地区、亚热带地区等；或者是以文化的标识，以欧洲中心论来划分的，比如远东、中东、近东。在此背景下，在战后美国的区域研究智识系统里，远东变成了东亚，《远东学刊》相应地变成了《亚洲研究学刊》。这就是标签上的颠覆性变化。所有这些新概念之所以能变得时髦，是有当时的去殖民主义化、去欧洲中心论的政治momentum，当时政治、社会、文化的momentum。在此之前，这些概念是以欧洲霸权为中心的，所以都很理所当然地流行。当美国成为霸权以后，特别是去殖民主义化进程，"殖民主义"这个长期政治正确的、非常荣誉的时髦概念，已经变成了政治不正确，就如同东方学概念的政治含义历经的变化。回到我们讨论的问题，也就是说，在这个时候，国际政治、国际关系研究跟区域研究有关联吗？这已经足以说明两者间是不太关联的，甚至是无关联的。无关联还有一个层面，即自从民族国家成立以后，国际关系学科发展与现代民族国家、现代国际关系体系结合在一起，这与区域研究的大背景是完全不同的。

国家与国家之间的安全与关系是一个永恒的主题，几个世纪都是一样的，它跟区域研究有相关性，但是它能够成为区域研究主要的知识支撑吗？很难说。我们这个判断一定要有。还有一个判断需要引起我们注意。我刚才讲有中心和边缘的关系，也就是美国的中心与边缘，或者欧洲的中心和边缘的权力关系，反过来我们同样需要谨记，不能用这些弱小国家、边缘国家的研究来替代对于中心研究的关怀，这同样会导致另一种极端的智识错误。从知识生产的意义来说，本来就是小语种特色的，需要重视和加强，这应该是非常合理的学术诉求；但不能非此即彼，要有全面、辩证的重新认识，否则会陷入另外一个极端。或者说，中国在全球南方结构性的变化中，对全球南方的知识在当今整个世界知识谱系中的不对称性，要重新来定位它，这也是合理的；但是千万不要把它分开，不要把它割断、分裂开来，否则就变得很危险。

这就是说为什么我们要讲融通的、融合的、交叉的、系统性的意义，以及强调整体性、全面性的意义。这种站位高度我们一定要有，如果离开这个站位，我们可能就会变成彻底的孤立了，而且与学界、学者、学科，还有知识生产等系列关怀原则背道而驰。譬如，当初本·安德森在康奈尔大学政治学系里是边缘的，虽然他也研究政治学，但他研究的对象是边缘地区的、新兴国家的政治学，当时还是初创性的新学问。当时的主流是什么呢？欧美政治学研究，这些群体是主流、是中心，而且已经长期形成了一个很有势力的学术共同体（community）。所以在这种意义上，他的经历很孤单。但是为什么之后他又很时髦？就是因为两场战争，特别是越南战争，还有20世纪80年代对这些地区民族主义深层的研究。我们以前研究民族主义是政治研究，是反殖民主义的民族主义运动。安德森对当初在美国政治学界受到的冷遇耿耿于怀，以至于在他的学说被世界热捧时，曾经怀有严重学术偏见的学人请他去做讲座，他就没有答应。这个经历是很有意思的。

从知识生产的角度来讲，边缘的意义是工具性的，是为了丰富对中心的理解。无论是格尔兹，还是安德森，或者斯科特（James Scott），他们研究的对象都是边缘地区的，但研究的意义却是指向中心的，观点讨论也是关联中心主题的。除了背景，他们都在中心的顶尖大学任职，他们接受的学术训练是在中心的顶尖大学；他们根本不是从边缘出来的，他们本身也不具有这样的边缘性。对此，我们必须有深刻的理解，把边缘性的几个层面区分开，同时又要相互关联。唯如此，我们对区域国别学的认知才不至于走向机械、僵化和狭隘；换言之，没有开放的理论或范式的学科交叉融合，最终会与学术的初衷远远脱节的。

王：您刚才提到，美国的区域研究是在欧洲的殖民研究基础上延伸的新范式。并且，您在《区域与国别之间》提及美国区域研究的后世是全球研究和文化研究。全球研究相对容易理解，但是为什么会出现文化研究呢？可以请您谈谈吗？

吴：文化研究至少有两个方面很重要。一是针对20世纪60年代去阶级中心的与去精英化的学术关怀，或者说是对社会边缘性、社会生产进行再审视，探讨文化到底意味着什么。它是针对精英的，更是针对霸权的，这是第一个层面。第二个层面是文化研究不同于古典研究，古典研究是研究古希腊、古罗马的，是具有悠久历史的学术研究传统。文化研究跟我们日常称之为文学、艺术、文明等研究领域的范式相关，却又是不一样的；文化研究实际上是在后现代的，特别是全球化智识背景下来展开的。什么叫后现代背景？这里同时有另外一个背景，就是国家对人民的控制，以去民族国家作为背景，国家对公民、对人民的控制，公民对国家霸权的反制，是相互影响的。

二是文化研究具有鲜明的跨学科特色，实际上是做文献、文学研究、文本研究的学者，在全球化和后现代背景下，在人的现代性这种新的历史条件下，探讨边缘性——社会的边缘性、族群的边缘性、权力的边缘性、性别的边缘性，或者文化的边缘性到底意味着什么，等等。所以从工具意义上看，这与当时反对欧洲中心论和对东方的重新认识，某种意义上很类似，是殊途同归的指向。这个指向就是冷战结束后，在新的历史下，我们重新审视少数族群、弱势群体、性别角色的合理性存在与意义，合法性的诉求，因为他们过去是长期被排斥、被打压、不被承认的。所以文化研究的锋利就在这里，它的尖锐性就在这里。就像新马克思主义一样，它有这样一种吸引力与穿透力，这或许是文化有这么大影响力的原因吧；它是跨学科的，对区域研究、对很多其他相关领域的研究都具有理论的冲击力。

当下全球的常态与非常态中我们面临的最大困境在哪里？世界为什么会有百年未有之大变局，为什么会有去全球化与脱钩断链？为什么会有民粹主义盛行？世界如今很多根本性问题达不到共识，甚至一些基本面都很难形成共识。以前一直能够有共识的基本面，能够包容的基本面，现在却不能形成了。这才是我们这个时代的知识创造，以及我们在国际学术话语权上面临的另外一个最让人焦心的问题。正是因为焦心，我们更需要迫切地面对它。这是什么意思呢？当下另外一个结构性的不同是文化与政治通常是联系在一起的，结构性联结在一起的；文化是跟每个人的身份认同与权力关系捆绑在一起的。所以，结构性的与个人身份认同的层面已经深刻地影响着我们的文化研究、我们的跨学科研究、我们的区域国别研究。这既是现实生态和权力关系的动力悖论，又是需要解决的知识难题。

王：谢谢吴老师。您刚才谈到知识创造，也谈及我国的国际学术话语权，今年国内业界普遍强调要建立中国自主知识体系、话语体系。可以请您就知识和话语权展开讲讲吗？

吴：关于知识的界定，有几点首先需要明确。第一是作为传承和传播的知识。这种知识一般都是已经经过检验，是有益的知识，特别是指作为耳熟能详的文明传统被大众传播的知识。人类需要传承和传播这些知识。但是，人类毕竟是要进步的，所以知识一定要更新和创新；创新是需要基础的，所以需要知识的集成；由于各个国家和社会发展程度不一样，所以知识一定要被超越，被更新。当然，知识在这里是指既定的、某一方面的专门知识。但是既定的、某一方面的专门知识，并不意味着就是人类对世界、对宇宙、对自身全面的、正确的知识,遑论终极的知识。所以,这里自然而然地引申出另外一个层面的问题,即迄今为止人类所有已知的知识都是相对的,都是处在某个技术发展阶段的,都是有前提条件的,都有它的合理性、科学性,但同时又是不完整的、不适应的,或者说是有局限性的,甚至有时候是谬误的和误导的。就社会发展、技术进步和智识生产而言,发展到了一定地步时,往往会受到怀疑、批判,甚至出现反动性和颠覆性。人类整个文明的发展和进步大致都是遵循这样的发展路径。

第二是作为观念性智识理念。这里,既有一般性经验常识,也有超前性思想。比如世界科技发展,在几百年前、几十年前几乎是不可思议的,但是人类还是有个共同的东西,就是观念。观念到什么地步,就可以把观念materialized,变成很现实的东西。所以,应该鼓励科学创新,应该积极推动科技革命。

第三是专门性、创新性知识。这里涉及知识的分工、社会的分工、专业的分工。在各个专门的,或者说专业的分工里,在专门的知识领域里,还有专门的项目研究里,知识的生产与智识是相互关联的,是两个不同的概念。知识的生产,production of knowledge,无论是自然科学还是社会科学,都是一个科学创造的过程。这与我们生产的产品不一样,产品成为商品的时候就是市场的层面,或者开发的层面,而不属于研究层面。知识的生产是什么层面呢?是在大学里,是在实验室里,是通过专业检视合格,经过市场开发,然后传播给社会。我觉得,需要这样理解。

我们通常讲,知识的生产是与大学、科研机构、科学家、研究课题等密切相关。知识的意义应该就在于此。如果带着这样的关怀,看待知识的生产,可能是比较靠谱的、严谨的专业学人。为什么这样讲？这是因为你不会是夸夸其谈的，你应该是有专业判断和专业操守的。你提出的问题，肯定也是突破，不会轻易地被人家误导，你会带着专业的怀疑。因为所有的智识生成的过程，也就是怀疑性、批判性和实验性的过程；你专业性地解决了你的怀疑和批判，经受了专业性拷问与经验性检视之后，如果你的论点能够站得住脚，你的学说才能被接受。刚才说过，与我们的研究课题一样，知识都是相对的，都是有前提或假设条件的；然而，另一方面，这种前提或假设并不意味着知识生产的知识不是科学的。这是两个不同的概念范畴。

所以，大概只有从这三个层面来讲，我觉得我们对知识的理解可能才会是饱满的，才会具有一般性和专业性共识。如果还要加一个重要层面，那就属于跨学科、多学科了。为什么是跨学科、多学科的？打个比方来讲，很多历史学家不制造概念，但是优秀的历史学家同样是跨学科的，分析型的历史学家同样是关注进程的、比较分析的和应用概念的。这类历史学家会把自己的专业与跨专业阅读，把对世界整体的、断代的和断层的观察，还有他个人关于世界、人类、国家和社会的世俗经验，以及对于某一专门课题的专业文献阅读等，糅合起来，形成自己的专业判断与学术个性。最重要的是，他同时结合着研究项目所有相关的原始资料，然后以专业学科的方式融会贯通。这应该就是典型的跨学科的视域思维与实践过程。实际上，不只是历史学家，所有学科的学者都是遵循这样的一个知识生产的智识过程；不同之处在于，历史学家使用的主要材料是档案。所以历史学家真正要做档案研究的时候，官方档案需要"盖棺定论"，就是指官方的档案已经开放了，比较完备了，可以做中长期研究了；档案没有开放就没有厚实的资料支撑，是做不了中长期历史研究的。

社会科学则不一样，社会科学不是历时性的，或者准确地说，主要不是历时性的；社会科学主要是研究当代的和社会的，所以是共时性的。与历史学家一样，社会科学家也有一个共同关怀，便是依然需要历史的背景与基础。但是历史的背景和资料，对于很多社会科学家而言，主要是依靠第二手文献和历史学家的研究来建构。当然也有其他不同维度，不只是使用历史学家的材料，不只是运用地理学家的材料，同时应用所有其他社会科学家的材料，甚至借用很多自然科学的材料，以及艺术家的材料，等等。对于历史学家而言，这实际上就提出了学科的和专业的挑战，因为这与专业的历史学家做历史研究是不同的，也与历史学家处理资料、分析问题的专业视角是不同的。而这些恰恰是跨学科、多学科交叉融合的独特性意义所在，特别是跨学科、多学科团队课题攻关的通力合作更是如此。

回到刚才第一个问题，学科融合、学科交叉，还有学科融通的意义，它是有参照系的，是有关联点的，是有差异性的。什么叫关联点？就是说研究的主题、研究的地域、研究的族群和对象有共同的标识点，从学科专业视角看，这个标识点不是唯一的，因为全世界各个地区、各个国家，还有各个时代都有这样的现象，其他相关学科也同样专注这个课题。所以，最终留存的材料和研究成果一定要是系统的、多样性的、跨学科的。如果材料是单一的、没有系统跨学科的，这样看待问题肯定是单一的和片面的，是有所欠缺的。所以，为什么我们整个19世纪、20世纪，当单一的科系得以确定并很快发展成熟后，不久就衍生了新兴学科，进而有了跨学科、多学科尝试和实践，然后我们就产生了对整个世界不同的、整体的、多维的和全面的深刻认识。这应该就是多学科、跨学科的含义，其意义也在于此。

中国自主知识体系之所以上升到国家战略的高度，我们需要问这些问题：为什么提出？迫切性在哪里？我们的软肋在哪里？如何突破？我们的利益已经上升到国家战略的高度，但是具体应该怎么做？如何有效地、专业地做，而且引领地做，同时讲究互动与效应？这些是非常重要的部分。

我们通常讲的话语权，主要是谈政治的、经济的话语权，或者以实力为基础的军事、安全的话语权，或者是意识形态的话语权。知识体系的话语权、文化的话语权，表面看来属于软实力，实际上也是硬实力。知识话语体系首先是由智慧产生的，智慧产生首先是跟国家主权、国家安全相关，同时还有系列特色——文化特色、历史特色、传统特色。在主权和特色这两个基础之上，我们再谈共同性的话语权。话语权不是口水，自主知识体系的话语权一定具有共同的意义：面向国际化的共同体，面向人类社会与人类主旨，具有世界个体的共同关怀，消除误解或偏见、增进相互理解和友好交流，这是人类社会的共同元素。与此同时，话语权还具有专业性，以创新为基础，具有原创性，具有独特标识，最终以学科的方式展现。并且，话语权不只存在于某个国家自身视域内，它的知识产权是存在于全世界维度的，是在全世界维度上具有原创性。以前，中国的人文社会科学研究大部分是翻译引进国际上的传统经典，这些引进对丰富中国的人文社会科学文化发挥了很大作用。之所以现在提出建立自主知识体系，是因为中国式现代化要高标准的国际化，我们的角色也是国际化的，但在这方面，我们在国际上几乎很少有话语，我们要在这个意义上理解中国自主知识体系话语权。

目前，国际上充斥英美的声音与话语。在"二战"结束以后，丘吉尔曾经明确指出英帝国的国际遗产有三点：第一是英语作为国际通用语言，第二是英美的特殊关系，第三是英联邦。英语作为国际通用语，这份遗产已经成为国际的、专业性的、商业的共识语言。这是什么意思呢？联系到中国自主知识体系话语权，虽然我们在建设中国的、自主的、知识体系的话语权，但这种自主话语体系不仅是中国维度的，更是国际维度的。意思是说，在国际上，话语权不只是语言层面的，而是以厚实的、训练有素的方式呈现出原创性的研究成果。我们真的想提升国际话语权，并为此不惜成本，但是非常遗憾，使用的并不是专业的做法，所以很多时候适得其反。举个例子，我们花了那么多钱将一本中文书翻译成英文，然后自产自销。翻译首先是要在国际上认可，而不是自认为做得好。然而，翻译出版以后，反而将自己的软肋暴露在国际上，造成严重的反差，这是非常遗憾的情况，也特别反映出中国迫切需要做这件事。以前，在人文社会科学学界，认为只要有经费就可以做学问，只要做田野就可以做一流的学问。然而，有经费、做田野只是必要条件，不是充分条件，这些误解都是把必要条件当充分条件。类似的情况还包括：只要懂语言、有资料就可以做研究。但是，即使找到很多一手资料，如果没有处理分析的能力，没有学科深厚的支撑，也无法分析与处理，得到的依然是原产品，没有高附加值。

所以，在这些人文社会科学国际化的困境，与我们走出去的迫切需要之间，出现了严重的不协调。在这种意义上，我再讲另一个方面会更全面一点，那就是中国深厚的学术传统。我前面讲过，相对而言，中国深厚的学术传统长期以来并未发掘好，中国特色的深厚元素还没有发掘出来，还没有与中国的现代性、中国式现代化、中国人文社会科学有机地结合。我们之所以没有把它发展出来，是因为我们将资料的整理当作研究本身，将教育的东西当作研究本身。这里的困境在于，中国的学术传统与现代研究方法、研究范式的结合，中国传统文化在当代的跨学科、学科与时俱进上，进展不尽如人意。几十年来中国的人文社科发展、学科发展、跨学科融合还没有发展出雄厚的基础，还是以教为主，而不是以分析、头脑风暴、批判为主；还是以叙事为主，而不是将分析和批判结合起来；还是以自己的世界为主，没有与外部发展动态有机结合起来。一句话，尽管我们已经向世界开放，但是缺少足够的训练与规范，缺少国际一流的学术实践、训练有素支撑下的自信或超越。没有这个支撑，就没有自信，更没有超越。这个问题到今天就显现为难能如意的境况。

王：结合您谈到的美国区域研究与中国自主话语体系，我有一个困惑：当前强调建立自主话语体系、学术体系，请问如何在借鉴美国范式的同时，创造我们自己的话语体系、学术体系？应该把美国研究范式摆到怎样的位置上呢？

吴：第一，中国区域国别学具有战略上的迫切意义，这是毫无疑问的。特别是中国发展，中国式现代化，如何走出去，如何面对国内、国际新环境与自己在世界中的角色定位，以及如何获得与经济、社会、国家职能、人的流动各种复杂因素相匹配的知识支撑、智力支撑。第二，近几十年国内外学界形成一个共识，那就是我们所有的理论是基于西方社会的经验，但已经远远不足以展示全人类的、非西方的发展变化。非西方的经验不只是被统治的非西方，而是主要新兴经济体，成为全球南方的非西方。这是天翻地覆的、新型现代化的变迁，这种伟大变迁甚至在整个人类历史上都没有出现过，这种人类历史发展的深刻变迁与伟大实验如何成为我们对当今世界的知识判断、形成我们对现有和未知知识体系支撑的理解认知，以及形成我们对现有理论、概念、范式、模式全面的、客观的、系统的认识与再认识。这是当下世界需要迫切回答的重大智识需求。在这两个前提下，我再来回应你刚才讲的问题，可能比较合适。

问题的关键在哪里呢？这个问题有一个很核心的层面，即我们不久前才开始走向世界，大规模地走出去，而且我们是以这样快的速度、以这样大的规模、以这样高的期待走出去，特别是在内外环境急剧变化的情况下走出去的。为什么说我国区域国别学具有战略重要性与迫切性，原因应该就在这里。我一直担心中国学界大家一哄而上、一哄而起的热闹场景。实际上，问题远远不是我们想象的那么简单；我们学界有时候把区域国别学想得太简单了，是庸俗化的、肤浅化的、朴素化的、个体化的，甚至是情感化、狭隘化、部门利益化的。另一个层面恰恰反映出我国区域国别学任重道远，恰恰反映出我国区域国别学的推出真的是大势所趋，非常迫切的。

在这两个前提下，我们首先来看美国和欧洲。尽管美国与欧洲是不同的模式，但是欧美文明基本上是有传承的；欧美的模式尽管是不一样的，却是有密切关联的。欧美的文明不仅仅是不同文明，实际上文明通常带有族群、宗教、语言等维度的内涵。所以，美国继承了欧洲的传统，更不用说"二战"以后美国引进欧洲大学的科学家。美国的大学沿用了欧洲的模式，加入美国的风格，同时却超越了欧洲。在这种意义上，有几个非常重要的方面在于我们如何对待欧美、对待西方文明与现代化。我们强调中国式现代化，不是另起炉灶，不是唱对台戏，而是在吸收整个人类先进文明、知识体系的基础之上，强调中国特色的区域国别研究，是在欧美的知识体系之上，在吸收欧美先进文明的有益元素基础上，研究新问题，反思、反省我们所面对的根本性困境到底在哪里；再结合中国国情与优秀文化传统发现、探讨问题到底是怎么回事。

为什么需要强调文明互鉴、文明共生和文明多样性？对于全球南方而言，英美文明不是非此即彼、非黑即白这种绝对性的区分。我刚才讲到了一个总体的区分，就是宇宙、人类、地球村、整个世界历史、整个世界文明，然后还有各个不同的发展阶段，各个不同的族群，各个不同的宗教，各个不同的地区板块，各个不同的政治制度、社会意识形态、生活方式，以及各个民族国家的、社会发展的背景区分。所以，如果我们没有这样一个大的关怀与辩证法，如果我们直接叫板某个东西，可能会陷于另一个极端，这种伤害性是很危险的。

从方法论角度来讲，要让自己的研究被人信服，要让自己的模式被别人接受，要让自己的理念能够有吸引力并被广泛地传播，要让自己的话语体系能够发出应有的声音，有两个基本的前提：第一是我们属于自己，开放、包容、自信、不带有偏见，第二是我们的知识生产要具有原创性与国际化，要经得起专业检验。我们不是排斥他者的，不是政治对抗；我们是专业性的，是思想、技术与理念引领的。所以在这两个背景下再谈我们的学术话语权，可能会比较有脉络和针对性。

学术话语权应该是当下几十年，我们将长期面临的巨大挑战。这个巨大的挑战表现为中国式现代化在国内层面非常成功，但是在国际层面，我们与其他主要文明的互动仍显不足。如何融合世界、引领世界，同时不失去自己的文化自信和道路自信？如何不失去文化的根、国家的本、族群的魂，同时仍保持语言历史传统等基本的身份认同？这个为什么要讲？因为我们现在要在现代性的语境下谈中华文明优秀文化的传承与创新。为什么我们要谈中国式现代化？这是因为以前讲的现代化就是西方的，非西方肯定要跟随西方模式；现代化只有单数，没有复数，现代化就是西化，等等。中国式现代化不是这样的，这就是我们要回答的根本性问题。所以我们坚定地回答，我们走的路是中国式现代化，是中国特色社会主义道路，是中国共产党领导下的中国特色社会主义，是包括全体中华儿女，包括海内外中华儿女在内的中华民族的伟大复兴。这是一个现在进行时和中长期发展的伟大历史进程。

在这种判断上，我们再谈技术性的层面。话语权不只是语言的话语权，或者不是指语言的话语权。语言是基本的，有民族的和国际通用的分别；以别人能懂的语言去讲大家共同关心的中国故事是国际话语权的一个基本面。但是，民族语言中国所有人都能够讲，国语是所有国人用来相互沟通的工具；专业的话语却是不一样的，专业的话语是专业人士，或者说是科学家、社会科学家、文化艺术工作者、跨国公司管理层、医生律师等专业交流的通用语言。虽然来自不同国家、不同文化背景，但是他们拥有专业人士的身份。所以，真正的话语权不是要强加给别人，而是自己的思想、理念和观点能够被接受，能够被理解，能够被欣赏，能够被倾听。这有两个前提。第一，你做的专业课题是不是具有学科专业的严谨性、规范性、原创性和竞争力，如果连这些基本面都没有，还谈什么话语权呢？那根本就是非专业的、口水的与权力的话语，不是智识的、专业的话语权。所以自主知识体系的话语权首先必须建立在这个根本性基础之上，这是关键。

话语权是建立在对新形势、新事物、新问题创新研究基础之上，是要展示它，而不是要排斥和颠覆它。历史上为什么我们一开始学西方行不通，一定要有第一次伟大结合，中国革命才取得了胜利？为什么我们现在要谈第二次伟大结合，跟优秀中国文化传统相结合？实际上，这里回答的还是两个根本性问题：其一是中西问题或者东西问题，其二是传统与现代的问题或者改革与开放的问题。所以，到这个节点我们需要特别强调中国国际话语权。国际话语权不是嗓门特别大，话语权不只是机构的代表性，话语权是以专业为支撑的，是以科学研究为指引的，是以开放、包容、互惠合作呈现的。然而，非常遗憾的是，恰恰正是不同的专业团体，不同的文化背景，不同的语言训练，不同的国家之间，经常出现偏见、误解与政治纷争，与专业、学术、话语搅和在一起。但是，无论怎么搅和在一起，我们依然坚守求同存异的、和而不同的、百花齐放的、多元兼容的、求真务实的基本面，同时拥有开放关怀的、创新驱动的基本面。

目前，我国区域国别学有三个先天的不足。第一个先天不足是我国社会科学发展历史还很短暂，尽管已经取得了长足的进步。第二个不足在于我国的人文学科拥有深厚悠久的学术传统，但是在与时俱进与创新方面仍是不尽如人意的。在这两个背景下，我们谈区域国别学的学科交叉和学科融合，这叫任重，更是道远。第三个先天不足在于我国大学起起伏伏与长足发展的历史。我国现代大学主要是20世纪初发展的，曾经关闭整整十年，在20世纪70年代末80年代初恢复。我们当前的学科是在这个基础上建立起来的。幸运的是，改革开放之后，特别是进入21世纪以来，我国人文社会科学对世界的认识是以翻译介绍为主要支撑的，突破了我们对人文社科严重的智识瓶颈，弥补了某种原创知识生产的不足。如果说当下区域国别学具有时代迫切性、国家发展战略性的意义，这是因为这些翻译与介绍不能替代我们的原创，因为我们需要创新驱动，需要弘扬中国特色，需要彰显中国元素，需要中国学者在外部世界大胆发声、大量发声。所以这既是一个悖论，说明了我们当下面临严峻的形势，同时说明了这是我们迫切需要的。

我们不要空谈，更要实际行动；我们不只要学科设置的学术管理讨论，更要学人问题导向的系列深层研究。一般在研究型大学，学者之所以是学者，第一个是资格，要有博士学位，第二个是专业性岗位，即在大学里做学问、做教授。具备这两个条件依然还不够，第三还需要有代表性著作标识，或者说业已证明应该具有能够独立从事科学研究的能力，以不同的学科视角、以自己独特的方式去参与时代提出的问题，对我们共同面临的课题进行原创性研究。

王：目前，全国范围内建立起不少区域国别研究院，您领导的华侨大学华侨华人与区域国别研究院的特色是将华侨华人与区域国别结合起来。在您看来，区域国别研究对华人华侨研究有哪些助力？华侨华人这一独特视角能够为区域国别学提供哪些独特的启示？您在团队培育方面有哪些特色和经验呢？

吴：关于华侨华人与区域国别相结合的问题，此前我在圆桌论坛（澎湃新闻《中国的世界与世界的中国——时代变局下的新华侨华人研究》《融通——区域与国别、中国与世界、世界史与中国史》）、两篇期刊论文（《中国特色的区域国别学与华侨华人研究》《试论中国的区域国别研究：路径选择与专业书写》），以及发表在《中国社会科学报》的文章（《华侨华人是区域国别研究的独特视角》)中已经谈过一些方面了,下面我就讲讲没有谈过的内容。

迄今为止,我们研究院招聘进来的研究人员,学科背景涵盖历史学、人类学、社会学、经济学、政治学、国际关系、文学、哲学和文化研究等。这些研究人员来自两类学校,一是国内本土大学,包括北大、清华、复旦、武汉大学、华东师大、华中师大、厦门大学、暨南大学等高校,这方面我们兼顾了多元性;二是海外高校,如日本东京大学、韩国延世大学、俄罗斯圣彼得堡国立大学、英国谢菲尔德大学、新西兰奥克兰大学和惠灵顿大学、荷兰阿姆斯特丹大学、荷兰莱顿大学,以及即将报到的新研究人员博士毕业于西班牙巴塞罗那大学。所以,我们不是单一学科的,是按照跨学科来布局,实现跨学科研究的。

我们为什么要把华侨华人和区域国别结合起来?我们是通过跨学科整合成一个团队,其中每个人又是独立的;议题是共同的区域国别,但专业的切入是华侨华人。同时,我们确定的六个研究方向,代表着未来的研究方向,代表着中国在全球学术发展的方向。这些设计都不是短期内想到的,是我反复思考、深思熟虑后确定的。我们有五大板块,包括华侨华人资料中心、《华侨华人文献学刊》、四端文物馆、国务院侨务办公室侨务理论研究福建基地,以及核心研究。我们研究院是实体,是实实在在地办院,是以专业的、学术的方式面向未来。研究院的发展有其自身规律,学科发展有其自身规律,团队的建设也有自身规律,我们不能超越这个规律,我们是在这个基础上行稳致远。

实际上,学科融合、学科交叉不只是一个口号,跨学科交叉融合有两个维度,一是个人维度的实践,我刚才已经提到,就不再展开了。另一个维度是研究院层面,涉及机构文化、知识共同体。这种学术氛围、学术文化、跨学科的共同体建设，我认为非常重要，所以特别关注这个方面，这构成华侨华人与区域国别研究院的特色。在培育方面，我们研究院已经开展系列活动，研究院内部的活动包括"再出发"系列、"研究进展"系列，以及定期的"读书研讨"系列；对外活动则有邀请嘉宾做讲座，同时举办国际学术工作坊、国内学术工作坊，等等。我们在慢慢地形成一种制度、一种文化，机构的制度文化和智识生产的激荡氛围，乃至形成共同体意识。研究院专业团队明晰研究院的定位，了解华侨华人和区域国别的大主题和大框架，这也让出身于不同学科背景的研究者，在这样的跨学科团队中，进行日常的、不同维度的参与和头脑风暴科研协作，同时也做自己研究项目的设计。如此发展，尽管每个人是在独立做研究，但同时每个人也在进行跨学科实践。学术世界的分工是高度复杂与专业化的，每个人是在一个领域、一个方向上耕耘，这需要在多元的群体中明确自己的定位，然后由个人聚合成一个整体。我们的院训是"明德·崇真·凝聚"，英文则是"Meritocracy·Excellence·Confluence"。所以，我们研究院是既按照华侨华人特色专业研究院创院规律，也按照区域国别学科交叉、学科融合这个专门维度相结合的。

我们华侨大学是面向华侨华人的。目前，全球有6000万海外华侨华人，华侨大学有境外学生约8000名；华侨大学地处福建，横跨泉州、厦门两大中心城市，福建华侨华人具有历史的独特性。福建华侨分布在全球，在南洋传统上一直是最有势力的，在北美福建新移民最多，远远超过传统老大广东；然后是非洲、拉丁美洲，福建新移民也非常活跃。同时，福建长期处于海峡两岸的历史文化政经脉络链接下，与台港澳始终密切关联，与广东、大湾区，与浙江、上海，几大核心方向产生独特的区位链接，涵盖整个中国的沿海发展战略、亚太海洋发展战略关键节点。如此定位中，华侨大学校领导殷切希望把华侨华人与区域国别研究院打造成为华侨大学独特优势学科支撑与品牌。华侨大学独具特色，机械工程、化工、工商管理是我们最有名的三个学科，在华侨大学"十四五"规划布局中，华侨华人与区域国别研究是"3+1"中的"+1"，即学校的新学科布局、正在培育的新优势和新特色，这已经上升到学校的发展战略高度。所以，自上而下，我们学校支持的力度是非常强大和有力的，这也是我们非常值得信赖和骄傲的。

王：谢谢吴老师！了解到您秉持跨学科聚合成团队的理念，然后您的这些理念完全地贯通到研究院的布局上，我觉得特别好。期待您在跨学科交叉融合上做出系列新成果。

吴：几十年来，我一直在做区域研究和华侨华人研究，大致会有些切身的观察与思考，当然也有很多深刻的教训（笑）。在这里，我必须承认，2019年之前，我的研究发表基本上是面向国际的；2019年之后，我的研究发表才开始重点转向国内；这大概是我在国内学界至今一直默默无闻的原因吧。

窃以为，国际范围内的学科建设已经积累了很多经验，好的地方我们要借鉴，不好的地方需要警示。第一个警示来自香港。香港曾经发展得很好，经济上很发达，但是香港吸引、借用他国的第一流国际化人才，或者以短期聘任或客座的方式，或者是在这些优秀学人快退休的时候聘任。香港吸收来自欧美的一流人才很少，主要来自华语世界与非西方世界。刚毕业的欧美一流人才还未被发现、未能成形时，有些人才可能会去香港，但是大部分优秀人才的首选仍然是欧美发达国家的研究型大学，而且部分去香港大学发展的优秀人才事业有起色后，会立刻离开香港回归欧美研究型大学。结合当下中国的发展，这可能是值得我们借鉴和警示的地方。

第二个警示来自日本。日本研究很多方面具有国际原创性，日本人也有思想独创性，但是在国际研究上，由于文化传统的差异、研究方法论上的差异，日本人文社会科学在自主知识创新体系里，更多的是日本的特色，而非国际的影响力。这可能也是我们需要借鉴和警示的地方。

第三类经验来自荷兰、北欧、新加坡等国家和地区。这些国家和地区的人文社科国际化与本土化结合得很好，而且本土标准很高、很国际化；并且这种结合不是二元对立的，而是高度融合的。这应该同样是很有趣的借鉴。目前中国人文社科的困境在哪里？在于中国的国际化和本土化很多时候是二元对立的，至少在过程和结果上，既是令人困扰的，又是不尽如人意的。即使是国家层面发展需要，在实际操作中也是分裂的和异化的。这使得我们的国际化变得非常形式主义，使得我们的本土化并没有朝向发掘优秀传统文化发展，而是日趋保守和封闭。或许这对我们区域国别研究也具有相当重要的启示。

（原载《南大区域国别研究简讯》特刊第6期）

百年大变局下的区域国别研究对华侨华人研究意味着什么？

本次研讨会下午议程有两场平行论坛，一场圆桌论坛。圆桌论坛的主题是：百年大变局下的区域国别研究对华侨华人研究意味着什么？如何开展新的华侨华人研究？在讨论开始之前，吴小安教授从三个方面的考量对这一主题的选择做了简要解释。

第一，中国的华侨华人研究，队伍很庞大，涉侨机构很有力量，但是学科的影响力很不对称。华侨华人这一议题在国内外的媒体上始终受关注，很火热，但是在学科领域一直处于边缘——无论是国内还是国外，情况都是如此。这种严重"不对称"同时体现在研究本身上。比如华侨华人在国外的情况，我们的了解、把握尚显不足，还有很多研究空白待填补。吴小安教授指出，华侨华人研究已经进入一个瓶颈，如何去突破、丰富和发展它？与区域国别研究相结合，应该是一个非常富有学术前景的方向，而且正当其时。

第二个方面的考量是中外学术研究比较与方法论问题。吴小安教授现场向与会学者朗读了两段话，分别摘自项飚、葛兆光两位教授的著作。

"我们意识到，来自西方的学者们周游世界、互相争论具有普遍意义的理论议题，来自发展中国家的研究者们往往只能当'地方'学者，要么作为'地方社会'的代表发言，要么干脆为思考

'普遍问题'的世界学者提供原材料。我们挖煤，别人提炼。更严重的问题是，我们怎么挖煤、挖什么煤，以及怎么代表地方社会说话、说什么话，都自觉不自觉被别人的议题影响甚至决定。"①

"那么，我们是否还需要一面或多面西方之外的镜子呢？可是，我们从来很少明确而自觉地认识到，作为'他者'，自己周边的日本、朝鲜、越南、印度、蒙古与自己有什么不同，人们始终觉得，它们似乎还是自己文化的'边缘'，并不善于用这些异文化眼光来打量自己。可是，真的是这样的吗？"②

总而言之，中国与西方的关系始终是学界反思和关怀的视角和焦点观照。然而，另一组关系同样应该成为我们反思和关怀的换位参照，即中国与非西方的关系，特别是中国与周边的关系。

第三个考量，吴小安教授指向了区域国别。他认为现在是时候认真地研讨全球华人跟中国的关系，跟住在国的关系了，这到底意味着什么？那么，研究这些问题时，我们具体该如何切入区域国别研究？

对此，六位学者从不同角度纷纷发表了自己的看法。下面，以对话形式对六位学者的发言做一简要整理，与读者分享。

郑振满：我觉得成立华侨华人与区域国别研究院就是一个理论与方法论的回应。前前后后十几年的时间，我自己也选择了华侨华人研究。对我来说，华侨华人研究是一个自然而然的兴趣，因为在福建、广东侨乡我们看到太多的资料都跟华侨华人有关。研究中，

---

① 项飚著，王迪译，《全球"猎身"——世界信息产业和印度的技术劳工》，北京：北京大学出版社，2012年，第14页。
② 葛兆光，《宅兹中国：重建有关"中国"的历史论述》，北京：中华书局，2011年，第279页。

我总是能直观地感受到华侨华人是当地历史文化中非常重要的因素，然而自己却做不下去，不敢写文章。为什么呢？因为他们说你做的还是中国史，不是华侨华人研究，你应该到住在国当地了解华侨华人。

早年，我在福建沿海跑了很多年，思考华侨华人为什么会成功，他们离开了我们原有的社会政治体制、传统文化怎么存活？后来到海外去看了才知道，这是非常复杂的，因为每个地方的华人社会是不一样的。在新加坡、马来西亚，华人都可以讲普通话，可是到泰国、缅甸一些地方，基本上语言不通。我们喜欢去找庙，每个地方的庙也不一样，像菲律宾很少有华人的庙，可是在爪哇，却可以看到很多很古老的庙。这里面有很复杂的历史的、族群的和文化的问题。希望新的研究机构能够把华侨华人和区域国别有机结合起来，我相信这对两个学科的发展都有很大的意义。

达巍：最近五六年，在中国出现了一个学科的集群，还很难把它命名出来。这个集群里有国际关系，有区域国别，也有华侨华人，可能还有国家安全、国际金融等，大概是一个中国人看世界所带来的各种学科综合起来而正在形成的集群。当然，这个集群内部有很大的问题，我觉得融合度有限，彼此忧虑。但是，这样一个新鲜事物，对未来中国怎么去理解世界，怎么去理解中国与世界的关系，我觉得可能会是一个好的发展。

今天谈百年未有之大变局，我认为正是在这个变局之下，中国和世界的关系正在发生变化，导致这个集群快速扩张，形成新的学科，占领新的领地，而这背后反映的是国家的需求。这给学科发展带来了机遇，同样也带来了挑战。比如，我们会更侧重某些方面的议题，而这似乎对学科的发展又产生了一定的限制，需要我们去把握和平衡。

梁永佳：我特别同意郑振满教授的观点，研究华侨华人必须熟悉当地社会。我研究宗教、民族，如果按照中国对宗教的定义，实际上是很难找到宗教的。就像我们说华侨华人，按照今天对华侨华人的定义，我们是很难找到华侨华人的，因为变化很快。

为什么会变化？这跟当地的社会环境有很大的关系。举个例子，我在新加坡待了十年，有一次我去一个地方，那个地方可以看到一个中国庙。他们带我去看中国庙，有很多碑刻，但是没有人会说中文，有少数的老婆婆可以跟我用中文交流，但碑刻上写的，她一个字都不认识。我相信这种情况是非常普遍的。我们需要对当地社会本身进行研究。我很期待新的研究院将来会资助或者鼓励年轻的学生研究泰国的伊斯兰教，这看似跟华侨华人没有关系，但我读过一本书，里面讲华商在佛寺里的资本是非常大的；那么，是不是可以考察一下泰国南部、马来西亚的穆斯林？他们怎么看待华人？我是做人类学的，获得当地其他人的视角，了解当地社会的整个生态，这可能是我们的一个偏见，也可以说是一个长处。我的一个感觉是，要展开对华侨华人所在地方社会具体生活的研究，可能会令我们看到大量以前不太重视的现象。

谢湜：我在中山大学历史学系任教，中山大学是在华侨华人史和东南亚史研究方面具有优秀传统的大学之一，确实如吴老师和各位老师所说，现在也面临一些学科发展的困境。我自己对华侨华人史和东南亚史一直都非常有兴趣，过去学习、研究和田野考察的经验留给我的印象，并不是要把华侨华人史或者东南亚史局限在某一个空间之内，更多是要重视广阔历史应该有的多样联系。

华侨华人与区域国别研究，以我自己粗浅的认识，可能涉及的学术命题和学术关怀是来自过去半个多世纪，甚至更长时间内整个国际人文社会科学很多领域的一种主流学术进程，它的理论意义和现实意义是不言而喻的。现在大家都在说，世界处于百年未有之大变局中，整个学科的话语体系、学术组织的方式，包括高等教育的理念和大学研究的很多组织方式，可能会出现很多新的局面。以华侨华人、国别区域为主题，成立一个研究院，是能够带动很多学科的发展和讨论的；既是中国学界努力建立自己本土话语的尝试，同时也将丰富和拓展国际学界对区域研究、国别研究新的探索。所以，很有价值。

现在中国大学人文社科的发展，有点儿趋向于以学科为学术组织单元。如此局势，难免对跨学科的交融和议题的开拓，以及未来下一阶段的国际学术交流，造成一些限制。所以，寻找具有普遍学理性、学术延展性的组织框架，不失为一种选择。从这个角度讲，成立这样一个研究院，意义非常深远。

当然，跟现在国内已有的大量以国别区域研究为主题的机构相比，要做出自己的特色，挑战肯定会很多。首先，能不能创立一些新的学术组织的方式，来帮学者找到一些聚焦的话题，避免泛泛而谈，可能是当务之急。其次，怎么把更多元的文献——这个文献包括多语言文献、多形态的文献——还有数据带进来讨论，可能会引起更多学科的兴趣。此外，既要有学科和理论建构的雄心，又要防止因为过度学科化的建构而限制思维的开发。如果很多东西可能变成一个学科，大家反而没有讨论的弹性，那么，怎么继续保持多元化的超越，这也是我非常希望得到各位老师指点的问题。

杨斌：华侨华人的研究，除了少数由内陆迁徙的移民之外，绝大多数都和海洋史、华南研究相关。所以，在这个意义上，华侨华人研究、海洋史和华南研究是互相交融、不可分割的。我之前看到刘志伟教授的一篇文章,讲广东文化形成的三个力量:一个是本土的"广东",一个是南下的中原文化,一个是海洋文化。这个概括高屋建瓴。我也读到,蔡鸿生先生在提到布罗代尔对地中海世界的研究时,马上就想从事或者鼓励学生研究郑和时代的印度洋和印度洋世界。这超出了当时学界的风气,很超前。可见,海洋史、华南学派和华侨华人研究,在区域国别之内、区域国别之间和区域国别之外,其磨合、碰撞,以及借鉴所产生的火花和灵感,将多么令人兴奋。

过去台湾和厦大的学人在东南亚的访碑就体现了华南学派的风格,然而,华侨华人研究的访碑可能还要早于华南学派——这是当年在新加坡大学任教的饶宗颐先生首先提出来的。就像梁永佳老师所说的,东南亚很多华人是不识中文的,碑文就凸显了文字材料对于华侨华人研究的重要性。在饶先生的倡导下,最近四五十年来,在泰国、马来西亚、菲律宾的碑文搜集工作可以说基本上已经完成了。我在新加坡待了十几年,当时周围有很多研究华侨华人史的研究生。我当时就问,你们研究的是中文的材料,你们不学马来文,不去看印尼的文献,不去学暹罗语,不去学越南语,这样的研究有意义吗?当然有意义,但只是一家之言。所以,在这个意义上,我觉得区域之内、区域之外,以及跨区域的取径,对华侨华人的研究是非常重要的。

吴小安:几位老师谈到了我们前面所说到的研究困境,简直是头脑风暴。另一个瓶颈是:我们如何与国际学术界对话?该怎么开始?所以,我们需要探讨学科的理论和方法。我们要讨论和寻求的是一个共识。在这个共识之下,不同学科的学者能懂得对方的语言，知道他在讲什么，好在哪里，不好在哪里，边界在哪里？我们需要思考：我们的知识生产为什么生产？为谁生产？怎么生产？谁是专业市场的边界、专业市场的主体和专业市场的评判？

梁永佳：我想分享或者报告一下我这两年关于理论和方法的思考，可能对华侨华人和区域国别研究也有一定参考意义。我想说三点：其一，民族学方法；其二，非中非西世界；其三，中国思想的社会科学化。

第一，人类学是经验哲学，通过生活中的一些思考和使用的概念，去反思某些类似哲学的问题，以此达成共通。所以，民族研究并不是做得更细、做得更独特、做得更像一个社会调查，而是通过对不能够再放大的一种人的生活世界的理解来反思经典或者理念研究对于现实的不确定性，它不能够描述现实的张力。这样，才能够真正地了解人到底是怎么思想、怎么活动的。这也是很多学者重视日常生活事件的原因。

第二，人类学者只研究自己或者自己的老家，这是欧美之外人文学界普遍的特点。将自己的区域说得很独特，其实说独特是没有意义的，独特必须进入普遍性，才有它的意义。我觉得，探索自己提出的理论是不是具有普遍性，我们的任务应该是理解别人而不是理解自己。

第三，中国思想的社会科学化。我最近几年有一些不成形的习作发表，比如，用老子的思想研究人类学。我之所以这样想，是因为我们做人类学或者社会科学，所有的理论都是从希腊罗马认识论出来的，可以说没有例外。我觉得，我们需要在中国人自己的思想下讨论人的问题。老子思考的是人的问题，不是中国的问题；他与希腊罗马在认识论上，是可以沟通的。当我们用一个在中国很成熟的思想去研究一个遥远社会的时候，我们看到，它同样是有解释力的，甚至能够产生新的想法。

达巍：我是这个圆桌里唯一研究国际关系的。对吴老师刚说到的理论和方法的问题，谈一些我的想法。华侨华人被当作一个素材研究，还是当成全球性的现象在研究？实际上，全世界都有离散人群；当出现离散现象时，它是如何融入别的社会的？用什么样的方式融入？这实际上是一种跨国的研究视角。我想，大概只有普遍性的研究视角超过地方性的研究视角时，才可以产生普遍性的理论。其实，华侨华人研究并不是给外国人，或者简单给我们提供一个素材，更多的是提供一种人类社会的经验，即当离散发生以后，它跟当地的社会，跟原来母体社会之间的关系是怎样的。

因为我一直做美国研究，在区域国别研究这个行当里，美国研究就属于不太被人待见的群体，或者说，做美国研究的人总觉得我们不太像是区域国别，似乎区域国别是研究中小国家的学科。这可能有较大的问题。今天各位老师的讨论，我觉得地理范围主要在东南亚，我没有听到美国的华侨华人在哪里，欧洲的华侨华人在哪里。所以，华侨华人关注的范围，也应该是更广泛的。

谢湜：讨论华侨华人，一旦把它放进国别区域中，似乎就带有很强的地域色彩，特别是东南亚色彩。其实，听到"华侨华人与区域国别研究院"这个名称时，首先让我感到兴奋的是"区域"。我认为，应该真正把华侨华人作为一种跨区域人群的现象和社会现象去理解和研究。这是第一点。

第二点，在空间上，我们除了关心面和线，还需要有落点。我们研究的区域，是由人创造的、不同尺度的区域空间；这对现代或者近现代的民族型国家、疆域型国家，更加重要；而这个空间，在过去的研究中，往往被我们所忽视或简化。说到跨国的空间，好像海洋比较明确——跨越了海洋，就天然地以为跨了国；其实，陆地上的人群迁移往往被忽视。说到跨区域的流动，人们似乎心照不宣地认为，就是指跨越边界的移动；而陆地上的流动和跨越却不在我们的研究范围内。研究无落点，就会虚掉。比如，侨乡都市就是很值得深入讨论的空间。我和同伴正在做侨批、汕头口岸城市史的研究，我们用GIS（Geographic Information System，地理分析系统）分析不同国籍的人在一个城市里的房地产分布。相关数据一放入系统，我们就会看到都市里面的区域国别；房地产的产权和华侨华人家族的原乡与外部互相投资的关系，也是值得讨论的问题。

郑振满：谢湜说的定点研究，我觉得是很重要的；我们要接地气，要落到实处。在福建、广东，通常在一个家族祠堂里可以看到很多国家。所以，很难倒过来说，我要从这个国家去研究这群人。我在东南亚跑田野的时候，有一些很有意思的经验。比如说，他家里拿出一堆照片来，说这个人在哪个国家，那个人在哪个国家，在他们家确实没有国家的区别；他们还是一家人。所以，我们需要小心，不要把区域国别变成一个陷阱。

我也想借机回应一下项飚所说的，最根本的还是要从人的生存状态思考华侨华人的问题。我们现在用不同的学科、不同的概念，去切割一个人，好像是生活在一个很奇怪的世界。实际上，不是这样的，他们是在非常具体的情境下做出选择的。所以，我们研究时需要把一些先入为主的东西放下来。

吴小安：郑老师提了经验的点，个案研究的点，方法论切入的点，很有意思。问题马上就来了，第二个维度就是不止一个点。要回应普遍性的问题，一个点是不够的。研究要落点，不只是经验切入和方法论的点，同时还有一个指向的点；就是从个体到一般，从经验到理论。此外，点和点之间的关联在哪里，非常重要。经验的点和理论的点是有关联的，实际上经验的点和经验的点之间的关联性，也是所有研究者都无法回避的。这种关联性，可能是比较的，可能是传承、变迁的。人是始终在发展变化的，而且还有不同代际的人。所以，我们考虑跨区域的同时，还要考虑人与人之间的边界与关联。边界是人为造成的，也是要由人来打通的。人与人之间的边界，又与点和点之间那种地理的、环境的边界，是有关联的。今天我们讨论华侨华人与区域国别，我们要考虑两个维度：一个是把全球作为视角，一个是把全球作为框架。如此，我们才能讨论普遍性，超越特殊性；兼顾特殊性，审视普遍性。

田野与星空：访华侨大学吴小安教授

伴随着中国在国际和地区事务中承担起日益重要的责任，加强对域外国家和地区全貌的综合性认知成为当今中国发展的战略性需求。2021年，区域国别学成为一级学科之后，学术界对于这一新兴学科的自主知识体系建构问题展开了热烈且深入的讨论。"区域国别学的跨学科建构"曾入选"2022年度中国十大学术热点"。

本期学者访谈，我们特邀华侨大学讲席教授兼华侨华人与区域国别研究院院长吴小安教授介绍区域国别学相关研究及教授个人的学术成长经历。

问：吴老师，感谢您百忙中接受我们的采访。您曾在北大工作了二十余年，在海外十几所大学也有十四年的研修工作经历，您能否谈谈当初为什么要离开北大、加盟华侨大学？

答：喔喔，该来的还是来了，谢谢（笑，并停顿了5秒）。这个问题单刀直入，值得认真思考后，诚实地作答（窃笑）。不是周旋，请允许我先说句题外话（狡黠地笑），如果我依然在北大，我应该是不会接受采访的，因为这是我当初加盟北大时给自己定下的一条规矩。所以，中央电视台、《中国社会科学报》、美国《华盛顿邮报》等多家国内外媒体，曾经多次提出采访邀请，我都一一婉拒了。

可以说，在我的职业生涯中，北大无疑是最重要的。这不是客套，也不是煽情。在燕园，我从一个人都不认识，到逐渐融入、认同北大，这是学习的过程，也是适应、提升和改变的过程。北大高手云集，自由、宽松与包容，这是优点，也是压力和动力。我当初决定离开北大，有些突发奇想；潜意识里，部分可能与我个人性格有关，主要想看看离开北大之后，自己到底能不能生存下来。回过头看，这其实是很幼稚、很任性的，也是非常冒险的。

从2002年金秋十月进入北大开始，我始终很清醒、很自觉：心里一个声音说，不要躺平，不能躺平，无法躺平，你需要不断努力学习、提升和进步；心里另一个声音则说，你必须继续向外走，设法让自己再动起来，同时要主动适应新环境，积极认同新单位。没人可请教，没人来指点；很幸运，在北大，我最终生存下来了。所以，真的感恩北大的同事们接纳我，虽然我个人很性情，讲话很直率，好在自己始终善良（笑）。

燕园的一个显著特征是，表面看，园里林子大，好像很野（wild），几十年前尤其如此，根本没有现在这么精致；未名湖很深，好像上海滩，反而比以前热闹喧嚣许多。骨子里，燕园却是博雅的，内心奔放，有文化、有胸襟，是有关怀的，是很讲理的。事实上，北大历史学系，确实对我一直很支持、很包容，印象中我记得好像没人给我穿过小鞋。所以，在北大，除了幸运，我始终是心怀感恩的。

在课堂上，我时常对学生说，你们在北大读了四年本科，理论上已经足够了，该学的可能基本学到了；如果要读研，最好不要选择继续留在北大，而应该或赴海外，或者到国内其他985高校深造。只有离开了，才有超越；只有在新环境适应了，才能欣赏。如果非要留在北大不可，那么最好不要留在本系，最好转到外系读研。这是因为在本地四年该学的套路可能基本熟悉了，不大可能有更大的、质的改变；到外系跨专业、跨院系则不同，适应了就是蜕变与大幅度提升。

那么，反过来，作为教师，自己该怎么定位与认知呢？这么说吧（满脸严肃地沉思），我在北大工作已经20年，工作环境和内容已经非常熟悉了，也应该比较舒服了。可问题是，我人还未老啊（笑），心一直也很年轻的（再笑）。所以，我相信自己还有很长的路要走；是时候挑战自己，走出舒适区了；是时候重新开始，重新出发了。就这么简单，真的（一点都没笑）。熟悉我的师友都知道，这其实就是我的秉性。我人很正统，名实之间似乎很分裂；表面很开放，其实非常传统；虽然一直在追求安全感，但是从小就不安分，内心始终渴望新的环境、新的挑战、新的自己和新的梦想。

问：请您谈谈大学以来，对您的职业生涯产生重要影响的几所大学，最重要的几部代表作，以及最不变的原则信仰。

答： 哈哈，这些问题更是励志啊（装萌）。对我职业生涯产生重要影响的大学有很多，如果举出三所，应该是厦门大学、阿姆斯特丹大学和北京大学。

厦门大学是我读本科、硕士时代和留校任教的大学。在那里，我前后求学和工作了9年整，充满了青春与生命激情的回忆。在厦大，我真的可以说是天马行空、自由任性了9年；在五老峰中、芙蓉湖畔、上弦场和厦大海滩，苦闷求索了9年；当然，也在图书馆和教室，默默认真读了9年书。那时候，人很穷，似乎只有成天泡图书馆读书这一条道，似乎充满了成天追问"我的出路到底在哪里"等类似哈姆雷特式的青春苦闷与呻吟。不是不想谈恋爱，而是根本就没有机会；啥原因，没人瞧得上呗，连一眼都不给看的，丢脸啊（笑）。

幸运或不幸地，读书便成了我青春苦闷的最终庇护。那时候啥书都看，小说、历史、哲学、诗歌、政治等，都喜欢看，而且没人管，任我自由自在地看。说来惭愧，对于上课，我是基本不做笔记的，也不追求考试高分。如今回想起来，这点尤为难得，让我一直放飞，得以做自己。幸运的是，我心里始终有梦想，始终对于自己的现状不满意，始终想通过读书深造改变自己。所以，我一直没有脱轨，没有偏离正道。应该是善良和本分拯救了我。如今回想起来，如果不是这些基本面对冲，还真不敢设想自己会变成什么样的人呢！

荷兰阿姆斯特丹大学是我作为访问学人和攻读博士学位的大学，对我的职业、人生意义深远，不仅因为我写了一本国际学界普遍认可的英文专著，而且因为自己整个人突然自发地变得开阔了，自觉地变得自律了。不知这是回归呢，还是幸运。也许正是在厦门大学9年不受约束、宽口径的读书与批评精神，让我在1993年9月赴阿姆斯特丹大学做访问学者期间立马获得了荷兰导师的青睐。导师看了我的第一份读书报告后，让我放弃原来的研修计划，并为我量体裁衣，重新制订了博士课题研究计划。

导师先给我开了十几本东南亚研究的书单，特别是马来西亚研究的政治、社会经济和殖民主义的专题著作，每2—3周精读一本，然后定期到她家里讨论，之后再布置下一次读书作业。如此3—4个月的高强度训练后，某一天导师说，你已经读了这么多的书了，每本书也写了读书报告，现在你该提交一篇10—15页的论文了，把所读书目主题，分门别类地做个总结，指出其相同与不同之处，好与不好在哪里，并提出自己的看法。我知道，这又是非正式的"考试"。

3个星期后，我提交了一篇作业论文。导师看了，很满意，连说好，如同每次看了我的读书报告一样，很开心。她亲切地对我说，她已经给阿姆斯特丹大学写信了，大学校长办公室给予我4000荷兰盾（当时为2万元人民币）的研究经费，资助我去英国伦敦从事至少3周的研学活动。实际上，我在英国大英博物馆、伦敦大学亚非学院图书馆、牛津大学和剑桥大学总共待了5周。我第一次对做档案与图书馆研究有了一个摸底式的探索体验。然后，我再次回到阿姆斯特丹做图书馆研究，并用两个月撰写了博士研究申请。这个阶段的训练准备，让我深刻感受到课题准备与可行性论证到底意味着什么。

博士研究期间，我分别赴伦敦3个月、马来西亚1整年、新加坡两次3个月、闽粤侨乡和耶鲁大学各2个月，从事田野调查。这令我懂得了课题研究系统收集第一手资料的方法与原创性研究过程的实质意义。田野调查之后，我花了1年时间阅读整理与分析资料，形成论文第一稿，再之后又用1年时间进行文献阅读与整合提升。此两个阶段的写作过程，令我进一步明白专业学人与非专业学人研究之间最大的不同是什么。

博士毕业后，我先赴新加坡国立大学亚洲研究所做了2年博士后，又在日本京都大学东南亚研究所进行了6个月的客座研究，其间我完成了博士论文的修改与出版。我对这两段研修经历最刻骨铭心的感受是：其一，通过无情砍掉自己博士论文的60%，我超越了作为学生的过去，明白了国际高水平学术专著与博士论文的显著区别；其二，通过博士论文的出版，我走出了博士研究的阴影，迅速启动了寻找新研究方向的学术探索和及早迈入新境地的耕耘播种。多年之后，我才明白，职业成长生涯中，这其实是学生到学人成长的必经蜕变，虽然过程很长、很痛苦。

第三所对我影响极大的大学，无疑数北京大学了，不仅因为北大是中国著名学府，也不仅因为我写了一本中文代表作《区域与国别之间》（已经第四印）。对我而言，入职北大是从零开始，也是文化再适应与自我蜕变。这是我个人职业转换轨道、成家立业与中国社会经济急剧转型高度重叠的时期。对内，北大对我自身成长产生了非常重要的影响；对外，北大对我继续尝试国际化发展提供了非常重要的机会。在北大近20年间，我分别受邀赴日本、新加坡、马来西亚、荷兰、新西兰、中国台湾和中国澳门等国家和地区的十几所大学进行客座研究，如此才让自己不至于原地踏步、停滞不前。如今回想起来，北大对于我的学术成长是非常有益的，我感到幸运的同时，当然也一直是心怀感恩的。

至于最不变的原则信仰，普世的大道理应该是没有的。如果一定要回答，那么我个人的深切体验是：只有认真地做自己、做好自己，只有专业地做事情、做好事情，只有与机构、专业、国家和世界与时俱进，只有养成终身学习的态度、终身学习的能力和终身求新求变的准备，或许我们会变得相对理性、平和与富有好奇心，才不会被时代被动地抛卷，或者不会让自己温水（煮青蛙式）地躺平，或者不会让自己温柔地被内卷。

问：您最近出版了几部在学界很有影响力的著作，如诗集《燕寨集》《学术志：田野、星空与飞燕》《学人记：大地的思想与行走的历史》，等等。通常这种类型的著作都是学者退休之后的系列总结，而您则不同，是在正当盛年时，如同下饺子般集中出版的，令人有些不可思议。您能否谈谈上述这些著作与作为职业学人到底有什么关联？

答：哈哈，这些问题很有意思。这些彼此之间是相通的、共生的，而不是无关的和点缀的，更不是不务正业的。不过，彼此之间的边界与主次到底在哪里、尺度怎么把握，却是每一个学人需要时刻保持高度清醒与自觉的。

先说诗与诗集。我始终相信，除了承受苦难，人生的意义应该是为了追求欢乐与尽情歌唱；某种程度上，每个人都是自己热爱的诗人，尤其是童年、少年和青年时代。难得的是，步入中老年之后，有人依然葆有一颗诗心。与大家一样，大学和研究生时代，我曾经跃跃欲试地写过点滴的诗；留校任教后，我发誓这辈子不再写诗了，而且这份誓言我谨守了28年。有意思的是，从2018年开始，我又陆陆续续地写诗，而且一发不可收拾，以至于我被迫再次发誓，把自己的诗歌结集出版后，从此封笔，不再写诗。

有意思的是，在加盟华侨大学后大半年的日子里，我还是再次失信了，不争气地继续写了20多首诗。理性审视，其实我始终是以学人身份写诗的，而不是以诗人身份歌唱。我从来不愿意让自己成为诗人，实际上也始终在与自己写诗的冲动做艰苦卓绝的斗争（满脸严肃）。在这种意义上，如果说诗歌对我有特别的意义，那么可能更多的在于赋能、救赎和升腾。或者说，葆有一颗诗心，令自己始终守护着作为一位纯粹学人的边界，在某些特别的日子里，尽量让自己不至于沉沦，至少不能沉沦太久；不至于庸俗，至少不能过于庸俗。生命里，我需要这种感觉。

再说《学术志：田野、星空与飞燕》和《学人记：大地的思想与行走的历史》。虽然分别由科学出版社和三联书店出版，实际上这是姊妹篇，二者构成一套书。前者由《田野集》《星空集》和《飞燕集》构成，后者则包括《大地的思想集》和《历史的文化集》。

为什么是《田野集》？小时候，我对田野非常熟悉，捡粪、放牛、拾柴火、淘猪菜等各种农活儿都干过，主要的活动空间就是田间与山野；当年考大学就是为了能够跳出农村，摆脱田地的束缚。上大学后，青春年少，不免苦闷。求索中，读古典神话时，发现大地之子安泰之所以力大无比，竟然是因为始终脚踏实地、拥抱大地；我又开始自省，对大地有了更深刻的认识。在国外读博士，做博士论文一定要到海外研究场域和相关的档案馆，实地调查，系统收集第一手资料，名曰"田野调查"，如此，田野又进一步有了远方的、异国他乡的和科学神圣的维度。

我的田野调查为期两年，包括不同国家和城市的《田野集》短篇札记很杂，长篇札记都是1200—1500字，是最不容易整理的，应该都是有专业价值的记录，也是时代的历史记录。记录既是对研究进程的回顾与审视，又是对生活与远方的观照和想念，还有对跨国、跨文化的体验与反思。

田野与星空之间是飞燕，之所以命名《星空集》，既是因为《田野集》，又是因为《飞燕集》。《飞燕集》还有一个私人的原因。小时候，我就喜欢燕子；大学时，读泰戈尔《飞鸟集》很入迷；在燕园待久了，便越发喜欢燕子了；离开燕园后，愈加想念了。所以，便叫《飞燕集》了。

为什么是《大地的思想集》与《历史的文化集》，则更简单：其一，对学人而言，我始终相信，本真与纯粹，不只是性格与底蕴，还是源泉和资质，孕育深刻丰富和无限可能性的基因和动力。其二，有关历史与文化的关系，我是用了很长时间才开始拥有些许清醒和自觉的。如同很多学人一样，对我而言，很长时间以来，历史就是历史，是与其他社会科学不搭界的，遑论与文化的关联；反之亦然。其实，这是一个严重的智识误区，无辜限制和扼杀了很多学人的灵性与创造力。

问：最近您率领华侨华人与区域国别研究院代表团出访了马来西亚、新加坡和日本三个国家，请问您可否分享一下这次特别出访的感受？我们还得知，您即将赴美国康奈尔大学东南亚研究项目客座，从全面深化改革开放的新征程与区域国别研究的新使命双重视角，请谈谈您的个人愿景？

答：一个最直观、最深刻的感受是世界变了，变得与5年前我在新西兰、新加坡、马来西亚和荷兰等地客座时，明显不一样了，而且很难逆转。在很大程度上，百年大变局明显在加速演进，局部国家和地区间的冲突和战争牵动了全球政治经济与人类社会的神经。这是结构性层面。人民普遍受伤，社会更加撕裂，民粹主义与社会焦虑感、距离感与未来不确定性，等等，在日常生活交往中，感受很深切。

另外一个最深刻、最强烈的感受是中国更迫切需要深化全面改革开放，特别是官方层面和民间层面并举的开放交流，以及科学技术与人文学术层面的开放交流。对于我个人而言，很多朋友都已经退休或者提前退休了，以前建立的长久合作交流关系需要重新开始。正是基于上述大的背景考虑，我决定赴美国康奈尔大学客座7个月，不仅因为那里的东南亚研究是全世界最顶尖的，也不仅因为我个人近几年透支厉害，需要赋能充电。当然，我赴康奈尔大学客座访问还有两个最直接的原因：其一，2023年，我受邀为"光启通识文丛"写一部小书，并且已经与商务印书馆签约了，必须按时交稿，需要找时间静下心来闭关读书写作，先部分地完成作业。其二，在我的职业生涯中，我只是25年前在耶鲁大学待了2个月，与欧洲读博研究（荷兰、英国）、东南亚（至少6年）、日本（约2年）和大洋洲（新西兰两次6个月）等大学研究经历相比，无疑是非常欠缺的。我需要弥补与世界最重要的智识板块直接交流互动的空缺。

问：作为全球中国的新一代学人，作为中国式现代化新征程的区域国别学人，您认为最基本的共同点是什么？最大的不同点又是什么？

答：中国式现代化是全球中国的因，全球中国是中国式现代化的果；反之亦然，两者相辅相成，都是当代中国历史，也是人类社会最伟大的历史变迁。我相信，作为全球中国的新一代学人，包括文科生和理工科生，应该是中国式现代化进程的伟大经历者和生力军。专门的，全球中国的学人，则指新时代研究中国的新一代学人，不仅是为中国而研究中国的中国学人，而且是为世界而研究中国的新一代中国学人，同时还包括研究中国的外国学人。换言之，全球中国的新一代学人，学科的边界更加交叉与外延拓展，学人的视野更加多元和国际化，研究的内涵更加高质量与可持续发展。

区域国别学人则是专门研究世界区域和外部国家的专业人士，既是因应全球中国发展的战略需要，又是因应中国式现代化的迫切需要。区域国别学人，不仅需要立足于某单一学科的厚实基础之上，而且需要拥有跨学科交叉融合的学术关怀；不仅需要立足于国别与专题厚实个案基础之上，而且需要拥有区域整体框架和全球视野的理论自觉与人文关怀。特别地，区域国别的中国学人，不能为区域国别而区域国别，同时需要立足中国，需要吸收中国学的学术传统进行区域国别研究。

如果非要寻找全球中国与中国式现代化伟大历程之间的最鲜明特性，或许可以简要归纳为四个特性：时代性、中国性、现代性与全球性，或者说是这些特征要素的融合和融通。全球中国与中国式现代化之间共同的鲜明特性则是中国的特色元素，现代化是这样，全球中国也是这样。

问：最后，您能否给读者介绍一下华侨华人与区域国别研究院？研究院在区域国别研究领域里的特色优势是什么？为什么要把华侨华人与区域国别结合起来研究？

答： 海外有6000万华侨华人，华侨华人是区域国别研究的独特视角。华侨大学是全球唯一一所以华侨命名的大学，华侨华人与区域国别研究院是华侨大学"十四五"规划重点打造的"3+1"特色优势学科中的"+1"（机械工程、化工、工商管理是华侨大学最有名的三个学科）。研究院拥有全球中国与华侨华人、亚太区域与华侨华人、比较移民与华侨华人、侨乡文化与华侨华人等六大研究方向群，一座800平方米的专业图书馆、一座600平方米的华侨文物馆、一个国务院侨务办公室侨务理论研究福建基地以及一份《华侨华人文献学刊》。目前，华侨华人与区域国别研究院有教职工30余人。预计到2030年前后，我院专职科研人员将达到50—55人。

研究院"强调一个结合、两个关联的辩证统一"。什么是一个结合？顾名思义，就是华侨华人研究与区域国别研究相结合。什么叫两个关联？其一，如果做华侨华人研究，一定要关联区域国别的大框架、大背景。其二，如果做区域国别研究，一定要关联华侨华人这个专门主题。

研究院曾分别受邀为《史学理论研究》（2022年第2期）和《清华大学学报》（2024年第3期）的"区域国别"专栏组稿4篇和5篇论文，学界反响不错。2024年7月1日，得益于自己是《剑桥全球移民史》第二卷篇章作者的天时地利优势，研究院牵头与商务印书馆签署了《剑桥全球移民史》英文版两卷本（2023）的中文翻译出版合同。这是继20年前我主持的两卷本大型翻译合作项目《东南亚的贸易时代》（商务印书馆，2010年；汉译世界名著版，2013年）之后，由我再次领衔组织的重大学术翻译工程。

对外交流合作方面，研究院对内分别与广东外语外贸大学东方语言文化学院、北京外国语大学亚洲学院、福建省泉州海外交通史博物馆签署了长期合作交流协议，对外分别与马来西亚大学人文暨社会科学院、京都大学东南亚研究所正式签署了研究交流合作协议，与新加坡东南亚研究院和新加坡国立大学相关院系达成了未来加强深度合作交流的意向。

华侨华人是区域国别研究的独特视角

吴小安

近年来，围绕着区域国别学升一级学科的讨论十分火热，这是中国发展进入一个交汇点、中国大学发展到一个新阶段，以及中国人文社会科学界进入新一轮代际更替的必然结果。可喜的是，讨论中不少重大问题越辩越明，达成了一些共识。关于区域与国别的概念及相关学术史脉络都有诸多研究成果。在此基础上，笔者认为，以华侨华人为视角的区域国别研究特色路径亦应受到重视。

学科属性与研究方法

区域国别学是关于"他者"的研究，更是作为主权国家对关乎国家利益的重要国家与地区的研究。实际上，中国很早就有区域研究，并且与国际区域研究几乎是同步的，只是未明确命名。但有两个问题，理应受到中国学者的格外重视。

其一，学科属性。一方面，区域研究是外国研究，但是外国研究不等于区域研究；国别研究属于区域研究，但是同样，国别研究并不等于区域研究。区域研究，某种意义上属于国际研究、全球研究的范畴，但是国际研究、全球研究不等于区域研究，或者说基本不属于区域研究的范畴。另一方面，区域国别学是跨学科研究，同时是以某一专门学科为厚实依托的，且不同学科背景学者的学科交叉侧重点又是不同的。例如，对"概念化"和"情景化"，社会科学学者与人文学者的处理方式就不同。对于社会科学学者而言，叙事与情景化，是为了更好地提炼概念，概念化是目的。而对于人文学者而言，概念与理论则是工具，是为更好组织叙事与分析情景化而使用的工具。再如，对于指导研究生而言，跨学科指导委员会的成立，不是为了跨学科而跨学科，而是根据不同学科教授的相关地理"区域的、国别的"共同属性，或者根据相关"主题的、理论的、方法论的"共同标识而成立的；跨学科的培养指导，更不是为了替代某单一传统学科，而是在该学科基础之上的超越，同时兼容其他相关学科的视野、理论与成果。同样地，联合课题攻关与研讨会工作坊，其组织与交流的基础和原则是多学科与跨学科，且早已经成为行之有效的有组织科研与高品质的学术研讨常态。

其二，研究方法。如同比较方法一样，田野调查是区域国别学的重要方法。相对于传统人文书斋学人而言，田野调查是社会科学的基本方法，却不是社会科学方法论的垄断，人文学人也有从事田野调查者。对于区域国别研究者而言，田野调查是基本环节，无法回避。当然，不同学科对田野调查方法的应用是不同的。田野调查是收集资料的方法与回答问题的手段，是围绕课题项目研究而展开的。从某种意义上说，每一位学者的田野调查都是独特的和唯一的，离开田野调查，区域国别研究很难成为厚实而科学的研究。也正是从这个意义上说，华侨华人理应成为一个区域国别研究独特而重要的视角。

华侨华人研究的发展动力

目前，海外有6000万华侨华人，华侨华人始终是中国现代国家发展的宝贵战略资源。华侨华人研究是跨学科的，分别归属几个大的不同领域：一是中国研究的范畴；二是住在国研究（即外国研究或者国别研究）的范畴；三是移民研究的范畴。

对国际华侨华人研究学界而言，东南亚华侨华人研究早在20世纪五六十年代就已经初具规模，这和东南亚华侨华人的海外投资，以及东南亚诸多国家独立建国的背景密切相关。美国华侨华人研究始于20世纪80年代，随后亚裔研究也被纳入美国华侨华人研究中。对于中国国内学界而言，华侨华人研究始于20世纪80年代，研究方向基本限于华侨华人历史和侨乡研究。研究地域主要集中于北京、厦门和广州等地。研究的主体力量主要是国务院侨办和中国侨联，以及20世纪50年代的海外归侨学者。动力源泉主要来自侨务与现代化的发展。

从学科意义上说，长期以来华侨华人研究始终是汉学研究、中国研究、东亚研究和亚洲研究的范畴。这里需要特别指出的是，一二十年前，由于没有学科作为支撑，中国南方几所大学原本做得很有特色优势的华侨华人科研院所被迫转型，从事不是自己特长的国际关系研究，结果很遗憾，不仅把原来的特色丢失了，而且未能更好地建立起国际关系研究的学科基础，导致中国的华侨华人研究长期面临着学科建设、研究人员、研究机构、学术发展等诸多方面的掣肘。而区域国别学升为一级交叉学科的设置，对华侨华人研究而言，无疑是一个重要的时代机遇。

华侨华人研究与区域国别研究的融合

区域国别研究是跨学科研究。历史学、法学、经济学、文学四个基本学科的支撑构成区域国别学多学科交叉融合的原则性框架，从专门视角与学科特色研究区域国别学则成为基本共识。华侨华人研究即为区域国别研究提供了一个具有学科特色的专门视角。

一方面，分布在世界各地的华侨华人一直是中国国家发展、现代化事业开拓与对外开放倚重的宝贵战略资源、重要管道平台、积极推手力量和密切联系的民间使者；另一方面，区域国别研究则是跨学科、多角度、交叉性的研究，是新时代中国对域外国家和地区全貌、知识体系的战略性需求与综合性构建。两个主题、视角与框架的结合统一，既是特色优势，又是互补支撑，相信应该会有很多出乎意料的学科交叉理论与方法论的惊喜。

关于跨学科、多学科的交叉融合，结合华侨大学华侨华人与区域国别研究院的布局，笔者认为通过"一个结合、两个关联"可以实现"华侨华人与区域国别研究"的融合。

"一个结合"是指华侨华人研究与区域国别研究相结合。"两个关联"是指华侨华人研究需要密切关联区域国别这一大框架、大背景，以及密切关联华侨华人这个专门研究主题。华侨大学华侨华人与区域国别研究院聚合来自历史学、政治学、人类学、社会学、经济学、文学、传播学等多学科优秀人才，开展中长期研究和智库建设，探索和建设具有示范引领效应的学术品牌，培养从事华侨华人研究、区域国别研究的学术型复合人才。华侨华人与区域国别研究院聚焦全球中国与华侨华人、中华文明与华侨华人、亚太区域与华侨华人、比较移民与华侨华人、印度洋区域与华侨华人、侨乡文化与华侨华人六大研究方向群，依托华侨华人资料中心、《华侨华人文献学刊》、四端文物馆以及国务院侨务办公室侨务理论研究福建基地等专业平台板块，推动了华侨华人与区域国别研究的融合发展。

综上所述，当下中国的区域国别学讨论议题，已经不是简单论证一级学科设置为什么必要的问题，而是如何设置相关二级子学科，以及如何开展二级学科方向的教学与研究的问题。在建构中国自主知识体系创新要求的新形势下，区域国别学在服务国家战略需求的同时，如何专业对接国际学界，如何有效发出中国学者的声音、贡献中国元素，更值得探讨。简言之，区域国别学的标识性关键词分别是语言文化、学科交叉、田野调查、专门特色、原创性研究与中国元素。世界百年未有之大变局下，区域国别学是中国特色的，而这一特色也是融入世界的学问。6000万华侨华人遍布全世界，长期深耕住在国。总而言之，华侨华人是区域国别研究的独特视角。

（原载2023年11月23日《中国社会科学报》）

中国区域国别学学科建设需要警示的三个基本问题

吴小安

本文围绕三个需要警示的基本问题展开，与方家请教交流。

一、想象的理性：警惕概念与文化在中国区域国别学中的张力及其陷阱[①]

第一点，关于想象与想象力、学科与学理。首先，想象是想象力的根本，想象不等于想象力；学术是需要想象力的，学术却不是想象的，想象力是对学人创新的基本要求。同样地，在这里的概念与文化，我是从对立面或者反面的意义上来强调的。讨论是以学科与学理为专门参照系的，是指去非学科性、去非学理性、去非专业性、去非学科交叉性的讨论，是去非区域国别学的学术专业性定位的。区域国别学是高等教育面向研究生教育，面向域外专攻，面向中国特色的跨学科面向。所以，专业定位、门槛、标准、学理、语言、理论与方法论，领域、国别与地区的交叉，等等，需要学理的框架。

---

① 此为笔者出席第四届中国区域国别学 50 人论坛的发言要点，西北大学，2024 年 3 月 16 日。

第二点，关于理论与概念。首先，一般而言，所有理论都是由概念构成的，所有理论也是有前提条件的，不仅需要假设的前提条件，而且要有出发点、专门性与针对性的前提条件。其次，从专业角度来说，学科理论都是有框架和历史脉络的，不仅是学科讨论的框架与脉络，而且是提出新问题与解决新问题的框架与脉络。最后，更专门到文献理论，文献理论关怀是理论的重要背景，是需要有文献述评支撑的，不仅进一步需要有经验材料与实践检查的支撑，而且需要有学科方法论的实证支撑。

第三点，关于学科交叉与融合。窃以为，至少三个落实层面的学科交叉非常重要：首先是学校相关院系与专任教师之间的交叉与融合，并且拥有真正贯彻交叉与融合的学科理念的实体机构、协作平台与机制。其次，是研究生培养与指导机制的学科交叉与融合，特别是院系教授合聘、研究生指导委员会、跨院系课程选修、学术研讨会等的交叉与融合。最后，是研究项目和课题团队有组织的科研交叉与融合，以及研究方法论、研究成果、论著发表的跨学科、多学科的反映或体现。

第四点，关于区域国别学学人的跨学科交叉与融合。窃以为，一位合格的区域国别学学人，除了语言的基本知识和研究技能的训练之外，首先是历史的视角。历史的视角，不只是政治历史的发展，而且包括经济地理、历史地理、人口变迁、社会转型与族群文化等维度。这又是跨学科的，而且通常是作为背景知识把握的跨学科综合。其次是经验的支撑，而且是深层次的、典型性的、经验材料的支撑。这应该是所有人文科学、社会科学和自然科学都无法回避的基本方面。经验材料，或者第一手材料的支撑，永远是根本。经验研究，本质上是科学的，同时是跨学科的。再次是比较的。这一点特别需要澄清的是，比较固然是文献的或图书馆研究的，同时也是资料收集、个案研究、分析处理的方法论，是比较的，更是跨学科的。

二、深化区域国别学学科建设与建构中国自主知识体系的共生性[①]

先谈第一个关键词"深化"。其一，迄今为止，学界一个基本共识应该是区域国别学"不要说得太多，不要做得太少"。中国区域国别学成为一级学科的大背景是什么？当下中国区域国别学学科建设的生态又是什么？除了跨学科交叉、跨学科融合与世界大变局的国际大环境外，在中国有两点最相关：第一，国家发展新形势与国家战略需要。这就需要中国学人与中国研究生能够有条件走出国门、需要走出国门、必须走出国门从事长时段的深层研究。第二，大学学科的升级换代，特别是人文暨社会科学学科的升级换代，和外国语言与文学特色学科的升级转型。

国家战略已经非常清楚了，国家一级学科也已经设立了。虽然基础研究与应用型研究的张力在学术界存在已久，但其实两者不是对立的，而是并行不悖、相互支撑的。所以，中国区域国别学，至少在如下一点上与国际区域研究的一个根本性原则是一致的，那就是："学人应该做学术的事，学术应该做专业的事。"这应该是服务国家战略最靠谱的、最可持续发展的专业方式。

[①] 此为笔者出席"山东大学国际问题研究院成立五周年"暨"百年大变局与国际问题研究"学术研讨会分论坛的发言要点，山东大学（威海），2024年4月20日。

其二，区域国别学是研究域外的学问，国家的"他者"的学问。第一，这种学问与话语是学者所在的国家所无法垄断的，换言之，这种研究具有与本国研究相比更广大的挑战性和更高的要求。第二，这种学问是许多其他国家同时研究的，是一个跨国的、专业的、竞争性的、合作交流的学术共同体。

其三，联系中国自主知识体系的建构，同样有两点最相关：第一，全球视角。从殖民研究到区域研究不仅是世界政治经济权力关系的结构性变化，而且是两种不同性质的学术范式。当下中国自主知识体系的区域国别学无疑要超越以上两种话语体系。第二，中国自主知识体系的区域国别学如何建构，学理专业意义上从哪里开始奠基建构。毫无疑问，这不仅仅是语言的、文化的与学人的身份认同标识，最根本的还是学术研究，即专业创新，或者说是拥有系列中国知识产权的、国际标准的学术创新研究。

其四，国际区域研究当下进入了一个新阶段，我在《区域与国别之间》一书中称之为新区域研究，与之前的旧区域研究发展阶段相区分。这种区分，是区域研究范式内部不同发展阶段、不同发展性质的区分。这种区分和殖民研究与区域研究结构性、革命性的学术转型，性质，以及力度与幅度是截然不同的。中国区域国别学无疑是担当引领当下国际区域国别学历史重任的，同时肩负着服务国家战略、建构中国自主知识体系的历史担当的。

再谈第二个关键词"共生性"。如何理解作为初设一级学科的深化，作为交叉门槛学科的深化，作为建构中国自主知识体系的深化，毫无疑问，我们责任重大。可以说："中国区域国别学核心意义应该在于如下三个鲜明的根本性特征：其一，以包括中国、包括亚洲、包括东方的全球南方的新经验和新研究，检视、丰富与完善

325

以西方社会与文明为经验基础的人类社会科学发展的系统知识、概念、理论与模式，乃至经验与教训。换言之，中国区域国别学不仅服务于中国国家发展战略需要，而且服务于人类文明知识生产与理论体系建设的需要。其二，作为'他者'的与'他山之石'的学问，中国区域国别学的独特性在于，西方国家、西方社会与西方文明的研究，对于中国而言，同样是非常重要的'他者'，是中国区域国别学研究的重要对象，而且与全球南方的研究对象一样重要。需要特别指出的是，这里中国对于西方国家与社会的研究，不是指长期以来中国学界翻译引进大量西方人文社会科学的优秀成果，也不是指近年来由中国政府出资面向西方国家翻译介绍当代中国学人的代表性优秀成果，而是指中国学人自己深入西方国家和社会的、具有深刻中国元素的、面向国际专业学界的原创性系列研究成果。其三，以中国视角、中国学人和中国学术传统，结合国际学术研究主要先进成果而形成的创新性系列研究，积极与国际学界同人交流，不仅提升中国自主知识体系国际话语权，而且更重要的是，在文明互鉴中，相互交流、共赢发展。"[1]

三、中国区域国别学与东南亚研究[2]

"区域国别学视野下的东南亚研究"究竟是什么意思？作为一个整体的句子的关联，到底是什么意思？更进一步，学术意义的解

---

[1] 吴小安：《中国区域国别学：全球视域与亚洲研究脉络下的理论探讨》，载《清华大学学报》（哲学社会科学版）2024年第3期。
[2] 此为笔者出席中国东南亚研究会第十一届年会暨"区域国别学视野下的东南亚研究"学术研讨会的发言要点，厦门大学，2024年4月27日。

读，又是什么意思？从学理上进行审视，有助于更好地理解和认识这个问题。国际上的东南亚研究，开始于20世纪五六十年代，有很长时间的历史，始终属于区域研究的范畴。同时因为国际上的区域研究与中国的区域国别研究有很大程度的关联，甚至很多人认为两者在学理上是基本相似的，只是中文与英文之间叫法上的差异。

既然如此，那么我们需要阐明的两个重要基本点是：第一，既然都是区域研究的范畴，逻辑上和学理意义上，"区域国别学视野下的东南亚研究"，就存在重复、重叠与自相矛盾之处。为了摆脱这种逻辑上和智识上悖论的双重陷阱与困境，我们就需要进一步解释和探讨，"区域国别学视野下的东南亚研究"的合理性与创新性到底在什么地方。第二，在这种情况下，如果具有学术意义，只能存在两个重要的前提假设。其一，"区域国别学"与"东南亚研究"是两个平行的、根本不同方面与不同性质的范式概念，如果是这样问题就更大了。其二，不仅如此，这里一个不成文的当然假设前提便是：如果继续发掘和剥离，那么这里"区域国别学"是创新的、革命性的学科范式，特别具有新兴学科的新范式意义，或者说是中文意义上的比喻"新瓶"，而"东南亚研究"则属于旧的、需要革新的、需要与时俱进的研究领域和范式，或者说是中文意义上的比喻"旧酒"。

区域国别学是中国特色的学科，东南亚研究一直是国际上流行的区域研究，同时也是中国区域国别学的重要组成部分。如是则需要思考两个重要问题，其一，中国东南亚研究与国际东南亚研究之间的相同与不同之处在哪里。其二，中国东南亚研究与区域国别学相同与不同之处到底在哪里。相同的地方，我刚才简要说明了，特别是为什么会出现如此的不同。所以，我给自己出了这样的命题作文"中国区域国别学与东南亚研究"。为了避免引起误解，我这里需要特别指出的是，这个题目与"东南亚区域国别学"或者"东南亚区域国别研究"是两个截然不同性质的学理问题与语法逻辑问题。

既然东南亚研究历史，从20世纪80年代算起有40年，从50年代算起有70年，中国区域国别学则只有十几年的历史，那么首先就需要认真严肃地厘清两者之间的学理关系。特别需要回答的是，为什么历史更加悠久的中国东南亚研究如今要努力向中国区域国别学密切靠拢？这与国际上的东南亚研究自七八十年代出现危机后，向全球化与跨国主义、文化研究积极吸收新的养分，应该是性质完全不同的。

最后，我想直接引用笔者在《清华大学学报》"区域国别学"专栏论文中的一段话作为结束："中国区域国别学的概念与概念化的问题，三个'关联的基础'非常重要。首先是体现在对国际区域研究概念与理论的系统审视关联基础之上；其次是建立在中国区域国别学系列原创性个案研究关联基础之上；最后是反映在中国区域国别学独特的学术话语体系与理论方法论关联基础之上。这是构成一个理论判断的逻辑常识。"①

（原载《俄罗斯学刊》2024年第4期）

---

① 吴小安：《中国区域国别学：全球视域与亚洲研究脉络下的理论探讨》，载《清华大学学报》（哲学社会科学版）2024年第3期。

作者介绍

柴英，中国人民大学博士，中国社会科学院博士后，中国人民大学书报资料中心历史学学科执行主编。研究领域为法律史、儿童史及编辑学。在《法学研究》《史学月刊》《光明日报》等国内重要专业学术期刊报纸上发表论文三十余篇。

程美宝，牛津大学博士，香港城市大学中文及历史学系教授，广东省高等学校珠江学者特聘教授（中山大学）。研究领域为中国社会文化史，著有《地域文化与国家认同：晚清以来"广东文化"观的形成》《遇见黄东：18—19世纪珠江口的小人物与大世界》等。

达巍，中国现代国际关系研究院博士，清华大学国际关系学系教授兼战略与安全研究中心主任。曾任中国现代国际关系研究院美国所所长、国际关系学院校长助理。主要研究领域为中美关系、美国外交与安全战略、国家安全、中国外交。在国内外一流学术刊物上发表学术论文数十篇，担任《外交评论》《当代美国评论》《和平与发展》等刊物编委。

李晨阳，云南大学博士，曾任云南大学副校长（2019—2021），兼任云南大学研究员、博士生导师。长期从事区域国别学研究，专攻缅甸，兼顾东南亚和中国周边外交。出版《军人政权与缅甸现代化进程研究（1962—2006）》，合著《缅甸武装力量研究》《缅甸》等，合作主编《缅甸历史论文集》等，发表中英文论文两百多篇。

李宇晴，清华大学博士，清华大学国际与地区研究院助理研究员。主要从事泰国及东南亚文化人类学研究，长期在东南亚地区进行田野调研。著有《泰国佛教介入政治冲突的表现形式及其原因探析》等中英文论文多篇。

梁永佳，北京大学博士，浙江大学人类学求是特聘教授、社会学系教授、人类学研究所所长。研究兴趣涉及宗教与国族建设、社会科学本土化、亚洲文明研究等，代表作为 Religious and Ethnic Revival of a Chinese Minority（Routledge，2018），并在《社会学研究》和 American Anthropologist 等期刊上发表论文。

刘少楠，密歇根州立大学博士，北京师范大学历史学院副教授。主要研究方向为非洲史、中非关系史、非洲华侨华人史和非洲史学史。代表作为英文专著 The History of Chinese Presence in Nigeria (1950s–2010s)（Routledge，2022）。在 African Studies Review、Journal of Asian and African Studies、《世界历史》和《华侨华人历史研究》等国内外期刊上发表论文多篇。

刘志伟，中山大学历史学系教授，中山大学人文学科发展委员会主任。曾任中山大学历史学系主任、中山大学亚太研究院常务副院长。研究领域为中国社会经济史，主要著作有《在国家与社会之间：明清广东地区里甲赋役制度与乡村社会》《贡赋体制与市场》《在历史中寻找中国：关于区域史研究认识论的对话》等。

欧阳琳浩，中山大学博士，广东省社会科学院历史与孙中山研究所助理研究员。研究兴趣为历史地理学、城市史、海洋史。代表性论著有《汕头城市发展的空间形态与进程（1860—1949）》。

任晓，复旦大学博士，北京外国语大学区域与全球治理高等研究院教授暨复旦大学国际问题研究院教授。曾任上海国际问题研究所美国研究室主任、亚太研究室主任，中华人民共和国驻日本大使馆政治处一等秘书。主要研究方向为国际政治理论、东亚安全、中国外交。代表作包括《走向世界共生》《中国国际关系学史》。

王霆懿，清华大学博士，牛津大学博士后，清华大学国际与地区研究院助理研究员。主要研究海湾国家比较政治和对外政策，发表《沙特王室政治与对外政策》等中英论文三十余篇。

王婉潞，复旦大学博士，北京大学博士后，南京大学国际关系学院助理研究员兼区域国别研究院研究员。曾赴新西兰坎特伯雷大学任访问学者。主要从事极地政治与全球治理等领域的研究，代表专著为《南极治理机制变革研究》。

吴小安，荷兰阿姆斯特丹大学博士，华侨大学讲席教授兼华侨华人与区域国别研究院院长。研究方向为区域国别学、东南亚研究和华侨华人研究。出版英文专著《华人商业与马来属邦的形成1882—1941》（Routledge 学术出版社，2003；新加坡国立大学出版社，2010）；主持商务印书馆汉译世界名著两卷本合作项目《东南亚的贸易时代》；受邀参加撰写《剑桥全球移民史》第二卷；最近出版著作为《区域与国别之间》。

谢湜，复旦大学博士，中山大学副校长、人文高等研究院院长，历史学系教授，博士生导师。主要从事明清史、历史地理学、社会经济史的教学和研究。著有《高乡与低乡：11—16世纪江南区域历史地理研究》《山海故人：明清浙江的海疆历史与海岛社会》，编著《汕头近代城市地图集》。

谢韬，美国西北大学政治学博士，北京外国语大学国际关系学院教授、院长。主要研究领域为美国政治和中美关系。发表中英文论文三十多篇，出版英文专著 *U. S.-China Relations: China Policy on Capitol Hill*（Routledge，2009）和 *Living with the Dragon: How the American Public Views the Rise of China*（Columbia University Press，2010, co-authored with Benjamin I. Page）。

熊星翰，清华大学博士，清华大学国际与地区研究院助理研究员，主要研究区域为包括马达加斯加、毛里求斯在内的印度洋非洲岛国。著有《成为内陆国家的岛屿——演化经济地理视角下的马达加斯加发展困境》。

许亮，哈佛大学博士，北京大学国际关系学院长聘副教授兼国际政治专业主任和非洲研究中心秘书长。研究方向为非洲社会史、中非关系和非洲华侨华人。曾在 *African Affairs*、*Journal of African History*、*The China Quarterly*、《西亚非洲》和《国际政治研究》等刊物上发表论文多篇。

杨斌,美国东北大学博士,香港城市大学中文及历史学系教授。研究兴趣为全球史、海洋史和科技医疗史。代表著作包括 *Between Winds and Clouds: The Making Yunnan*(Columbia University Press, 2008)、*Cowrie Shells and Cowrie Money: A Global History*(Routledge, 2019),以及 *Discovered but Forgotten: The Maldives in Chinese History*(Columbia University Press, 2024)。

张杨,东北师范大学博士,浙江大学历史学院教授、博士生导师。主要研究方向为冷战史、美国史和知识社会史。曾获"全国百篇优秀博士学位论文"奖励,入选"教育部青年长江学者奖励计划"。出版《文化冷战:美国的青年领袖项目,1947—1989》《冷战与学术:美国的中国学,1949—1972》等学术专著四部。

郑振满,厦门大学博士,厦门大学特聘教授、人文与艺术学部主任、民间历史文献研究中心主任。研究方向为明清史、历史人类学和历史文献学教学与研究。出版学术专著《明清福建家族组织与社会变迁》《乡族与国家:多元视野中的闽台传统社会》等。

仲伟民,清华大学人文学院历史系教授、博士生导师,《清华大学学报》常务副主编,《国际儒学》主编。2010年获新闻出版总署"全国新闻出版行业领军人才"称号。主要从事社会经济史、全球史、学术评价等研究。出版专著《茶叶与鸦片：十九世纪经济全球化中的中国》《近代前夜的王朝》等。

祝湘辉，北京大学博士，深圳大学外国语学院教授、博士生导师。长期从事缅甸问题研究和缅甸语教学。曾任云南大学副教授、教授，中国驻缅使馆新闻和公共外交处二等秘书。代表性论著为《山区少数民族与现代缅甸联邦的建立》《缅甸政治转型研究》等。